白佛言
作文教室

白佛言 著

Being教與學

序　文

「Between」的中文語譯是「之間」。

原本此書以「Be-tween 教與學」呈現，是因為其英文字根「Be」有「在此」、「此在」、「直下」的意含。

讓我聯想著西方思想家加思東・巴舍拉、現象學大師海德格、梅洛・龐帝、中國老子道德經、東方禪學、理學王陽明「格物致知、知行合一」，對於「存在」的釋義。西方的「迴盪」、「語言之先」、「知覺現象學」；東方道家的「無為」即「無心有為」、「知、行」體用不二、禪宗「本來無一物」的不立文字。

一個聲音傳達著：就是這樣。

如「沙門」的如「沙」、如「門」之意象。

「tween」其英文字根有「間」的意含，如「居間」、「間隙」、「間隔」、「間距」。如法國思想家余蓮，在功效論中的觀點「門」、「樞」、「待間而動」、在時機的構想上，一個「間距」出現了——這個時間不會自我重複，但可以依賴。我猜：余蓮先生可能認為，這是自然而然的承載過程，是一長時段、時延的概念，稱為「默化」。

這讓我重新看待中國思想的「虛以待之」的「虛」、「實」之間，一個聲音傳達著：「水」之意象。

2012 年 6 月 7 日的一次教學觀摩，是演示給東大特教系的準老師看的。

當時，我在班級教學實務現場，集體演示「現炒教學法」。

意思是「準老師」對翰林版本五下數學教材點菜一般，我這位有三十年教學經驗的資深教師和五年級學生，一起對大三學生進行現場教學演示。

　　「準老師」、「資深老師」、「學生」都是參與者，參與「討論教學法」。

　　有人提出命題、有人澄清、有人探究、有人證實、有人對他人的意見有意見、有人詰問對方的思考歷程。

　　這是一場教學盛會，大學生不斷被質問自己的數學學習思考，被質問為什麼可以約分、通分？請給出一個說法。

　　我、大家、教學重點，都在這「間距」之中，任時間、時機的自然而然，任其承載我們教學飛翔、教學遨遊。

　　這裡頭沒了對立、沒了抗拒，而是不斷的「轉化」、「變……通」，流動教學品質。這一場，彼此都是享受者、受惠者。

　　由此「**Be-tween**」的「-」才是我想要傳達的全部意象。

　　好似享受一個休止符一般。

　　我總是喜愛「詩」的複染性、單一性、可解不可解的多義性、歧異性。

　　意象所傳達的現象，終歸回到意象。

　　現象所傳達的意象，終歸回到現象。

　　2013 年 2 月 1 日自台東大學附小退休生效之日，一直思索著一位教學者想要傳達的，師、生均是獨立的創作者，那我要以什麼字詞來呈現這書名？

　　「閱讀」是一種個人視點創作，文字「書寫」是一種創作，「教學」表徵導引也是一種創作，「學習」亦是一種創作，「發展」更是一種生活創作。

　　最後以「Being 教與學」定名，希望「教與學」是一種更敞開的教室生活方式，許多有趣的教學 NG 版，由這一些孩子給出生活充滿趣味，師、生共享「Being」的「生活直下便是」。

　　每一個現場都有我們實踐的腳力，直接去享受一種「美學」，這就是生活基礎。

僅以近作〈夢一首宇宙生長的種苗之歌〉傳達著我的片段生活，以生活為序：

〈夢一首宇宙生長的種苗之歌〉

一棵五葉松直立的在桌上盆栽，
綠與翠色的針葉，讓人想創造種子。

一棵銀杏長了七片葉子，
傘狀的形塑語言，讓人想遠古神話。
一杯給夏黑咖啡讓人的內在形象，
陰陽在棕色的愛戀叢中居間。

繞過雨中，繞過夏天，
呼吸在鼻息上下漂浮雲朵，
一朵朵柑桔滲透花香的甜蜜，
夢，是宇宙正中央發起的苗
一首生長，告訴我水之意象：
我們相距、相離，很近的觸眼可及。

月光滋長著一片夜色，海風與七月圍起的
海上紅燈閃爍，漁民的歌在很遠的海上明月。
岸邊的浪聲慢拍子咕嚕叫喚礁岩之孔之間，
有二盞燈在近處浮潛明暗，夜成動態之舞的眼睛。

月光、晚風吹拂、海面上的銀珠簾、一艘小漁船。

2013 年白佛言作序於台東茶語工房

目 次

第一章 「學步」梵谷名畫閱讀

五下／陳恩婧

　　這次暑假老師再度邀請我們一同欣賞藝術，一同沉靜在畫的世界。

　　記得之前老師曾經針對米勒的「拾穗」作主題教學，生動的解說過程，實地體會撿拾稻穗的辛苦，經過了解相關的畫作資料後，我開始可以感受到，一幅可以流傳長時間的畫作，就和一篇雋永的文章一樣，因為有了「背景故事」，有動機、經過、結果，才可以讓人深受感動，並流傳千古。

　　現在的我在欣賞一幅畫時，開始學會了想問題、找問題，去探究作品背後究竟暗藏了什麼？為什麼作者會如此搭配？光影的呈現、顏色的分配、筆觸的深淺、物件的擺放，人物表情和動作等等，是否有什麼隱藏的涵義？

　　經過這樣的學習過程，我也深刻的體會，只要用心去看、去感受作者要表達的，就能進入的作者的意境中。所以，這次我就要發揮這樣的精神，來看看這幅梵谷的「學步」。

　　查閱資料後發現「學步」是梵谷於西元 1890 年模仿米勒的同名作品，也有另外一個名稱叫做「第一步」，是一幅已經流傳 122 年的名畫了。

　　感覺上背景是一個農村的耕地，背面是農民的小茅草屋，小茅草屋上面攀爬著許多藤蔓和綠色植物，整個背景充分呈現了當時生活環境的情況。

　　細細觀察畫作中的推車上，已堆滿農作物，所以我推測畫作要表達的時空是一個農忙的季節。當時應正在收割，而畫中的人物都

穿著長袖，代表天氣漸涼，故可知是在涼爽的季節所畫的，推測整幅畫是在秋末農忙收成時，所繪製成的。

畫的右後方，是一位媽媽扶著走路搖搖晃晃的小女兒，幫助她學會走路。但孩子的步伐明顯仍不穩健。所以，媽媽是保持著隨時要保護孩子的姿態，媽媽的表情是複雜而喜悅的。

辛苦工作的爸爸急忙的放下鏟子，因為鏟子是在順著右手放下來的位置，所以我猜想畫中的爸爸是不知道女兒要來看他的，所以當看到孩子時，驚訝及喜悅的表情一覽無遺，所以爸爸慌張的放下手上的工具，急忙想要與孩子親近。

畫中的孩子因要保持平衡，扭曲了臉龐；而母親彎腰保護孩子的動作，顯示出父母對孩子的第一步，雖多有期待但更害怕孩子跌倒受傷，想要隨時隨地都可以保護孩子學步的情感。

畫中孩子身軀的比例放得很大，我想應該是要更凸顯孩子的第一步，無論走得多笨拙，卻是值得紀念的。小女孩前方的父親，蹲在地上張開雙手，就像在鼓勵她「向前走，向前走，走來爸爸的懷裡。」整幅畫看得出父母親對孩子的疼愛、保護及期待。也可以感受到孩子是夫妻及家庭的中心，父親辛勤的工作及母親無微不至的呵護。

這雖然是梵谷模仿米勒的作品，但是整幅畫，都顯露出梵谷個人的風格。

畫面用色鮮明亮麗，使用藍色、黃色和綠色。所用的色彩為高明度，且是屬於大自然中的顏色，讓人感受到活躍的生命力，也顯示出當時農村環境的自然樸實景色。梵谷很自然的讓畫中的人和大自然，產生一種合而為一的感覺。

在查閱資料的同時，也發現他也有另一幅名畫「星夜」，這兩幅畫內，梵谷運用了許多旋轉的筆法方式繪製。細細看學步這幅畫作，可以看到梵谷他在繪畫樹、灌木和農作物時，都是利用這種旋轉的筆法，來增加生動以及立體的感覺，或許這也是這幅畫作，看

起來生氣蓬勃的原因。這整幅農村景象，讓人感到農民的實在生命，平凡的生活又充滿親情的溫馨。這讓我慢慢想起我的幼兒時光。

　　每一個人其實都不知道，自己走路時所發生的點點滴滴。還好科技的進步，在我小娃兒的時候，已經有攝影機這種美好的發明。當時爸、媽有用攝影機，幫我把小時候的模樣記錄下來。長大後的我，常常藉著看錄影帶，來了解小時候我的點點滴滴。也因此常和爸、媽討論小時候的自己，是如何的可愛又討人厭。

　　我發現學走路時，是慢慢的由爬的行為開始，漸漸的才能夠扶著物品站起來，但常常不小心的就跌坐回地上。當開始可以一小一小步的前進，也都是爸爸或媽媽輕輕牽著我的手，小心翼翼的扶著我一步一步走。此段過程跟「學步」中的畫面有點像。漸漸的，我開始踏穩我的小腳步，很想要不需要大人的幫忙。那時的我搖搖晃晃的，一不小心隨時都會跌倒，小巧的雙手雙腳，一步一步的慢慢踏著，搖搖晃晃、跌跌撞撞的，有時候跌倒會哭一哭，但下次還是很勇敢的，自己走了起來。我想每位孩子都是在不斷的摔倒、扶起的過程中，學會走路的！

　　而當爸、媽可以完全放手，讓我自己走的時候，影帶中的爸爸、媽媽表情是愉快的，是感動的。一點點會走路後的我，喜歡穿上一種走路時，會發出啾一啾一聲的鞋子，走起路來啾、啾、啾、啾的。媽媽說：我會故意為了要讓鞋子發出聲音，而踩的更用力。當一步步更用力的踩下，也就一步步的學會如何走的更穩。這也是為什麼那種聲音學步鞋，可以賣那麼久的原因吧。

　　現在還常常可以看到很小的小朋友穿著它，啾、啾、啾、啾的走著，感覺上以前的我，好像很喜歡這種聲音，但現在總覺得尖銳死了，我想應該是因為長大了，感覺都改變了吧！剛學走時，大家都不可能很熟練，一定是搖搖晃晃的感覺，聲音有時大有時小，每一步總令人又驚又喜，學走路的孩子看起來十分可愛。

　　我想每個孩子一旦學會走，就一定會想走更快，走得跟爸爸、媽媽一樣快。再來，就想跑，想要愈跑愈快。而父母親就要在扶持與放手中思考，太早放手怕孩子跌倒，太晚放手，又怕他學不會自立自強。其實學走就跟長大後做事情一樣，小朋友常常做事情，求快未必求好。做久了不耐煩了，便會開始急，愈急做得愈差。所以媽媽常常跟我分享：「做任何事不要急、不要怕，就好像小時候的你，不論學說話，學走路，媽咪都會陪你！」。不論是小時候的娃娃的我、現在的我，以及長大後的我，我想我都會記得媽媽的提醒與叮嚀！當我還在牙牙學語時，我早就有愛我的爸爸、媽媽和姐姐，比起很多人我已經幸福多了！

　　聽媽媽說，我小時候很快就會到處趴趴走了呢！但會走時的我非常調皮，看到什麼都會把它放到嘴巴裡面吃。所以我走到那裡，他們都得跟著我，不是怕我跌倒，而是怕我亂吃東西，導致身體不適。媽媽說，其實現在的我才是最麻煩的，雖然很多時候可以自己完成很多事情，但就是因為以為自己可以做到，才會令人更加的擔心！我覺得這種想法好像和平常聽到的「自以為是」是蠻接近的說法。每次聽完媽媽講給我聽的童年故事，總是覺得自己是個麻煩的小孩，但是他們也常常稱讚我，讓我覺得「有家人陪著，真好！」

　　每個人看到「學步」這幅畫的第一印象，一定是先回想到小時候的自己，接著想到媽媽，再來才是爸爸。因為我們在媽媽的大肚子中，待了整整「十個月」，吃媽媽的、喝媽媽的、住媽媽的，對媽媽印象還不深刻就太可惡了！

　　梵谷的這幅畫作真讓我回響不少，小時候學步走路時的印象，看著爸、媽牽著我的手，跨出一步步。當我不小心跌倒時，又是十分擔心的檢查我的雙手、雙腳有沒有受傷？當我耍賴不走時，又得對我好言相勸，或者將我一把抱起，抬著我走。就這樣，一點一滴的長大，直到我們可以自立為止。

　　我想梵谷能夠畫出這幅流傳已久的畫作，應該也是一位對於家庭有很多渴望的人。畫中耕作的農夫，以及等待丈夫的母女，每個細節都是十分的注重自然及樸實、真誠的表現。我想梵谷以繪畫的方式，來陳述自己當時的內心世界。我覺得這樣是很好的。雖然梵谷所繪製的畫作，在他「生前沒人看得起」，但現在也沒幾個人買得起，令我感到相當的敬佩！

　　歷史終究會讓有價值的東西更值得等待與珍藏。

　　這次我閱讀的名畫是一百多年前梵谷的「學步」。該畫作將孩子的學步過程與家庭的感情完全的融入畫中。父母的期待、不捨與希望也都表露無遺。透過畫作完整呈現當時的生活背景，筆觸生動，用色豐富。欣賞的過程也讓我回想到自己的小時候。每位孩子學走的過程，就是先學爬，爬啊爬的，再來開始活動小腿肌肉，學著扶著東西走，再來就是鬆開父母的手，自己跨出一步步，最後自然追、趕、跑、跳就通通都會啦！

　　我相信親眼看過孩子跨出第一步的父母，都會沉浸在那一刻美好的回憶中。這也是這幅畫作，表達出來的那種美麗的親情，因此也才能流傳在歷史名畫中。

第二章　從一個教學行動開始的問題？

　　人常常把自我交託在別人的眼光中過活。而忽略了，該把自我交回自己的手中把玩，玩出自己的生命調子。

　　人，忘了問問自己：「我要的是什麼？」

　　教學者是「化作春泥更護花」的自然行者，如教育使徒行傳。

——白佛言 2012

　　「經過了解相關的畫作資料後，我開始可以感受到，一幅可以流傳長時間的畫作，就和一篇雋永的文章一樣，因為有了「背景故事」，有動機、經過、結果，才可以讓人深受感動，並流傳千古。

　　現在的我在欣賞一幅畫時，開始學會了想問題、找問題，去探究作品背後究竟暗藏了什麼？為什麼作者會如此搭配？光影的呈現、顏色的分配、筆觸的深淺、物件的擺放，人物表情和動作等等，是否有什麼隱藏的含義？」

〈閱讀梵谷畫作「學步」暑假作業摘錄〉

1.　教學行動之實務問題

　　「學長，我想請教你一個教學問題，不知道你有時間嗎？」這是今年他再度被問起的。

　　黃老師是一個教學隱藏者，因為他很忙。忙著在自己的小學教室，過一種教學生活。

　　他常說：「只要有孩子可以和我一起在教室現場玩教學遊戲，我整個人就活了過來。只要有人和我一起談論小學教育，我真是可以暢談三天三夜，孩子們的故事會讓人笑瘋了。這是我自己的玩物喪志。」

　　1985 年，有一天的凌晨，他醒來。坐在南投縣仁愛鄉親愛國小的教師宿舍前，望著滿山的雪白梅花，自言自語地說著：「我和愛喝酒、愛打麻將、愛打球、愛上古董玩物的人一樣，一種熱情吸引著自我，難以自拔。」

　　「因為愛不釋手的我執，沒有日夜。」

　　這時他剛派任在這霧社山區的小學，泰雅族、布農族居聚的部落裡，他開始試著探索摘取大意教學、發問技巧教學、小組討論教學法、文章結構教學法。

　　他的教學檔案有著夏山學校筆記、荳荳的學校生活筆記、老師怎樣跟學生說話筆記、皮亞傑認知發展理論筆記、教育心理學──認知取向的整理筆記、阿德勒個體心理學理論筆記、榮格個體心理學理論筆記、艾力克森人生八階段的自我發展理論筆記、羅吉斯人本心理學理論筆記、如何閱讀一本書理論筆記、發問的智慧理論筆記、遠流出版社的大眾心理學叢書、艾斯納藝術教育理論筆記、讀書方法 PORST 專書筆記、思維、學習與發展讀書筆記，有些書是這任教的五年內逐步建立的筆記。

　　聖經、道德經、六祖壇經、金剛經、禪坐練習，也在第二年開始著宗教體驗的第一頁。

　　布魯姆的教育目標認知、技能、情意目標筆記，被貼在教室講桌上，隨時檢視自己的教學提問，是否符合認知類目標層次──知識、理解、應用、分析、綜合、評鑑、創作（後來學者修訂加入的）。

　　整理後的發問技巧，問句類型也貼在講桌上，協助自己是一個初步學著教學的國小老師。

　　他喜愛武俠片影集，所以他常自我摸索著、臆想著：「少林寺的師父，是如何把武功祕笈教會徒弟的？金庸武俠小說中的武林高

手背後，一定有一個厲害的師父。笑傲江湖的男主角令狐沖，受了風清揚前輩獨孤九劍的點化。一是前輩留下的武功秘笈，徒弟自行獨自摸索、獨立練習。一是師父現場示範武功招式，徒弟跟著、跟著做動作的師父模仿練習，接受師父的完全指導式練習。徒弟一段、一段的演練給師父看，接受師父半指導式的指導練習，調整基本動作。在此半指導式練習階段，徒弟如能聽到師父言傳的動作技能思考表白，則更能掌握訣竅、竅門，進入精緻技能的深造。到最後的徒弟獨立練習，直至武功技能成熟演練為止。而高層次的武林生活應用，則需行走江湖累積對打經驗案例，進行分析、綜合、評鑑。最後閉關、獨處幾年後，造就自己成為一代宗師。」

　　這時，黃老師開始注意中國傳統技藝的師徒制度。而他的父親是一位人像畫師。他愛睡在父親身旁，問著父親的學徒生涯故事。這一位畫師的待人接物、生活思維、人際互動、傾聽技巧、輔導技巧、對來來往往人物的特性、評價，都有自己的見解，鄉下人稱他「小孔明」。

　　小時候的黃老師扮演著觀察學習者，他愛問問題。

　　身旁沒有閒人的時候，父親才會為他分析整個全貌的監控思維。

　　在他的支援意識庫中，他不曉得從父親那兒，已林林統統的學了十五年。父親最愛的讀者文摘雜誌，日後也成為黃老師和班上孩子談論的教學教材。

　　「您……請問啊……」黃老師向詢問著說著。

　　他的腦海裡瞬間閃過，走過來的教學來時路。

　　1986 年，他開始累積更多的教學輔導案例。

　　「夏山學校、荳荳的學校生活、老師怎樣跟學生說話」都是他內心世界的大人物。他模仿著尼爾校長、小林宗作校長、吉諾特博士和孩子說話的語氣、內容、哲思，學著和三年級的孩子說話。

　　「許願魚」一書中的「畫出信心」、「風的孩子」便是在台東縣關山國小的師生互動案例。

　　1988 年之後，他開始依據美國紐伯瑞兒童文學獎的少年小說——「黑鳥湖（書名再版時改為黑鳥湖畔的女巫）」，練習書寫教室小說，為著自己有能力留下自己的教學生活印記。「開學日」教室小說，就是這樣修修改改完成的。

　　那時的年代，男性小學教師在同儕團體中，是個沒志氣的行業。

　　他開始想著：「一個國小老師的尊嚴，究竟是什麼？」

　　他拿著教學案例中孩子的真實故事，說給爸爸、媽媽聽。

　　看著爸、媽流下的眼淚，他得到家庭完全認同的許可證，繼續在小學教室中，以行動方案，解決自己的教學實務問題。

　　他要在教室小說中，呈現師生互動的情境、技巧；表現教室中師、生真實的學習情境樣貌，師生之間的教學對話歷程；在小學教材中，一個國小老師如何展覽：帶領一個班級孩子，進行教學、學習、發展？

　　這樣想，這樣做，三十年光陰。

　　他把自己的社會成就，定位在：「我愛上當一位國小老師。我有能力和小孩子們一起生活、一起把玩教學。」

　　一個小學教師經歷著，小學教室教學生活事件模組，從文本的原型教材轉化為教學教材，在教室中進行教學。這一群人在教室情境中，所發生的一連串教學事件、生活事件，組合成師生共同擁有的教學案例。

　　師生在如此教學案例生活裡，經歷著教學、學習、發展的人生學習課題。龐大的教學實務資料、教學實務經驗，在一個學徒身上不斷地被組織、被整理、被系統化，歸納、演繹地從生手教師、熟手教師、專家教師的階層演化他的生活。

　　從「九年一貫學習領域課程架構表圖示」到引用 Shulman（1987）的「教師教學知識基礎」、結合自己的教學工序「簡易教學流程模組示意圖」，由此鳥瞰、反思、監控師生之間的教學品質。

　　如果師生之間的教室生活共識，認定「教學、學習」是一門創作，是一門藝術，那麼他們有必要共同走入「教、學藝術美學」，精緻化地集體創作教學品牌。

　　展現自己教學的不同風貌，讓自己教學風格的誕生，成為一門「教、學文化」美學，為教學歷史留下一些典型的教學藝術創作物，這特徵彷若是一個「教、學物種」。

　　從一個徒弟到達一個師父的求道歷程，從一個師父到達不同境界的一代宗師。

　　由各學科領域的學科教學，教師掌握各領域的學科知識，包含教師學科信念知識、實用知識、過程方法知識，如此對於各領域的學科目地和學科學習技能方法，有個整體性的教學方向感，再由教學知識（PK、CK、PCK）達到教學目標。

　　致於閱讀、寫作技能類化在各個學科的學習上，當區分為一般性閱讀、寫作技能；特殊性學科閱讀、寫作技能（如自然學科的閱讀、寫作技能，數學學科的閱讀、寫作技能，各有其學科敘寫的特殊閱讀方式）；各學科先備知識閱讀、寫作技能。

　　語文教育學科的過程知識（方法知識），應當是「聽、說、讀、寫」四個類目，教學者注意著學習階層的技能練習。

　　等待技能過度練習熟練後，更能增進對學習實用知識的語文基本溝通能力、語文基本表情達意能力的內容探究。

　　例如：「閱讀」類目，學習階層的技能教學，可分為瀏覽閱讀技能、分析閱讀技能、比較閱讀技能、綜合閱讀技能；每一項細目又可區分出能力指標，教師在監控教學閱讀技能類目與細目能力指標，亦有意識的將監控能力教給孩子，促使孩子自我評量。「傾聽」、「說話」、「寫作」亦是如此分出類目下的學習階層、階層下之細目能力指標。以一概階層圖區隔上層概念、中層概念、下層概念，完成每一個教學階段任務。

　　這裡只呈現出所有學科共同交集點的「閱讀」、「寫作」技能訓練，以利學科知識學習的技能類化。

　　茲將「九年一貫學習領域課程架構表圖示、Shulman 教師教學知識基礎、簡易教學流模組」結合示意圖，如下表，自上而下呈列：

2.　九年一貫學習領域課程架構表圖示

〈九年一貫學習領域課程架構表圖示〉

學科教學領域	九年一貫學習領域課程架構					
	學科知識		教學知識 PCK		閱讀寫作技能類化學習	
	實用知識	過程、方法知識	一般教育學知識 PK	學科內容知識 CK	閱讀技能	寫作技能
語文領域	語文基本溝通、表達能力	聽、說、讀、寫方法	1.教師學科信念知識	篇、段落、句子、字詞，表述方式的形式探究、內容探究	1.學科敘寫方式。	1.大意書寫。
數學領域	數學語言列式計算方式	計算過程、解題步驟	2.教育目標：	數、量、形	2.摘要、做筆記。	2.綱要書寫。
自然與生活科技領域	物理、化學方程式語言	觀察方法、科學實驗操作過程	認知類 技能類	物質與能、地球環境、生命世界、資訊科技	3.瀏覽閱讀。	3.概念階層圖書寫。 4.簡答題理答書寫。
社會領域	社會互動、參與、合作的民主素養	個體在文化與自然環境中的社會互動、參與、價值判	情意類	歷史文化、地理環境；政治、經濟、法律，人文環境、人際、制	4.分析閱讀。	5.問答題理答書寫。

		斷、做決定的思考		度、規範、責任		
藝術與人文領域	音符語言、圖像語言、肢體表演與人文素養陶冶	感受、欣賞、創作、表演方法的探索、審美、實踐	3.教學活動流程	音樂、視覺藝術、表演藝術	5.比較閱讀。	6.文章書寫。
健康與體育領域	運動肢體語言、健康實踐生活習慣	運動技能、身心發展保健	4.教學法	田徑、球類、體操、民俗；身體、心理、社會的健康	6.綜合閱讀。	7.學科報告書寫。
綜合領域	生活應用	實踐、體驗、省思、驗證	5.教學表徵	童軍、輔導、家政、團體等學習活動	7.發問技巧。	8.學科思考表白書寫。
生活領域	生活表達、表現	身體、心理、社會活動體驗	6.教學知識統整	低年級社會、藝文、自然與生活科技	8.讀書方法。P、O、R、S、T	9.學科學習心得書寫。

　　對於九年一貫學習領域課程架構的整理，讓自己更清楚我在小學課堂都在做些什麼？把這個當成一個存在的意義，因為不斷的自我暗示才能繼續往前走，人類好似這般。

　　那一天讀著比利時作家，莫里斯‧卡雷姆的「你就這樣幾小時地聽著雨聲」中譯本，由胡小躍翻譯，遠流出版社出版。那一首「夜晚總是來得太快」末三行，更讓自己知道，生命如此驚訝的好自然。

　　　神突然驚訝地發現自己
　　　活在我們心中，
　　　臉色就是那樣。

3.　Shulman 教師教學知識基礎

「教師教學知識基礎、簡易教學流程模組」結合示意圖，如下圖示：

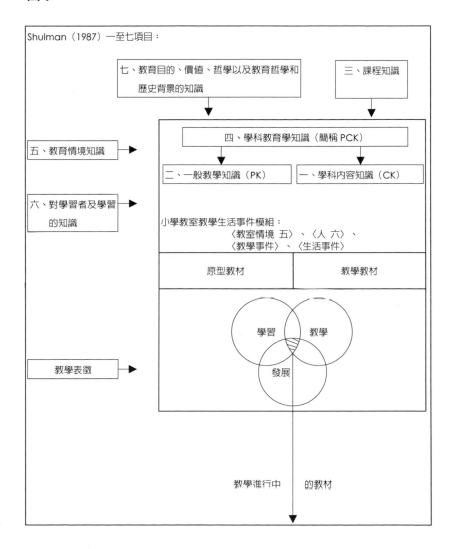

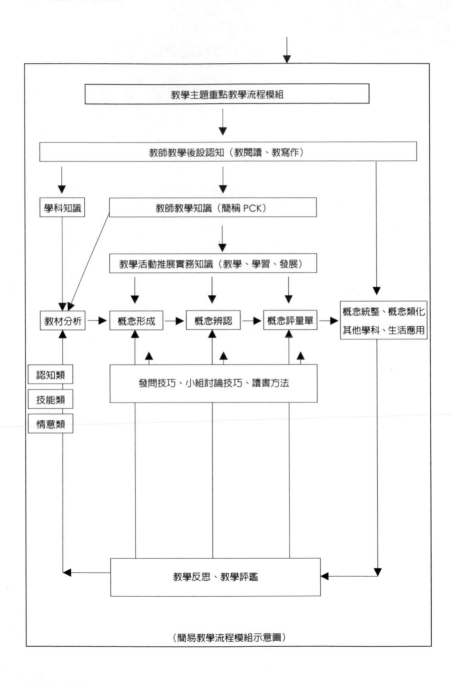

（簡易教學流程模組示意圖）

「我將整個地投入與我自己的靈魂那甜蜜溫馨的交談之中，我的靈魂是他們惟一無法從我身上奪走的東西。」——「我會想起我在撰寫它們的時候所得到的那份溫馨的感覺。」

——盧梭「一個孤獨漫步者的遐想」P.35-37

或許只是為著自己，不被資本主義時代完全「物化」為一種時代的商品，隨波逐流。曾記得在湯恩比博士「歷史的研究」一書中，我隱約背下的語句：

「當一個時代的價值體系完全瓦解之時，宗教信仰即會介入這個時代，以宗教信仰的價值體系暫時穩定這個社會的價值體系。當這個社會重新形成新的穩定價值體系之後，宗教信仰又會抽離社會，退居幕後。」

我看著這個時代的集體潛意識，投入宗教信仰者居多，自 1980 年代開始倍增驚人的宗教門派，到 2010 年的宗教轉化樣式成為「團體訴求」的群體發展，諸多社群讓人的意識更靠近，這到底隱喻著什麼？

後現代主義下的這個台灣，出版界開始轉向尋找「經典」，梭羅的「湖濱散記」、盧梭「一個孤獨漫步者的遐想」、波特萊爾的「惡之華」、艾蜜莉·狄金生的「艾蜜莉·狄金生詩選」；葉嘉瑩先生的古典文學閱讀「作品集」再度浮現；「旅遊」、「民宿」指南；「美食」、「各領域達人專業技術經驗」專書；「賈伯斯傳」席捲市場；「話題」在 FaceBook 生活，是不是人類在尋找一個「可具信任感的理想國度」？

「想要的生活」愈來愈表象化，動不動就搬出「專業化」語詞，忘了專業之前的扎實基本工訓練。影響一個時代流變的風格創作物，莫不一步一腳印地打下深厚基本訓練基礎，在尋求「創造性轉化」的展現上，發出自己的聲音。

　　清末揚州八怪的書法藝術、繪畫藝術即是一個鮮明的創作例子。

　　想想「教師專業」的發展也在這個時代發出聲音。

　　是具有明確方向感的政治偽裝？

　　是具有明確形式感的內容偽裝？

　　還是資本主義掌握發言權之下的權變技術本位，讓「勞工」、「公務人員」處在斷裂的傷痕對立點上？

　　忙得「沒時間思考」寓言故事裡的「鷸蚌相爭，漁翁得利」。

　　忙得「沒時間思考」成語典故裡的「明修棧道，暗渡陳倉」。

　　那一天，開著車途經一條巷道，一隻狗衝將出來追著車，狂追、狂吠。

　　我沒想到基於人文思想的觀點，是我侵犯了牠的安全防衛機制領域，所以牠狂。

　　我卻在車上悠哉的搖下車窗、聽音樂、說起有學問的讀書人語句：「瘋狗吠車」，你追來啊！看牠氣喘吁吁，好不樂哉。

　　回到家，這意象令我想到日本攝影家森山大道寫的「犬之記憶」；侯文詠寫的「金瓶梅」；牛津出版社的「本雅明文選」。

　　我是個「人」嗎？

　　我是個「物」嗎？

　　還是這是一個「情結」所貫穿的「情節」？

　　很有趣的一個現實故事：一個幼稚園大班的孩子，老師在放假日給他更多的作業，把注音符號書寫成通順的造句，寫多行。

　　他控制自己想出去玩的衝動，喃喃笑笑的重複說著：「真不知道老師的想法是什麼？」

　　他還是寫完了作業。

　　這童言童語也為許多真摯的工作者，提供了一個無思的布施。

　　聽我轉述的，無不笑聲連連。我模仿魯迅筆下的「阿Q」形象，給自己一番精神。

第三章 語文科學科知識藍圖
——篇、段落、句子、字詞

1. 語文教育的教學藍圖

語文領域的學科橫向架構、縱向架構，為語文教育的教學藍圖。

教師由此藍圖，在鳥瞰自己的教學類目、教學階段、教學層次，區分自己的教材位階。老師會很清楚地知道：

1. 現在的年段，我該教到那一個階段或層次？

2. 孩子在此階段該具備那些帶著走的語文基本能力？

3. 我該如何進行教學診斷？

4. 我該如何進行補救教學？

例如：我們給出一個轉折關聯詞「**雖然──但是──**」要孩子們造成句子。

六年級孩子造出的句子，形式結構完全正確，而在句子內容上卻是有低、中年段兒童的句子內容，此時身為教師的我們該要求什麼？

如果依據「**教學藍圖**」中的句子能力區別，語文教育老師似乎又可以做些什麼？

教師可以很有自信地要求孩子修改，為什麼要做這樣的修改？

教師可以指導孩子，試著根據那一些曾學過的語文技能修改？

因此，我把「**雖然──但是──**」、「**有──還有──又有──**」**的造句練習，加了思考註記：我的句子內容書寫是六年級的層次，是因為我的造句子內容中思考著……？**

02 號陳傳貴同學的書寫：
例題一：「雖然──但是──」

　　我在這灰暗的早晨，仔細聆聽著外面的世界。雖然今天的天氣十分陰晦，但是卻阻擋不了那些上班族熱情的心……引擎聲仍響著。

例題二：「有──還有──又有──」

　　我看著被北風輕撫的木麻黃，獨處在這個陰晦的天氣中，但有麻雀的陪伴，還有綿綿細雨輕輕的降落在四周，又有屹立不搖的鯉魚山，擁抱整個台東市保護著它，讓木麻黃不再孤單。

思考註記

　　我的句子內容是六年級的程度，是因為我的句子內容中有思考著：

　　句子基本結構，主角──怎麼樣──又怎麼樣──結果。

　　另外我思考著句子書寫技巧的八點：

1. 句子主詞統一性。舉例：我的句子有對著我的主詞，因為我有照著主詞去延伸。

2. 句子完整性，舉例：我有符合三個擴展句。（1）獨處在這個陰晦的天氣中，但有麻雀的陪伴，（2）還有綿綿細雨輕輕的降落在四周。（3）又有屹立不搖的鯉魚山，擁抱整個台東市保護著它。

3. 句子豐富性。舉例：我有用到八感摹寫修辭技巧，像是**看**（我看著被北風輕撫的木麻黃）、**聽**（仔細聆聽著外面的世界）、**感**（但卻阻擋不了那些上班族熱情的心）、**想**（讓木麻黃不再孤單）。

4. 句子連貫性。舉例：木麻黃──獨處（內容字連貫）。

5. 句子意象性。舉例：輕輕的（副詞）。
6. 句子具體性。舉例：看、聽、感、想（八感）、我在這灰暗的早晨，仔細聆聽著外面的世界。雖然今天的天氣十分陰晦，但是卻阻擋不了那些上班族熱情的心──引擎聲仍響著。（摹寫）。
7. 句子順序性。舉例：我在這灰暗的早晨（時間訊續）我看著被北風輕撫的木麻黃，獨處在這個陰晦的天氣中，但有麻雀的陪伴，還有綿綿細雨輕輕的降落在四周，又有屹立不搖的鯉魚山，擁抱整個台東市保護著它，讓木麻黃不再孤單。我從**小隻**的麻雀，**擴大**到綿綿細雨，**再擴大**到鯉魚山，（空間順序）。
8. 句子節奏性。舉例：還有**綿綿**細雨**輕輕**的降落在四周（類疊修辭）

　　經過以上的分析，我有句子的基本結構，也有句子書寫技巧的八點，所以我認為我的句子有六年級的程度。

04 號陳冠元同學的書寫：
例題一：「雖然──但是──」

　　雖然帶一點點刺又有豔麗紅色的玫瑰花非常美，聞起來也香噴噴的，但是冬天有高傲又孤獨雪白色的梅花，像女王的高貴優雅，感覺跟我的孤獨有些類似。

例題二：「有──還有──又有──」

　　森林裡有五顏六色的野花、野草，還有正在覓食的小動物，又有高大的樹木正在聽風說話，走進森林裡，讓人徜徉在森林奏鳴曲中，會讓人有一種輕輕鬆鬆，隨著音樂的節奏跳起舞來的感覺。

思考註記

　　我的句子內容有高年級的程度，是因為我的句子內容依據：

　　句子主詞統一性，第一句「雖然——但是——」我都是在寫**花**。第二句「有——還有——又有——」我都是在寫**森林**。

　　依據句子完整性，我第一句「雖然——但是——」有寫三個擴展句。第一句是聞起來也非常香，第二句是但是冬天有高傲又孤獨雪白色的梅花，第三句是像女王的高貴優雅。

　　第二句「有——還有——又有——」的第一個擴展句是還有正在覓食的小動物，第二個擴展句是又有高大的樹木正在聽風說話，第三個擴展句是走進森林裡，讓人徜徉在森林奏鳴曲中。

　　依據句子豐富性，我的第一句「雖然——但是——」有用到**看、嗅、想、感**。第二句「有——還有——又有——」我有用到**看、聽、感、想**。

　　依據句子具體性，我第一句「雖然——但是——」有用到譬喻，像女王的高貴優雅。第二句「有——還有——又有——」我也有用到譬喻又有高大的樹木正在聽風說話。

　　我第一句「雖然——但是——」用到的形容詞有：**豔麗紅色的、孤獨雪白色的、女王的、我的**。第二句「有——還有——又有——」我用到的形容詞有：**五顏六色的、覓食的、高大的、喜不自勝的、音樂的**。

　　依據句子順序性，第一句「雖然——但是——」我是用**時間安排**，因為在一年中玫瑰花先開，然後梅花才開。第二句「有——還有——又有——」我是用**空間安排**，先從以**地面**算上來最矮的野花、野草，再到**第二高**的動物，最後是**最高**的大樹。

　　依據句子的連貫性，第一句我用「雖然——但是——」。第二句我用「有——還有——又有——」。

依據句子意象性，我用的名詞有：玫瑰花、梅花，然後我在玫瑰花前面加上豔麗紅色的。在梅花前面我加上孤獨雪白色的。

依據句子節奏性，第一個句子「雖然──但是──」我有用到**香噴噴**。第二個句子「有──還有──又有──」我有用到**輕輕鬆鬆**。

最後我再依據句子的結構：「主角＋怎麼樣（，）＋又怎麼樣（，）＋又怎麼樣（，）＋結果（。）」

所以我認為，我的句子是高年級的程度。

17 號陳可涓同學的書寫：
例題一：「雖然──但是──」

百合花雖然不是我最喜歡的花，但是含辛茹苦的它，絕對值得我前往一探究竟。

例題二：「有──還有──又有──」

那裡的百合花處在荊天棘地的地方，卻有著世上無難事只怕有心人的理念，綻放出最美的花，還有著群策群力的心，互相幫助，又有一步一腳印的想法，才能有今天那麼美的綻放。

思考註記

我覺得我的句子是六年級程度的，因為我的結構完整，有主角→怎麼樣→怎麼樣→怎麼樣→結果。

我用了很多成語，每一個成語有一個故事，我用的幾個字，例如：含辛茹苦、荊天棘地、世上無難事只怕有心人、群策群力、一步一腳印，所以有完成句子豐富性。

我的主詞都是在講百合，所以有符合句子主詞統一性。

我有用到轉化因為百合不是人，所以不會互相幫助，但我把它擬人，它變得可以互相幫助，有符合句子具體性。

　　我是用內容字連貫，像群策群力的心再講互相幫助；值得我前往一探究竟在講它。

　　我有用到類疊：像一步一腳印的一和一是類，所以符合句子節奏性。

　　我的人生伏筆是把百合化做對自己的期許，學習百合的理念才能做一個有用的人。

18 號萬珊蕾同學的書寫：
例題一：「有——還有——又有——」

　　我聽到山中的音樂家，正在為春天的來臨演奏著，有鳥兒的鳴叫聲，還有樹葉的摩擦聲，又有大地甦醒的呼吸聲，讓人深深陶醉在其中。

例題二：「雖然——但是——」

　　小草雖然看起來不怎麼起眼，但是它是最勇敢的，它不怕風吹雨打的折磨，依然自由自在的，有如英勇的戰士，真是令人敬佩它的精神。

思考註記

　　我的內容思考，兩句都有完整的主角，怎麼樣 1，怎麼樣 2，怎麼樣 3，結果。

　　第一句的豐富性八感有用到〈**聽**——我聽到山中的音樂家正在為春天的來臨演奏著〉、〈**感**——讓人深深陶醉〉。

　　順序性有空間的安排：**上**〈小鳥〉、**中**〈樹葉〉、**下**〈大地〉。

　　節奏性類疊〈深深〉。

　　第二句的八感摹寫有用到〈**看**——小草雖然看起來不怎麼起眼〉、〈**感**——真是令人敬佩它的精神〉

具體性有加入譬喻〈**有如**英勇的戰士〉。

層次部分有層遞複句〈但是它是最勇敢的，它不怕風吹雨打的折磨，依然自由自在的〉。

連貫性有內容字連貫〈最勇敢的，它不怕風吹雨打的〉。

句子的生動＋副詞〈風吹雨打的〉。

節奏性類疊〈自由自在的〉。

所以我的句子有符合六年級的程度。

這有幾個判斷造句子高能力的檢驗規準，同學們學著從八個項目逐一思考。後來我與孩子們分享：如果一個簡單的敘述句內容，能判別那是高年級的程度，其實**字詞使用成語或四字詞、修辭使用象徵、句子中呈現人生思想**，這樣就一眼便能認出是高能力。

例如：

1. 黃同學交作業時常常**欺上瞞下**，像狐狸一樣**老奸巨猾**，讓大家**無所適從**。〈成語或四字詞〉**大地**，我們的**母親**也開始了，用**芒花**編織毛衣，為東北角每座山保暖。〈象徵——語山林煥彰。康軒版六上第七課冬天的基隆山〉

2. 只要人的內心還有所**羈絆**，那每一個人就都是**奴婢**。〈人生思想——語出韓劇推奴〉

雖然在句子中的擴展書寫可以如此要求，但在一個段落的要求上，無法讓每一個都是高能力的書寫。孩子必須判斷「主題句→推展句 1→推展句 2→推展句 3→結論句。」等等句子的書寫，那一些句子要呈現簡單敘述句？那一些句子要呈現細膩描寫句？那一些句子要呈現留白技巧〈故意把句子結構：主角→怎麼樣→又怎麼樣→又怎麼樣→結果。刪除結果，或又怎麼樣，以留下給讀者思考的想像空間。〉？

這是段落書寫的作者思考訓練。呈現的技巧，考慮著對於讀者造成的內心反應、內心思維，可能有那一些變化而做的調整。

2. 「字義、詞義」的「課程知識」教學重點

「字義、詞義」的教學重點，擺放在一至六年級的教學樣式，
該是有些不同的教學層次？

這樣的思考加入了「課程知識」的思考。

因此教師的教學樣式多元化了，孩子書寫回家作業的樣式也變
得多元了。

教師知道每一個階段的教學施工品質的意義，是為著完成一個
集體性的語文創作藝術品而共同努力。

一、二年級「字義、詞義」的教學重點：

A.字詞在文章句子中的意義。

B.部首的意義。

C.查字典書寫部首、詞義。

D.字詞在生活中的表達與應用。

E.字詞造出不同的句子。

F. 替換語詞。能了解字詞在生活中的意思，能以字詞造出不同
的句子，能查字典書寫詞義。

三、四年級「字義、詞義」的教學重點：

A.多查字典書寫字詞義。

B.能以字詞加上情境、修辭學等不同條件類別，造出不同的
句子。

C.同形字辨識。

D.詞義辨別。

E. 了解字詞在課文句子中的閱讀品嘗體驗。

F. 字詞的摹寫觀察（看、聽、做、觸、嗅、味、感、想等八感摹寫，還原作者現場書寫視點）。

五、六年級「字義、詞義」的教學重點：

A.字、詞在語境中的表情達意。

B.字、詞在語境中的細膩感受。

C.字、詞在語境中的寫作技巧。

D.成語、四字詞在語境中的情感表達效果。

E.針對文章主旨的關鍵性字詞和情緒性字詞，在語境中的情感表達神韻。

（例如：春風又「**綠**」江南岸的轉品字。關關雎鳩的「**關關**」摹聲疊字。左右流之的「**左右**」副詞字，在段落中的類疊法。跑道一文的定題「**跑道**」留下一個名詞意象的伏筆。詩經關雎一文的定題「**關雎**」留下一個形容詞摹聲的意象伏筆；正鳴唱求偶的雎鳩鳥，由一隻鳴唱，到兩隻成為伴侶的鳴唱聯想。康軒版六上第五課神秘的海底古城，首段的「**浮浮沉沉、若隱若現**」疊字詞和四字詞，呈現出探勘的時間歷史、探勘的空間鏡頭。）

會開始思考低、中、高年段的教學層次，是因著高年級的學生，造出一個低年級的句子內容，孩子的句子又沒書寫錯誤。身為教師的我該如何批閱？

二位同學對於同一個題目的造句評量書寫，98 分、99 分的給分區別標準是什麼？教師如何說出一個自己的評量類目，來面對孩子的不解？

九年一貫的課綱書寫，把能力指標依年段課程知識分散開來，教師難能看見課程知識的總藍圖，面對教學知識的施工工序，便更難駕馭其教學歷程了。

　　因此，架構出學科知識、課程知識、教學知識的藍圖，便成為一個學校的學科教學設計藍圖，這有如建築師的建築設計圖。

　　語文科如此，其他學科亦是如此。

　　當國家教育開始漠視師資培育機構的功能之時，我們的社會人才來源開始面臨品質短缺的困境。

　　一個人才需求困境，都是在二、三十年之後，才會浮現的重大問題。

　　當下一代開始掌權的時代，我們不妨推論三十年前的中小學師資培育機構，我們會清晰地看出教育影響人的做思考、做決定的能力和習慣性。

　　大學教育師資來源，國外留學生回國任教大學，與國內自行培育的博士生任教大學的比例，十年即見來自權力位階下達的行政思考。

　　有時滿是感慨的，讀宋詞「**少女不知亡國恨，隔岸猶唱後庭花。**」；讀大學「**大學之道，在明明德，在新民，在止於至善。**」；讀中庸「**明哲保身，以待明君。**」或許還會讓自己見到一些教育的光芒。

3.　「義」──「字、詞」教學的學科知識、課程知識、教學知識

字詞學科知識		字詞課程知識						字詞教學知識		
形式探究	內容探究	一年級	二年級	三年級	四年級	五年級	六年級	認知類	技能類	情意類
字、詞義		A.字詞在文章句子中的意義。 B.部首的意義。 C.查字典書寫部首、詞義。 D.字詞在生活中的表達與應用。 E.字詞造出不同的句子。 F.替換語詞。		A.多查字典書寫字詞義。 B.能以字詞加上情境、修辭學等不同條件類別，造出不同的句子。 C.同形字辨識。 D.詞義辨別。 E.了解字詞在課文句子中的閱讀品嘗體驗。 F.字詞的摹寫觀察（看、聽、做、觸、嗅、味、感、想等八感摹寫，還原作者現場書寫視點）。		A.字、詞在語境中的表情達意。 B.字、詞在語境中的細膩感受。 C.字、詞在語境中的寫作技巧。 D.成語、四字詞在語境中的情感表達效果。 E.針對文章主旨的關鍵性字詞和情緒性字詞，在語境中的情感表達神韻。				

4. 字詞學科知識藍圖：

字詞學科知識							
		形式探究			內容探究		
字詞	形	結構	左右字	左小右大	倉頡造字	六書：查字典	象形字
				右大左小			指事字
				左右均分			形聲字
				左右三併字			會意字
			上下字	上小下大			轉注字
				上大下小			假借字
				上下均分	詞性的表情達意	名詞	
				上下三併字		代名詞	
			獨體字	三角形		形容詞	
				正方形		動詞	
			外包字	庭		副詞	
		筆畫順序	筆畫順序（自上而下、由左而右）			虛字詞、語末助詞	
		筆畫名稱	永字八法	側（點）		關聯詞	1.因果關係
				勒（橫）			2.目的關係
				努（直）			3.遞進關係
				趯			4.並列關係
				策（仰橫）			5.假設關係
				掠（長撇）			6.選擇關係
				啄（短撇）			7.條件關係
				磔（捺）			8.轉折關係
	音	聲符、韻符、結合韻符				成語	
		平聲、上聲、去聲、入聲				四字詞	
	義	字義				三、五、七字詞	
		詞義				多字詞	

安排「課程知識、教學知識」可依筆者的學科知識小類目，依序安排年段課程知識，例如：「**形**」、「**音**」的學科知識，如何安排出「課程知識」，做為一個學校的語文教育藍圖。全校有一共識的語文教學語庫，各年段有一語文基本能力發展檢核，這成為全校發展語文領域「**聽、說、讀、寫**」階段性任務的教學品質，集體性地讓一個專業成型，讓語文成為生活美學的一環。

5.　句子、段落、全篇的技能類化學習發展

針對閱讀書寫技巧，由**句子、段落、全篇的技能發展**，是有一些共通類目，可以彼此類化學習的。

例如：A.主題統一性。B.完整性。C.豐富性。D.具體性。E.順序性。F.連貫性。G.意象性。H.節奏性。

茲將其主要教學重點、意涵、檢驗標準，以資料儲備表列出，作為教學時之參考。

句子、段落、全篇閱讀、寫作評量技能類化			
書寫技巧	句子	段落	全篇
A.主題統一性	主詞	主題句	定題
	句子的結構是：「主角＋怎麼樣（，）＋又怎麼樣（，）＋又怎麼樣（，）＋結果（。）」 因此檢驗一個句子的統一性，當注意主詞包含怎麼樣，包含又怎麼樣。	段落的結構是：「主題句（。）＋推展句1（。）＋推展句2（。）＋推展句3（。）＋結論句（。）」 因此檢驗一個段落主題的統一性，當注意主題句包含推展句1，包含推展句2，包含推展句3。	全篇的結構是：「起段落（。）＋承段落（。）＋轉段落（。）＋合段落（。）」 因此檢驗一個全篇主題的統一性，當注意定題包含起段綱要，包含承段綱要，包含轉段綱要。

B.完整性	三個怎麼樣。	三個推展句。	三個綱要重點的書寫。
	句子的完整性是:「主角+怎麼樣(,)+又怎麼樣(,)+又怎麼樣(,)+結果(。)」中至少有三個怎麼樣。	段落的完整性是:「主題句(。)+推展句1(。)+推展句2(。)+推展句3(。)+結論句(。)」中至少有三個推展句。	全篇的完整性是:「起段落(。)+承段落(。)+轉段落(。)+合段落(。)」中至少有三個綱要性重點的書寫。
	因此檢驗一個句子的完整性,當注意句子描寫或敘述中至少有三個怎麼樣。	因此檢驗一個段落的完整性,當注意段落綱要中包含有三個推展句。	因此檢驗一個全篇的完整性,當注意定題包含承段、轉段中,至少有三個綱要重點的書寫。
C.豐富性	多樣化的感官摹寫。	多樣化的鏡頭摹寫。	剪裁多樣化的綱要性次主題。
	句子的豐富性:三個怎麼樣中至少有多樣化的感官摹寫。	段落的豐富性是:三個推展句中,至少有多樣化的鏡頭摹寫。	全篇的豐富性是:三個綱要性次主題重點的書寫中,至少有剪裁的多樣化。
	因此檢驗一個句子的豐富性,當注意句子描寫或敘述中,有多樣化的感官摹寫。例如: 看、聽、做、觸、嗅、味外在摹寫;感、想內在摹寫的搭配。	因此檢驗一個段落的豐富性,當注意段落推展句中的鏡頭摹寫。例如:有廣角鏡頭摹寫、特寫鏡頭摹寫、移動鏡頭摹寫、分鏡視點鏡頭摹寫的轉換。	因此檢驗一個全篇內容的豐富性,當注意綱要性次主題重點的取材書寫要多樣化。例如「模仿貓」一文:模仿大公雞叫、模仿大白鵝游、模仿剪羊毛、模仿小鳥飛、模仿大樹;轉入被大公雞、大白鵝、農場主人讚賞的多樣化對比剪裁。

D.具體性	八感摹寫、譬喻句。	推展句細膩的感官轉換，完成鏡頭摹寫。	剪裁的感官鏡頭轉換，摹寫出綱要性次主題。
	句子的具體性是：句子的描寫句中，八感感官摹寫、譬喻句使用。	段落的具體性是：三個推展句中，要以細膩的感官轉換，完成多樣化的鏡頭摹寫。	全篇的具體性是：三個綱要性次主題重點的摹寫，要看出剪裁的感官鏡頭轉換。
	因此檢驗一個句子的具體性，當注意句子多樣化的感官摹寫，能表現現場情境的一切靜態、動態變化。例如：主詞的外在摹寫、內在摹寫的搭配和譬喻句的使用。	因此檢驗一個段落的具體性性，當注意段落推展句中，細膩的感官轉換鏡頭摹寫。例如：場景、人物、事件、景物的細膩感官轉換鏡頭摹寫。	因此檢驗一個全篇內容的具體性，當注意綱要性次主題重點剪裁的感官鏡頭轉換，可以表現出場景、人物、事件、景物的細膩描寫。例如「天地一沙鷗」一文的二段，作者細膩寫出一小事件。
	「天地一沙鷗」一文的第二段： 岳納珊是一隻海鷗的名字。他遠遠離開那些同伴，獨自練習飛行。為了追求理想，他忍受孤獨，忍受譏嘲，忍受痛苦，立志要飛得快，飛得高，飛得漂亮。別的海鷗，一旦學會了飛行，能在海濱抓魚，填飽肚子，就認為自己的本領夠了。岳納珊不然，他認為那樣太沒有志氣了。		
E.順序性	空間、時間、邏輯順序安排、修辭層遞法。	空間安排、時間安排、邏輯順序安排摹寫。	空間安排、時間安排、邏輯順序安排鏡頭。
	句子的順序性是：句子的描寫句中，使用空間安排、時間安排、邏輯順序安排、修辭層遞法。	段落的順序性是：三個推展句中，要以空間安排、時間安排、邏輯順序安排摹寫。	全篇的順序性是：三個綱要性次主題重點的摹寫，要以空間安排、時間安排、邏輯順序安排鏡頭轉換。

因此檢驗一個句子的順序性，當注意句子摹寫，能表現現場情境的空間安排、時間安排、邏輯順序安排或層遞。例如： 1.時間安排的早、中、晚、四季季節、年。 2.空間安排的上下左右前後遠近內外——。 3.邏輯順序的因果、條件的若A則B。A〉B，B〉C所以A〉C。 4.層遞順序的由小到大、由內到外、行動順序——。	因此檢驗一個段落的順序性，當注意段落推展句中，空間安排、時間安排、邏輯順序安排的鏡頭摹寫。例如：同句子的順序性例子。 「岩壁」、「立霧溪」、「燕子」三個推展句中，以空間順序的上、下、中（上、下）來安排。	因此檢驗一個全篇內容的順序性，當注意綱要性次主題重點，段落內部的順序性，段落與段落連貫的順序性，是否呈現空間安排、時間安排、邏輯順序安排。例如：同句子的順序性例子。「單車日記」時間順序早上、下午、晚上。空間順序車站、鄉間小路、太魯閣峽谷（特寫、廣角鏡頭）、天祥。
康軒六上第六課「單車日記」一文的第二段：我看到陡峭的岩壁上，攀長著一叢叢的樹木，岩石多了綠意，添了生氣讓人不由的讚嘆他們的生命力。沿著陡峭的岩壁筆直往下看，底下是奔騰洶湧的立霧溪。嶙峋奇岩屹立在溪谷河床上，與溪水激盪出變化多端的樂章。峭壁上的岩縫，是許多燕子的家，來來去去的燕子，有如一架架的戰鬥機，自由自在的在峽谷中飛行，或是低速盤旋而上，或是高處俯衝而下，牠們的演出換得遊客一聲聲驚呼。		

F.連貫性	關聯詞中的形式字。	句子與句子之間的形式字或內容字連貫。	段落與段落之間的形式字或內容字連貫。
	句子的連貫性是：句子的描寫句中，使用關聯詞中的形式字，連貫句子的意思。	段落的連貫性是：三個推展句中，句子與句子之間，要以形式字或內容字連貫。	全篇的連貫性是：三個綱要性次主題重點的段落與段落之間，要以形式字或內容字連貫。
	因此檢驗一個句子的連貫性，當注意句子摹寫中的關聯詞使用是否正確。例如： 1.因為──所以 2.雖然──但是 3.如果──就 　只要──一定 　雖然──但是 4.──卻── 5.不但──也 　除了──還 　要──要　要 6.是──還是 7.就算──也 8.都──也都 　不是──而是	因此檢驗一個段落的連貫性，當注意段落推展句中，句子與句子之間，要以形式字或內容字連貫。例如：「單車日記」第二段：我看到陡峭的「岩壁」。沿著陡峭的岩壁筆直往下看，底下是奔騰洶湧的「立霧溪」。峭壁上的岩縫，是許多「燕子」的家三個推展句中，以重複前句的內容字來摹寫連貫。	因此檢驗一個全篇內容的連貫性，當注意綱要性次主題重點，段落內部的連貫性，段落與段落外部的連貫性順序性。例如：「單車日記」第一篇：首段（從新城出站）、中段（不知不覺，車隊來到……）、尾段（這條道路是……）。段落外部的連貫性以行動順序的內容字連貫。
	康軒六上第六課「單車日記」一文的第二段：我看到陡峭的岩壁上，攀長著一叢叢的樹木，岩石多了綠意，添了生氣讓人不由的讚嘆他們的生命力。沿著陡峭的岩壁筆直往下看，底下是奔騰洶湧的立霧溪。嶙峋奇岩屹立在溪谷河床上，與溪水激盪出變化多端的樂章。峭壁上的岩縫，是許多燕子的家，來來去去的燕子，有如一架架的戰鬥機，自由自在的在峽谷中飛行，或是低速盤旋而上，或是高處俯衝而下，牠們的演出換得遊客一聲聲驚呼。		

G.意象性	讀者閱讀時具有圖畫形象（心靈圖片）。	句子與句子之間的意象鏡頭或廣角或特寫摹寫圖片。	段落與段落之間的獨立鏡頭，圖片組合成行動影像。
	句子的意象性是：句子的描寫句中，使用對主詞的感官摹寫，讀者閱讀時具有圖畫形象。	段落的意象性是：三個推展句中，句子與句子之間，要以文字素描出鏡頭的轉換。	全篇的意象性是：三個綱要性次主題重點的段落與段落之間，要以獨立鏡頭圖片，組合成行動影像。
	因此檢驗一個句子的意象性，當注意句子摹寫中的主詞、名詞的視覺、聽覺、動覺、觸覺、嗅覺、味覺，能使讀者閱讀時具有圖畫形象。例如：「單車日記」燕子一句：來來去去的燕子，有如一架架的戰鬥機，自由自在的在峽谷中飛行，或是低速盤旋而上，或是高處俯衝而下。以燕子的行動視覺呈現意象圖片。	因此檢驗一個段落的意象性，當注意段落推展句中，句子與句子是攝影師的鏡頭圖片形象轉換。例如：「單車日記」第二段：「岩壁」的攀長著一叢叢的樹木，岩石多了綠意。底下是奔騰洶湧的「立霧溪」。嶙峋奇岩屹立在溪谷河床上，與溪水激盪出變化多端的。在讀者閱讀時「岩壁」鏡頭、「立霧溪」鏡頭、「燕子」鏡頭轉換，共同組合成一幅山水圖畫形象。	因此檢驗一個全篇內容的意象性，當注意綱要性次主題重點，摹寫的段落圖片，組合成行動影像。。例如：「單車日記」第一篇：首段（沿途景色圖片）、中段（太魯閣峽谷景色圖片）、尾段（這條道路景色圖片），組合成單車行動影像，為第一天日記。
	康軒六上第六課「單車日記」一文的第二段：我看到陡峭的岩壁上，攀長著一叢叢的樹木，岩石多了綠意，添了生氣讓人不由的讚嘆他們的生命力。沿著陡峭的岩壁筆直往下看，底下是奔騰洶湧的立霧溪。嶙峋奇岩屹立在溪谷河床上，與溪水激盪出變化多端的樂章。峭壁上的岩縫，是許多燕子的家，來來去去的燕子，有如一架架的戰鬥機，自由自在的在峽谷中飛行，或是低速盤旋而上，或是高處俯衝而下，牠們的演出換得遊客一聲聲驚呼。		

H.節奏性	句中的字數、押韻、類疊、俳句。	推展句中的字數、押韻、類疊、俳句。	段落與段落的字數長短、押韻、類疊、俳句。
	句子的節奏性是：句子的描寫句中，使用字數、押韻、類疊、俳句等技巧，表現重複性。	段落的節奏性是：三個推展句中，句子與句子，要以字數、押韻、類疊、俳句等技巧，表現重複性。	全篇的節奏性是：三個綱要性次主題重點的段落與段落，要以字數長短、押韻、類疊、俳句等技巧，產生的重複性。
	因此檢驗一個句子的節奏性，當注意句子中的字數、押韻、類疊、俳句等技巧。例如：詩經「關雎」：	因此檢驗一個段落的節奏性，當注意段落推展句中，句子與句子是有以字數、押韻、類疊、俳句等技巧，表現重複性。例如：詩經「關雎」：	因此檢驗一個全篇內容的節奏性，當注意綱要性次主題重點的段落，要有以字數長短、押韻、類疊、俳句等技巧，產生的重複性。例如：詩經「關雎」：
	「關雎」 關關雎鳩，在河之洲。 窈窕淑女，君子好逑。 參差荇菜，左右流之。 窈窕淑女，寤寐求之。 求之不得，寤寐思服。 悠哉悠哉，輾轉反側。 參差荇菜，左右采之。 窈窕淑女，琴瑟友之。 參差荇菜，左右芼之。 窈窕淑女，鐘鼓樂之。		

句子、段落、全篇閱讀、寫作評量、技能類化				
書寫技巧		句子	段落	全篇
表情達意的回應	正確、通順。（句子基模）			
	優美。（＋形容詞；或＋……）			
	生動。（＋副詞；或＋……）			
	具體。（＋摹寫；或＋譬喻）			
	節奏感。（＋修辭類疊法；或＋押韻；或控制字數）			
	意象鮮明。（＋修辭摹寫法的覺受，心靈圖片經營）			
	層次分明。（＋層遞法；或＋空間、時間、邏輯順序安排）			
	豐富。（＋八感摹寫；或＋連續行動描寫）			
書寫技巧	A.主題統一性			
	B.完整性			
	C.豐富性			
	D.具體性			
	E.順序性			
	F.連貫性			
	G.意象性			
	H.節奏性			
作者	H.形式探究的意含？			
寫作	I.作者視點鏡頭的意含？			
思考	J.作者修辭學技巧的意含？			
意含	K.作者意象圖的意含？			

6. 句子學科知識藍圖

句子學科知識					
		形式探究		內容探究	
句子	結構	基本型：主詞＋述詞。（主角＋怎麼樣，＋又怎麼樣，＋結果。）		句子表情達意的回應	句子的正確、通順。（句子基模）
					句子的優美。（＋形容詞；或＋……）
					句子的生動。（＋副詞；或＋……）
	敘述句	順敘			句子的具體。（＋摹寫；或＋譬喻）
		倒敘			句子的節奏感。（＋修辭類疊法；或＋押韻；或控制字數）
		插敘			
		補敘			句子的意象鮮明。（＋修辭摹寫法的覺受，心靈圖片經營）
	描寫句（具體化）	八感摹寫技巧	看		句子的層次分明。（＋層遞法；或＋空間、時間、邏輯順序安排）
			聽		
			做		句子的豐富。（＋八感摹寫；或＋連續行動描寫）
			感		
			想		
			觸	句子書寫技巧	A. 句子主詞統一性
			嗅		B. 句子完整性
			味		C. 句子豐富性
	句型	疑問句？設問句？			D. 句子具體性
		感嘆句！祈使句？			E. 句子順序性
		肯定句、否定句			F. 句子連貫性
		直述句、倒裝句			G. 句子意象性
					H. 句子節奏性
		假設句、遞進句		作者寫作思考意含	H. 句子形式探究關聯詞的意含？
		並列句、選擇句			I. 作者視點鏡頭的意含？
		因果句、條件句			J. 作者修辭學技巧的意含？
		目的句、轉折句			K. 作者意象圖的意含？

7.　段落學科知識藍圖

段落學科知識				
		形式探究		內容探究
段落	意義段落	主題、事件歸納：作者的自然段落歸納成意義段落	段落綱要	這一段作者都是在說什麼事件？（這一段作者都是寫些什麼主題？）
	段落基架	主題句	段落大意	這一段都是在說什麼重要內容？
		推展句		
		結論句	段落書寫技巧	A. 段落主題統一性
	順序安排	時間順序		B. 段落完整性
		空間順序		C. 段落豐富性
		邏輯順序		D. 段落具體性
	段落承轉	段落與段落的連貫性		E. 段落順序性
				F. 段落連貫性
				G. 段落意象性
				H. 段落節奏性
	作者視點鏡頭	廣角鏡頭	作者寫作思考意含	I. 段落形式探究中的意含？（基架、順序安排）
		特寫鏡頭		J 作者視點鏡頭的意含？
		鳥瞰鏡頭		K. 作者修辭學技巧的意含？
		低視點鏡頭		L. 作者意象圖的意含？
		分鏡鏡頭		M.作者字詞句在段落中的意含？
		移動鏡頭	概念階層圖	段落綱要、大意概念階層圖
		跳接鏡頭		
		拼貼鏡頭		

8.　全篇學科知識藍圖

全篇學科知識					
		形式探究		內容探究	
全篇	文章基架	記敘文	記人	主旨	作者在文章背後要告訴我們什麼樣的人生思想？
			記事件		
			記時地（遊記）	全課大意	作者在這一課都是在說什麼重點內容？
			記物	連貫段落綱要	作者在段落綱要的連貫中想要傳達什麼？（取材、剪裁、組織思考？）
		論說文	議論文		
			說明文		
		其他文類	抒情文	全篇書寫技巧	A. 全篇主題統一性
					B. 全篇完整性
			應用文		C. 全篇豐富性
					D. 全篇具體性
			劇本		E. 全篇順序性
					F. 全篇連貫性
			詩歌		G. 全篇意象性
					H. 全篇節奏性
			小說	作者寫作思考意含	H. 全篇形式探究中的意含？（基架、順序安排）
					I. 作者視點鏡頭的意含？
					J. 作者修辭學技巧的意含？
	順序安排	時間順序			K. 作者意象圖的意含？
					L. 作者段落安排在全篇中的意含？
		空間順序			M. 作者的象徵意義？（象徵、意象、意境）
		邏輯順序		概念階層圖	全篇綱要、大意概念階層圖

9.　修辭學知識藍圖（一）

修辭學知識藍圖（一）		
具體生動 （如動畫圖片的 連續動作）	摹寫修辭	看（眼睛）
		聽（耳朵）
		做（表情、四肢動作、軀幹動作）
		感（覺受）
		想（腦、過去未來的時間想像、主題想像、聯想）
		觸（皮膚）
		嗅（鼻子）
		味（舌頭）
	譬喻修辭	明喻
		暗喻
		略喻
		借喻
	轉化修辭	擬人法
		擬物法
		擬形象化
	示現修辭	
	仿擬（仿古人熟悉印象）	
重複形式設計 （節奏感）	類疊修辭	類修辭
		疊修辭
	俳句修辭	
	對偶修辭	
	回文修辭	
順序形式設計 （感）	層遞修辭	
	倒裝修辭	
	鑲嵌修辭	
	頂真修辭	
	錯綜修辭	
	跳脫修辭	

10.　修辭學知識藍圖（二）

修辭學知識藍圖（二）		
直接情感的 表達內容	感歎修辭	
	設問修辭	
	呼告修辭	
	引用修辭	
凸顯或隱藏的 情感內容	夸飾修辭	
	倒反修辭	
	雙關修辭	
	藏詞修辭	
	飛白修辭	
	婉曲修辭	
	映襯修辭	
寓含人生觀照的 人生意義	象徵修辭	
	借代修辭	
字的形音義 與詞性	轉品修辭	
	析字修辭	
句與句的 關係關聯詞	1.因果關係關聯詞	
	2.目的關係關聯詞	
	3.遞進關係關聯詞	
	4.並列關係關聯詞	
	5.假設關係關聯詞	
	6.選擇關係關聯詞	
	7.條件關係關聯詞	
	8.轉折關係關聯詞	

11.　教學實例——六上「單車日記」一段改寫

上著康軒版本，六上「單車日記」第一篇的第二段文本。我請孩子討論句子、段落、全篇的書寫技能，並逐一改寫，寫下思考表白。

陳傳貴的〈修改國語第六課單車日記第二段〉：

> 不知不覺車隊來到太魯閣峽谷。我看到陡峭的岩壁上，攀長著一叢叢的樹木，岩石多了綠意，添了生氣，讓人不由的讚嘆它們堅韌的生命力。沿著峭壁筆直往下看，底下是奔騰洶湧的立霧溪。嶙峋奇岩屹立在溪谷河床上，與溪水激盪出變化多端的樂章。峭壁上的岩縫，是許多燕子的家，來來去去的燕子，有如一架架戰鬥機，自由自在的在峽谷中飛行，或是低速盤旋而上，或是高速俯衝而下，牠們的演出換得遊客一聲聲的驚呼。

改寫：車隊一步步的向前，緩緩地在不知不覺中來到了「太魯閣峽谷」。沿著陡峭的峭壁看過去，眼前的大理石攀長著一叢叢的樹木，不再是那麼的單調。我不由得讚嘆它們「堅韌的生命力」。因為太魯閣全都是「大理石」，而且常有小石子的沖刷，樹木要從中找到一絲絲的水分，那肯定它的樹根充滿「鍥而不捨」的精神吧！騎著騎著，我們把車放一旁。沿著峭壁筆直往下看，立霧溪像是「英勇戰士」般，奮力侵蝕著嶙峋的奇岩，立霧溪也像是一位練「功夫」的人，打著屹立不搖的木樁——永遠。接近下午，車隊沿著驚呼聲前進，許多遊客正欣賞著一隻隻的燕子飛翔，牠們如同是遊樂園中的「雲霄飛車」，慢慢的往上，或是突然高速俯衝而下，或是三百六十度旋轉，牠們自由自在的飛行演出，震撼了所有遊客，換得了遊客一聲聲的驚呼。

思考表白

1. 我依據主題統一性，舉例：我的主題有對到我的主詞，因為我有照著主題去延伸。
2. 我依據段落完整性，舉例：我有符合三個推展句，像是岩壁句中：沿著陡峭的岩壁一個，堅韌的生命力一個，鍥而不捨一個。
3. 我依據段落豐富性，舉例：我有用到八感，像是看、聽、做、感、想
4. 我依據段落連貫性，舉例：推展句 1 沿著陡峭的峭壁看過去推展句 2
5. 我依據段落具體性，舉例：看、聽、做、感、想（八感），像是：立霧溪也像是一位練「功夫」的人、立霧溪像是「英勇戰士」般（譬喻）
6. 我依據段落意象性，舉例：緩緩地（副詞）
7. 我依據段落順序性，舉例：接近下午（時間）我從整個太魯閣，縮小到樹木，在縮小到小石子（空間）
8. 我依據段落節奏性，舉例：一步步、緩緩地、一叢叢、一絲絲、慢慢的、一隻隻、一聲聲（類疊）

陳冠元寫著〈第二段改寫〉：

　　我看到陡峭的岩壁上有一顆顆小石頭滾了下來，仔細聽可以聽到摳摳摳的聲音，光聽到聲音就覺得上面不可能有植物生存，沒想到岩壁上卻攀長著一叢叢的樹木。這像在十八層地獄以下的方生長，讓那笨重的岩石多了綠意。多了一種輕鬆的感覺，讓人不由得讚嘆它們堅韌的生命力。讓我想起那綠色的回憶。

思考表白

根據主題統一性：因為我改寫的這一段都只有寫岩壁上的東西。

段落的完整性：我有用到三個推展句。

段落的豐富性：我有用到做、感、想、看、聽。

段落的連貫性：我是用內容字連貫。

段落具體性：我有用到譬喻。

段落的意象性：我加了一個名詞，然後加了許多形容詞。

段落的順序性：我是用空間安排來寫的，先從小的石頭，再到樹木，最後到岩石。

段落的節奏性：我有用到許多的類疊，像一顆顆。

我把頭低下去，手緊抓著欄杆。看到了藍藍的溪，那就是立霧溪。它急速往下流動，像國際快跑選手。聽到了轟轟轟的聲音，真沒想到峽谷下，會有那麼多的水。使我想起那涼爽的回憶。

思考表白

我根據主題統一性，因為我寫的這一段都是在寫立霧溪。

段落完整性，我也有用到三個推展句。

段落豐富性，我有用到做、感、想、看、聽。

段落連貫性，這小段我也是應用內容字連貫。

段落具體性，我有用到譬喻。

段落意象性，我使用了形容詞，讓它更優美。

段落順序性，我用的是空間安排，從上到下。

段落的節奏性，我使用了許多疊字。

嶙峋奇岩屹立在溪谷河床上，與藍藍的溪水激盪出變化多端的樂章。笨重的奇岩與輕鬆的溪水，就像天與地之間的差別。彷彿聽見天使與魔鬼的對話。使我感覺到天是多麼的廣，地是多麼的大。

思考表白

我根據主題統一性，所以我寫奇岩到河床之間的景物。

段落完整性，我用了四個推展句。

段落豐富性，我用了看、聽、感、想。

段落連貫性，我使用內容字的連貫，從上一句連接到下一句。

段落的具體性，我用了兩個譬喻。

段落意象性，我增加了名詞的部分。

段落順序性，得空間安排是從右到左，再從上到下。

段落的節奏性，我使用了類疊。

突然間我聽到了某種鳥的叫聲，抬頭往上看，看峭壁上的岩縫，是許多黑色燕子的家。來來去去左右徘徊的燕子，有如一架架火力不輸給飛彈的戰鬥機，自由自在、輕輕鬆鬆的在陡峭的峽谷中飛行，或是低速旋轉而上，或是高速俯衝而下，它們的演出奪得遊客一聲聲的讚美和驚呼。使我想起無拘無束的生活。

思考表白

我根據主題統一性，寫了燕子。

段落完整性，我也有三個推展句。

段落的豐富性，我用了看、聽、感、想。

段落的連貫性，我還是使用內容字，從上一句的主題，連接到下一句。

段落具體性，我加了許多的形容詞。

段落順序性，空間安排我是從上到中，再從中到低，再從低到高，再從高到低。

段落的節奏性，我用了許多疊字，讓長長的一句話，多了節奏感。

把陳冠元的第二段改寫連貫後，即成了如下文本：

　　我看到陡峭的岩壁上有一顆顆小石頭滾了下來，仔細聽可以聽到摳摳摳的聲音，光聽到聲音就覺得上面不可能有植物生存，沒想到岩壁上卻攀長著一叢叢的樹木。這像在十八層地獄以下的方生長，讓那笨重的岩石多了綠意。多了一種輕鬆的感覺，讓人不由得讚嘆它們堅韌的生命力。讓我想起那綠色的回憶。

　　我把頭低下去，手緊抓著欄杆。看到了藍藍的溪，那就是立霧溪。它急速往下流動，像國際快跑選手。聽到了轟轟轟的聲音，真沒想到峽谷下，會有那麼多的水。使我想起那涼爽的回憶。

　　嶙峋奇岩屹立在溪谷河床上，與藍藍的溪水激盪出變化多端的樂章。笨重的奇岩與輕鬆的溪水，就像天與地之間的差別。彷彿聽見天使與魔鬼的對話。使我感覺到天是多麼的廣，地是多麼的大。

　　突然間我聽到了某種鳥的叫聲，抬頭往上看，看峭壁上的岩縫，是許多黑色燕子的家。來來去去左右徘徊的燕子，有如一架架火力不輸給飛彈的戰鬥機，自由自在、輕輕鬆鬆的在陡峭的峽谷中飛行，或是低速旋轉而上，或是高速俯衝而下，它們的演出奪得遊客一聲聲的讚美和驚呼。使我想起無拘無束的生活。

姚丞中的〈第二段改寫〉：

　　循著這裡綺麗而陡峭的岩壁，按照地形來觀察時，發現有些獨立的一些樹木，讓一旁單一色系的粗劣大理石，沾點絢麗的綠色光采，為此片風景增添些許的可看性，並散發出陣陣草香，鋪上香氣。讓人們不禁感受到這堅韌的生命力所散發出的魔力啊！

　　我真想對孤獨的樹木說：「你的斑駁樹梢，像手臂般的擺盪，若握住你的樹梢，會帶給你陪伴；你的樹葉，像為你訴苦的嘴巴，閃亮的雙唇，讓人心動啊！」

　　風中夾帶著一絲絲的溼氣，那是峭壁下奔騰洶湧的立霧溪，永不停息的水聲，幫這片風景伴奏，加強了周圍氣氛，將永遠停留於此。以這裡的地形而言，河床上的嶙峋奇岩，好似一對永恆相伴的老夫妻，會隨著時間而有些許的變化，不過誰也不會離開誰。

　　看哪！岩縫中休憩的燕子，像是童話故事中的鵜鶘，將信件放在嘴中，當起郵差，只不過配件不同而已。夾縫中的燕子，在袖珍版的停機坪，每天的遊客，就像是國慶大典中閱兵的總統府官員們，看著一架架的戰鬥機，咻咻咻的呼嘯而過，快速如疾風。常常，我會為燕子們緊張起來，因為有些高難度動作，像是低速盤旋而上或是高速俯衝而下，難道牠們不會步步驚心嗎？

　　這些全都是由大自然所造就出的技巧，總是換來一聲聲的驚呼！

思考表白

　　我是將它的主詞和大部分的題材，再用我自己的摹寫的技巧，來完成修改。再來我會依據段落八要素，第一，我一定要有主詞，而這些主詞所形成的句子（主題句、推展句1.2.3、結論句），全都要針對題目絕對不能文不對題；再來我會取檢查每一個句子的完整性（三個推展句）；段落豐富性，我將原文，加上自己的八感描寫，完成多樣性（文中有視、聽、感、想、觸、嗅、做）；段落連貫性（內容字連貫、形式字連貫），也就是連接火車的扣環（例：循著……。→風中夾帶……。→以這裡的地形……。→看哪！……。→夾縫中……。→常常……。→這些……。）；段落具體性，文句中有譬喻句（好似一對永恆相伴的老夫妻等……），照理說以這其中一句，就算是達成；段落意像性，將名詞、動詞寫清楚，不誤導；在段落順序性（例：空間安排1 下樹木，2 再下立霧溪，3 往一旁奇岩，4 往上岩縫中）；最後的段落節奏性（押韻、字數、類疊、

排比），因為在文中我較不注意字數、押韻，不常運用。但在類疊
部份，是每次都能達成的，只要具備一種，都是能完成的。

　　所有的達成，是我一一檢查過的！

陳可涓〈單車日記第二段的改寫〉：

　　我屏氣凝神，靜靜的往比我高好幾倍的陡峭岩壁上一望，上面
攀長著一叢叢的樹木。當它一出生，便是它痛苦的開始，因為從停
留在那少許土壤的岩縫中，經過一次次的沖刷，難免會無法生存。
而且那裡養分缺乏，水氣稀少，連站立的位置，都要靠天天努力的
鑽磨才行。那些充滿堅韌生命力的樹木，讓岩石不是冰冰冷冷的，
多了綠意添了生氣，也讓人想起那重重的心酸。

　　沿著陡峭的岩壁筆直往下看，底下是奔騰洶湧的立霧溪，難怪
我聞到了重重的水氣味。它就和一旁的樹木一樣，每天在一顆顆石
頭的阻撓下，突破它，才能從上游的急湍甚劍，到下游的平穩沉重。
嶙峋奇岩屹立在溪谷河床上，與溪水激盪出變化多端的樂章，就如
大樹須突破的重重難關一樣，它阻擋著溪水，溪水侵蝕它的表面，
你不動我也不動你，留樓梯給別人下，別人一樣會留給你下台階。
循著遊客的誇張讚嘆聲，往上抬頭一看，峭壁上的岩縫，是許多靈
活燕子的家，來來去去、左左右右的燕子，有如一架架飛速的戰鬥
機，自由自在的在峽谷中飛行，就像是在模仿著馬戲團的表演，以
岩壁為背景，自己就變成了主角似的，有時低速盤旋而上，或是高
速俯衝而下，看那優雅的姿態，傑出的表現，好比在看奧運滑冰比
賽一樣，深怕一個轉身，變重重跌入溪水中呢！但是它們的自信卻
使我們看不出它的恐懼，牠們的搏命演出換得遊客們一聲聲的驚
呼，也讓大家拍手叫好。

思考表白

(1) 主題統一性：主要是要講太魯閣峽谷的風景，所以我的主題是全部都在講太魯閣峽谷的。

(2) 段落完整性：我的段落所使用到三個推展句。

(3) 段落豐富性：我的段落全部有用到「看、聽、做、感、想、嗅」。

(4) 段落連貫性：我每一個推展句的結尾和下一個有關聯性。

(5) 段落具體性：我用了很多甲像乙的句型如：「它就和一旁的樹木一樣；就如大樹須突破的重重難關一樣；有如一架架飛速的戰鬥機；就像是在模仿著馬戲團的表演；好比再看奧運滑冰比賽一樣」。

(6) 段落意象性：我使用很多摹寫技巧，所以容易浮出影像。

(7) 段落順序性：「上游的急湍若劍，到下游的平穩沉重（輕到重邏輯順序）；養分缺乏，水氣稀少，連站立的位置，都要靠天天努力的鑽磨才行；阻擋者溪水，溪水侵蝕它的表面（邏輯順序）；低速盤旋而上，或是高速俯衝而下（上到下）」。

(8) 段落節奏性：我有用到類疊和排比如下：

類疊：「靜靜的；一叢叢；一次次；重重的；天天努力；重重的；一顆顆；重重難關；來來去去、左左右右；一架架；自由自在；一聲聲；重重跌入溪水中」

排比：「養分缺乏，水氣稀少，連站立的位置都要靠天天努力的鑽磨才行；阻擋著溪水，溪水侵蝕它的表面，你不動我也不動，留樓梯給別人下，別人一樣會留給你。」

12.　讀書方法 PORST

讀書方法 PQRST（1）聯經出版社 2005.12.二版 P.13-38　　黃連從整理		
分類	P （瀏覽閱讀）Preview	Q （提問閱讀）Question
閱讀重點	瀏覽主題的組織： 從目次開始探尋作者所提供的全盤輪廓，看見作者的扼要預告範圍，在心中先組織一遍。	閱讀中找尋答案： 了解內容時，心中的提問在閱讀的段落中找尋答案。
閱讀步驟 （一）	預覽大綱、論題、小節： 例如： 一、（大綱） 　　1.（論題章節） 　　　a.（小節或小標題） 　　　b.（小節或小標題）	發問的技巧： 用一個有組織的思考架構來提問、組織材料。 1.為什麼？（Why?）（詢問原因？） 2.是什麼？（What?）（界定、主題是什麼？） 3.情形如何？（How?）（怎麼樣發展的？） 4.結果是什麼？（Result?）（結果如何？） 5.有何影響？（Influence?）與評估（Appraisal？）（對其他的影響？） 6. ---和---的關係？（Relation?） 7. ---和---的比較？（Compare?） 根據分類主題提問： 　（例如：作者思考、主角面對的人生問題、親子關係、友伴關係——）

分類	R （分析閱讀）Read	S （重述閱讀）State
讀書方法 PQRST（2）聯經出版社 2005.12.二版 P.13-38　　黃連從整理		
閱讀重點	資料重新分類、組織： 了解每一個單獨概念要如何與其他概念產生關係，而建立成一個全盤結構和組織。	根據理解和組織：把心中所做的大綱、重點與讀過的內容用自己的話再說一遍。
閱讀步驟（一）	建立閱讀組織表的分析閱讀 （鳥瞰式閱讀法）： 1.分類。 2.組織。 3.綱要。 4.深入提問。（分析式提問） （以賓傑戀愛了文章為例子示範提問問題——）	一、語文編碼： 　1.主要概念的關鍵語。（畫線、頁邊做註） 　2.大意。（都是在說什麼？以一段文字敘述清楚。） 　3.回答問答題。（論點、論據、論證。）
閱讀步驟（二）	綜合閱讀： 1.根據不同主題，從不同的書中找出閱讀資料做研究。（例如：愛的主題：小鹿斑比、小樹之歌、賓傑戀愛了、詩、電影——） 2.回到組織思考表建立研究主題的資料庫。	二、圖示編碼：（畫一個圖形幫助記憶，例如：山上看風景圖、世界地圖。） 三、概念階層表：（畫概念階層表，例如：金字塔型方法。） 四、資料儲備表格：（畫表格橫向為思考方法，縱向為分類重點或研究主題分類。）

分類	T （測驗閱讀）Test
閱讀重點	將頁邊的註釋找出來或摘要內容重新組合起來，把最後的事實與概念變成一個有組織的整體。
閱讀步驟（一）	根據整體組織、大綱預測考試題型、題目：（自問自答、理答技巧）
閱讀步驟（二）	一、自編測驗卷進行平時考試。 二、如能根據自己組織過的資料結構表，做一文字敘述，則是高能力的學習者常用的學習方法。

讀書方法 PQRST（3）聯經出版社 2005.12.二版 P.13-38　黃連從整理

上述讀書方法 PORST（1）、（2）、（3）表，係依據聯經出版社 2005.12.二版「**讀書方法 PORST**」一書第 13-38 頁，所做的整理。其中加上我個人在小學教室中，所發展的教學實務經驗，如：圖示編碼（意象學習圖）、概念階層表（金字塔架構表）、資料儲備表（單篇文本閱讀、比較性閱讀、綜合性閱讀）、自問自答（發問技巧架構表）、理答技巧（綱要式內容陳述）、自編測驗卷（依單元架構表自編測驗卷）等，也成為教學中必經的訓練步驟。

每一項能力都在教學中，當成技能目標學習能力，不斷地示範、說明、指導式練習、半指導式練習、獨立式練習。

要求孩子口頭思考表白、文字思考表白。

要求孩子在上課前的預習功課，寫出單元架構表（金字塔架構表）。

要求孩子在課堂學習中說出：上課到這裡，請統整老師的上課重點？

你是如何監控學習的？

你思考監控的類目有那一些？

你判斷的標準是什麼？

13.　發問技巧思考訓練格式（1）、（2）

發問技巧思考訓練格式（1）														
事件思考基架	原因				經過情形									
發問基架	背景				特徵（是什麼）					發展（怎麼樣）				
	Context				What					How				
題號	1	2	3	4	5	6	7	8	9	10	11	12	13	14
問句形式	為什麼？	是什麼原因造成的？	有哪一些原因？	為何？	是什麼？	它的特徵是什麼？	是指什麼？	面臨什麼問題？	用意何在？	怎麼樣？	如何發展的？	是如何？	它的經過是如何？	怎麼解決的？
根據研究的分類項目提列問題														

發問技巧思考訓練格式（2）											
事件思考基架	經過情形				結果		影響			評估		
發問基架	關係		比較		（結果）		影響			評估		
	Relations		Comparisonl Contrast		Results		Consequesces			Evalutions		
題號	15	16	17	18	19	20	21	22	23	24	25	26
問句形式	甲和乙有什麼關係？	……？	請就甲和乙加以比較……？	請問甲和乙……同異……？	有什麼結果？	結果怎樣？	有什麼影響？	影響是什麼？	影響有那些？	你認為如何？請說出你的理由或看法？	這樣好不好？為什麼你這麼說？	根據那一些類目標準來進行評估的……？
根據研究的分類項目提列問題												

14.　小組討論發問技巧

發問技巧思考訓練格式（3）														
事件思考基架	原因				經過情形									
發問基架	背景				特徵（是什麼）					發展（怎麼樣）				
	Context				What					How				
題號	1	2	3	4	5	6	7	8	9	10	11	12	13	14
問句形式	為什麼？	是什麼原因造成的？	有哪一些原因？	為何？	是什麼？	它的特徵是什麼？	是指什麼？	面臨什麼問題？	用意何在？	怎麼樣？	如何發展的？	是如何？	它的經過是如何？	怎麼解決的？
根據研究的分類項目提列問題 ｜ 小組討論發問技巧	為什麼你這麼說？請你說出支持你的理由？延伸				我們現在討論的重點是什麼？澄清		你所說的是不是指？澄清	說到這裡，我們是不是可以先整理出一些重點？然後再決定討論的次要主題？			請你舉出一些例子來證明你所說的是對的？證實		你從哪裡看出來的？延伸	我不同意你的看法，因為？延伸

發問技巧思考訓練格式（4）										
事件思考基架	經過情形			結果	影響			評估		
發問基架	關係	比較		（結果）	影響			評估		
	Relations	Comparisonl Contrast		Results	Consequesces			Evalutions		
題號	15	16	17	18	19	20	21	22	23	24	25
問句形式	甲和乙有什麼關係？	？	請就甲和乙加以比較？	？	有什麼結果？	結果怎樣？	有什麼影響？	影響是什麼？	影響有那些？	你認為如何？請說出你的理由或看法？	這樣好不好？為什麼你這麼說？
根據研究的分類項目提列問題／小組討論發問技巧	甲和乙的意見之間有什麼關係？比較		把甲和乙的意見做比較時，我發現了？比較	誰可以告訴我們甲和乙的意見有何不同？延伸	你的結論是？證實		這會有什麼影響？延伸	如果按照甲的說法，那會有什麼結果？有哪一些影響？延伸		……根據那一些類目標準來進行評估的……？	

第四章 閱讀、寫作一個句子開始

1.

讀者和作者也必須知道句子是什麼，然後才能正確地斷句（P.209）。字彙只有在特定的語言情境中才會有意義。

（KenGoodman。談閱讀。P.211）

在教學中，同時解決『閱讀』、『寫作』的二大問題。

我想：我們教學者，可以先從教導「閱讀一個句子」、「寫作一個句子」開始，著手操作「閱讀句子、寫作句子教學操作流程示意圖」。

把句子教學，當成是一個基本教學單位。逐步建立孩子的「句子基模」能力。

因此，教學者的教材分析便是：「句子基模」的教材分析。

思考「句子的形式探究」，包括「句子的結構（主詞＋述詞。）」、「句子連貫的形式字（——關聯詞——）」。

思考「句子的內容探究」，包括「主詞、動詞、子句」內容字的表情達意。

句子基模圖示

	形式探究 （句子的結構；句子的關聯詞）	內容探究 （句子的主詞；句子的表情達意）
句子評量		

要求學生，造出一個正確、通順的句子。

　　一個句子的正確、通順，當然需要檢驗句子的結構正確是「主詞＋述詞。」，即是句子的「主角＋怎麼樣（，）＋結果（。）」。句子的關聯詞正確會涉及通順、連貫、表情達意的問題。

　　句子的內容正確是句子的主詞和內容字使用正確。

　　句子的主詞可以是任何一個名詞、代名詞。

　　句子的內容除了表情達意外，更要符合人、事、時、地、物的特性、規準，才不致於離譜。如：鳥在空中飛、魚在水裡游。

　　這一些評量句子的標準，是依據「句子基模圖示」演繹而下，也是學習後孩子自我評量、自我檢驗、自我監控的標準。孩子由一個依賴教師的學習者，發展成為獨立的自我學習者。

　　所以教師在教學中，會不斷地提醒、詰問孩子：「你造的句子是正確、通順嗎？你是根據什麼標準來判斷的？」

　　讓孩子再次思索，下一次造句子前，會先監控「句子的結構、句子的內容」後，再書寫句子。

　　而我身為一個語文教育教師，我把「句子基模圖示」也當成一個「技能目標」來進行教學。孩子每天在聯絡簿上的空白處，自己選擇一個主詞造出一個句子，我每天個別評量、個別指導孩子的造句子能力。

　　這是造句子能力的生活應用。孩子從生活中，選取物件名詞。以句子的基模，造出一個正確、通順的句子。

　　我希望孩子，也開始注意到造句子能力的「學習遷移」，學習遷移在國語習作的「形式字造句」、「內容字造句」、各種類別的「短語練習（引用語造句、加形容詞造句、加副詞造句、加人物地點造句、四字詞造句、成語造句、重組句子）」。

　　這一些歸納為「句子模組」的不同類型，都有著一般性的共通「句子基模」。此基模可「擴寫句子」、可「換句話說」、可「長句縮短」；可「順敘」、可「倒敘」；可為一個「敘述句（單句）、（複句）」、可為一個「描寫句」、可為「說明句」、可為「議論句」。

句子結構示意圖

主詞		+	述詞	。

主角	+	怎麼樣	，	+	結果	。

主角	+	怎麼樣	，	+	又怎麼樣	，	+	結果	。

　　自我列問（一）：主角是誰？我選擇那一個名詞或代名詞當主角，這是主詞。

　　自我列問（二）：主角怎麼樣了？有什麼結果？

　　自我列問（三）：主角有什麼結果？

　　這樣自我列問，孩子會從生活經驗庫中，給出句子的內容。因為十幾歲的生活口頭表達經驗，學生有能力給出「人、事、時、地、物」生活事件，表情達意的句子。

　　唯一注意的是，句子中「關聯詞」的使用，是孩子常忽略、常犯錯的；因為句子表達的連貫、通順，很少在家庭生活中被指導，很少在學校生活中被教導；孩子並不知道「關聯詞」也是表情達意的句子形式。

　　況且，作家給讀者看得見的是文字敘述。沒有特別提及「隱藏在腦中思考的書寫方式」，這留給讀者自我體會。

　　但身為一個教師，不但要教「內容」，也要教「形式」。監控性地教導孩子，閱讀作家的「形式技藝設計」。分析作家的句子是怎麼表現技術的？這設計達到什麼情感上的效果？

2.　閱讀、寫作一個句子教學

> 孩子每天在聯絡簿上的空白處，自己選擇一個主詞造出一個
> 句子，我每天個別評量、個別指導孩子的造句子能力。
>
> ——白佛言

下列是根據「句子基模」教學，由敘述句過渡到描寫句，句子教學「螺旋式課程」設計。

閱讀、寫作時，均以這個為班上集體性監控評量的標準。

每一細項的發展，孩子可以在聯絡簿上的句子旁，清楚地看到教師給出的發展等級 A1、A2、A3、A4、A5、A6。由初階造句、進階造句、高階造句能力逐步教學、學習、發展。

這在語文領域的課程，進行閱讀作家句子書寫的方式，進行評鑑作家書寫的句子有些什麼技巧設計？少了什麼技巧設計？作家的表情達意是要表現什麼效果？

教師教學的概念分析結合著「課文教學」、「生活實做應用」、「課文分析、評鑑」、「教師教學提問」、「班級小組討論（小組討論教學法技能移植教學實務歷程，1989 年曾發表於板橋教師研習會學術研討會經驗分享）」、「班級初階段集體性的造句文化發展」。

1. 教導學生，造出一個正確、通順的句子。（句子基模）
2. 教導學生，造出一個正確、通順、**優美**的句子。（＋形容詞；或＋……）
3. 教導學生，造出一個正確、通順、優美、**生動**的句子。（＋副詞；或＋……）
4. 教導學生，造出一個正確、通順、優美、生動、**具體**的句子。（＋摹寫；或＋譬喻）

5. 教導學生，造出一個正確、通順、優美、生動、具體、富有**節奏感**的句子。（＋修辭類疊法；或＋押韻；或控制字數）

6. 教導學生，造出一個正確、通順、優美、生動、具體、富有節奏感、**意象鮮明**的句子。（＋修辭摹寫法的覺受，心靈圖片經營）

7. 教導學生，造出一個正確、通順、優美、生動、具體、富有節奏感、意象鮮明、**層次分明**的句子。（＋層遞法；或＋空間、時間、邏輯順序安排）

8. 教導學生，**閱讀一個作家的句子書寫方式**。（閱讀分析）

9. 教導學生，閱讀一個**作家的書寫**句子和我們這一些**初學寫作者的書寫**句子，有何不同？（句子比較閱讀分析）

10. 教導學生，閱讀分析、推論「作家的句子書寫**監控技巧**，可能是什麼？」（閱讀、書寫技巧監控）

閱讀、寫作一個句子〈教學、學習、發展類目示意圖〉

閱讀、寫作　　　　　　教學類目	閱讀一個句子		寫作一個句子	
	形式探究	內容探究	形式探究	內容探究
教學（教什麼？怎麼教？）				
學習（學什麼？怎麼學？）				
發展（發展什麼？怎麼發展？）				
評鑑（評鑑什麼？怎麼評鑑？）				
監控（監控什麼？怎麼監控？）				

閱讀、寫作一個句子〈學生進階類目示意圖〉

閱讀、寫作　　　　　　學生進階類目	閱讀一個句子		寫作一個句子	
	形式探究	內容探究	形式探究	內容探究
初階（正確？通順？優美？生動？）				
進階（具體？層次分明？）				
高階（節奏感？意象鮮明？）				

　　如果一些孩子的基本技能發展不出來，是因為他還沒有掌握住句子的閱讀技巧、句子的書寫技巧。這亦會影響他在班級中的學習社會地位，孩子不再被注意他會學得無力感。此時，更快解決的方案是要求高能力的學習者，主動去教導低能力的學習者，讓他們成為師、徒關係。

　　小徒弟跟著小師父在校園中現場觀察主詞，現場以八感摹寫技巧（看、聽、做、感、想、觸、嗅、味），進行書寫練習。

　　這一段時期，高能力的小師父發展者教導他人的監控技能，他必須循循善誘地舉出例子、運用有效的生活譬喻教學表徵、思考表白自己是如何做到的？自己是如何監控的？自己是如何檢驗修改的？

　　小徒弟因為有個學習的友伴陪著學習，他備受關心地學會自己的能力，他們走在一起了。連結他們的生活話題除了玩耍，還有學習的分享，一起走過來的革命情感讓人生津津有味。

　　這時班級中的「公眾意識」是教學、學習、發展的班級文化模組，大家聚在一起談閱讀句子、談書寫句子，像大家一起瘋灌籃高手一樣。老師有意識地給出不同而多元的場子，孩子就知道玩，同時玩出自己成為高能力的學習者。

第五章　段落基模教學

1.　段落基模教學

文章的結構和意義都是由讀者來建構的。

（KenGoodman。談閱讀。P.158）

「句子基模」開始類化為「段落基模」的「主題句。＋推展句1。＋推展句2。＋推展句3。＋結論句。」我們見到一個段落的組成，由許多句子組合成一個段落。

而日後「段落基模」也將開始類化為「全篇基模」的不同文體基模。

「全篇文章基模」有其共通性的一般性基模：「（首段）、（中段）、（尾段）」或「（起段）、（承段）、（轉段）、（合段）」。

為了適宜不同文體，會發展出特殊性的「全篇基模」。例如：記敘文事件、故事體結構的（原因段落）、（經過情形段落）、（結果段落）；記敘文記景文章結構的（前言段落）、（景物中心描寫段落）、（感想段落）……

句子基模：

主角	+	怎麼樣	，	+	結果	。

段落基模：

主題句。	+	推展句1。 推展句2。 推展句3。	+	結論句	。

一個段落組成的基模，是由許多句子合成一個段落。

當中包含「主題句。＋推展句 1。＋推展句 2。＋推展句 3。＋結論句。」

主題句具有統攝全段書寫主要「主詞」所形成的句子。因此在一個段落之中，教師要求學生從段落中找出主題句，這教學指導語可以是：這一個段落中，都是在敘述、描寫、說明、議論那一個主詞？這一個主詞所形成的句子叫做主題句。

也類似以歸納法統括性的「總說」，其語彙是「都是在說什麼主詞？」。其餘的句子為細節「分說」的「推展句 1。推展句 2。推展句 3。結論句。」

學生常以「結論句」當成是主題句的錯誤類型，是因為結論句往往是一個段落的結果重點所在，因此學生以摘取重點的方式說它是主題句。如果是此段的關鍵重點，可以說成是「關鍵句」。

以此區分除了符合歸納法、演繹法的知識分類外，在概念階層圖上更可以區別出上、下階層概念。

例如：朱自清「荷塘月色」第二段書寫：

> 沿著荷塘，是一條曲折的小煤屑路。這是一條幽僻的路，白天也少人走，夜晚更加寂寞。荷塘四面，長著許多樹，蓊蓊鬱鬱的。路的一旁，是些楊柳，和一些不知道名字的樹。沒有月光的晚上，這路上陰森森的，有些怕人，今晚卻很好，雖然月光也還是淡淡的。

主題句：沿著荷塘，是一條曲折的小煤屑路。
推展句1：這是一條幽僻的路，白天也少人走，夜晚更加寂寞。
推展句2：荷塘四面，長著許多樹，蓊蓊鬱鬱的。
推展句3：路的一旁，是些楊柳，和一些不知道名字的樹。
結論句：沒有月光的晚上，這路上陰森森的，有些怕人，今晚卻很好，雖然月光也還是淡淡的。

其「總說」「主詞」是「路」。其細節「分說」是「一條幽僻的路」、「荷塘四面的樹」、「路的一旁楊柳」。其結論是「沒有月光的路上」。這一些句子統括在「小煤屑路」的書寫。其餘句子均為沿路細節分說。

關鍵性訊息的「關鍵句」恰好落在「結論句」的「沒有月光的晚上，這路……今晚卻很好……」

全篇基模：（一般性基模）

句子、段落、全篇基模類化示意圖

首段	中段		尾段
起段	承段	轉段	合段

全篇基模：（特殊性基模　──生活事件、故事體文章結構）

全篇文章特殊性基模類化示意圖

首段	中段		尾段
起段	承段	轉段	合段
原因大段	經過情形大段		結果大段

把段落結構教學，當成是一個教學基本單位，建立孩子學習「段落基模」的能力。

教學者分析、思考「段落基模」的教材分析，包括「段落的形式探究」，由「段落的結構（主題句。＋推展句。＋結論句。）」組成、「段落連貫的承轉詞句（亦是由關聯詞所形成的句子，做為下一段的順序安排承接）」。

思考「段落的內容探究」，包括「主題句、推展句、結論句」的內容物，在表情達意上的順序安排，這是作者書寫方式。

　　此順序安排有「空間順序安排、時間順序安排、邏輯順序」安排的大方向排序；也有作者摹寫順序的鏡頭視點安排，包括「廣角鏡頭、特寫鏡頭、高鏡頭、低鏡頭、移動鏡頭、內外鏡頭、拼貼鏡頭、跳接鏡頭、意識流鏡頭。」

　　這一些鏡頭是作者的攝鏡視點，是作者想要在讀者腦中呈現的文字意象之美，讓讀者看得見作者描摹的半具體意象經營。

　　作者如一個導演，導出每一個段落的文字視覺效果。作者如一個攝影師，捕捉每一個段落的文字視覺藝術。

　　自此，教學者面臨著同時教導閱讀一個段落書寫方式、寫作一個段落的教學任務。

　　而「段落的內容探究」還有一個任務是，「意義段落綱要」、「意義段落大意」的教學。

　　從教學中建立段落基模，到閱讀、寫作一個段落練習，直至閱讀、寫作段落書寫方式進階歷程，都是螺旋式課程設計。

　　一是閱讀一個段落的「工具學科」、「內容學科」教學。

　　一是寫作一個段落的「工具學科」、「內容學科」教學。

段落基模圖示

	形式探究 （段落的結構；段落的連貫）	內容探究 （段落的主詞；段落表情達意的順序安排）
段落基模評量		

閱讀、寫作一個段落〈教學、學習、發展類目示意圖〉

閱讀、寫作 教學類目	閱讀一個段落 （作家書寫方式）		寫作一個段落 （學生書寫方式）	
	形式探究	內容探究	形式探究	內容探究
一、教學（教什麼？怎麼教？）				
二、學習（學什麼？怎麼學？）				
三、發展（發展什麼？怎麼發展？）				
四、評鑑（評鑑什麼？怎麼評鑑？）				
五、監控（監控什麼？怎麼監控？）				

　　上述表格示意的橫向架構分為閱讀一個段落（作家書寫方式）、寫作一個段落（學生書寫方式）兩大類別，在每一類別中又細分出形式探究、內容探究兩個探究重點。在閱讀上，教師如果刻意把教學重點放在「閱讀作家書寫方式」，則作家在一個段落經營的思考歷程，將可以被解析出作家在「主題句」、「推展句1」、「推展句2」、「推展句3」、「結論句」的順序安排，是如何在思考的？

　　對此段落書寫提問：

1. 作家在此段落書寫的順序安排是：時間順序？空間順序？邏輯順序？
2. 作家在此段落書寫的主題？選材？鏡頭視點？引發的意象美學效果？
3. 作家在此段落書寫的修辭學技巧？引發讀者的情緒美學效果？
4. 作家在此段落書寫的句型使用，傳達什麼情緒？
5. 作家在此段落書寫的字詞使用精準度？
6. 為什麼作家在此段落書寫，要做如此的藝術設計（提問1-提問5）？這會達到什麼目的？

7. 把作家在此段落的書寫，畫成一幅意象圖，作家的視覺藝術是什麼？

8. 作家在句子與句子之間的承轉是如何思考的？

9. 作家在段落與段落的承轉是如何思考的？

這樣的閱讀類別，將實際影響孩子的寫作思考。

因為學生在學習怎樣像一個作家在思考？

怎樣像一個作家在觀景、觀物？

怎樣像一個作家在掌握書寫鏡頭？

把學生當成是未來的作家而進行教學，學生才會成為一個作家。

而上述表格示意的縱向架構分為

一、教學（教什麼？怎麼教？）

二、學習（學什麼？怎麼學？）

三、發展（發展什麼？怎麼發展？）

四、評鑑（評鑑什麼？怎麼評鑑？）

五、監控（監控什麼？怎麼監控？）等五大類別。

　　針對每一類別可區別為教師的、學生的二個細項。例如：

一、教學（教什麼？怎麼教？）類別：

1.（教師）段落的「閱讀、寫作」教學，教師要（教什麼？怎麼教？）

2.（學生）段落的「閱讀、寫作」教學，學生當上小老師時，對於同儕學習者，要（教什麼？怎麼教？）

二、學習（學什麼？怎麼學？）類別：

3.（教師）段落的「閱讀、寫作」學習，教師要（學什麼？怎麼學？）

　　教師要學習如何教段落的「閱讀、寫作」流程。

4.（學生）段落的「閱讀、寫作」學習，學生要（學什麼？怎麼學？）

學生要學習如何「閱讀、寫作」段落的流程、內容和技能。

三、發展（發展什麼？怎麼發展？）類別：

5. （教師）段落的「閱讀、寫作」發展，教師要（發展什麼？怎麼發展？）

6. （學生）段落的「閱讀、寫作」發展，學生要（發展什麼？怎麼發展？）

學生各細項發展的進階目標？

四、評鑑（評鑑什麼？怎麼評鑑？）類別：

7. （教師）段落的「閱讀、寫作」評鑑，教師要（評鑑什麼？怎麼評鑑？）

8. （學生）段落的「閱讀、寫作」評鑑，學生要（評鑑什麼？怎麼評鑑？）

五、監控（監控什麼？怎麼監控？）類別：

9. （教師）段落的「閱讀、寫作」監控，教師要（監控什麼？怎麼監控？）

10. （學生）段落的「閱讀、寫作」監控，學生要（監控什麼？怎麼監控？）

如此，師、生共為學習場域的學習者，所學重點不同。學生在學習內容課程、技能課程。教師在學習如何教的教學課程、技術課程。教學相長中是如此說的，各有所得，師、生彼此都是促進對方成長的契機者。

閱讀、寫作一個段落書寫方式〈學生進階類目示意圖〉

閱讀、寫作　　　學生進階類目	閱讀一個段落 (作家書寫方式)		寫作一個段落 (學生書寫方式)	
	形式探究	內容探究	形式探究	內容探究
初階 （段落結構？物件順序安排？摹寫技巧？）				
進階 （鏡頭順序安排？修辭學技巧？段落節奏感？）				
高階 （意象經營？寫作思考？作者人生意境？）				

　　閱讀、寫作一個段落的教學進階發展，教師可依上表的**初階目標、進階目標、高階目標**，逐一列出教學訓練過程。

　　像球員的訓練計劃一樣，有多個基本動作訓練（運球、跑步運球；傳接球、兩人跑步傳接球、三人跑步三角傳接球）。完成一個基本動作概念技能訓練的熟練後（運球），再進行下一個動作概念技能訓練（傳接球）。再進入動作概念組技能訓練（三人跑步三角傳接球）。

　　值得觀察的是，球員每天一下球場的暖身運動，即是基本動作的概念練習、概念組技能練習。有一個固定下來的基本動作技能組，每天在反覆熟練。反覆熟練中在訓練一個球員的球感。

　　一項藝術技藝的手感，是如此反覆練習得來的。教學中的閱讀、寫作技能，何嘗不是如此反覆練習得來的生活習慣。運動家活在運動的生活中操練，作家活在寫作的生活中操練，他們獨自尋找出自己的內在節奏、表現自己的藝術風格。

　　有一次，在茶語工房聽聞一位武術總教練，分享他的武術美學摸索歷程，瞬間使用腰軸的發力瞬間，讓武術的美不再是花拳繡腿。

　　我也跟著解析教學訓練歷程的師、徒制，該如何透過教學表徵，教導學生進入思考、操作與體驗的課程。

　　學生完成段落教學的高階修練後，至此階段，教師可將「文本師徒制模式」修改為「學生文本分析師徒制模式」，交由孩子自行解析不同作家的段落書寫方式，讓孩子成為一個脫離課堂教學的獨立學習者。

　　當然這更需要進一步的比較閱讀、綜合閱讀的閱讀教學課程，讓孩子更有意識地，了解他人的不同藝術風格，了解自己的藝術風格。

段落綱要、段落大意教學示意圖

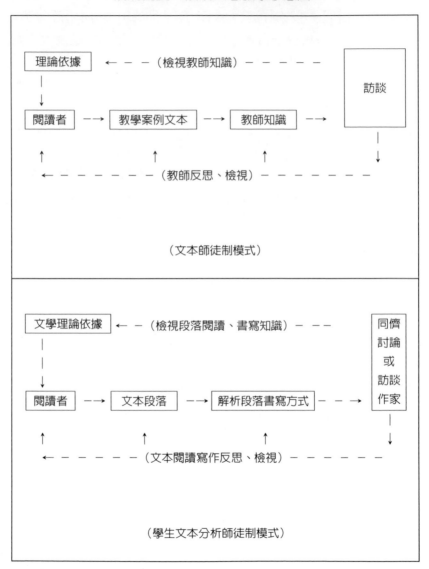

第六章　閱讀當作內容學科、
閱讀當作工具學科

1.　內容學科、工具學科

　　「國小語文教育中，能不能同時在教學中，解決『閱讀』、『寫作』的二個大問題？」

　　詢問他的國小老師亦是資深教師，她想在自己的班級教學中，解決這個令教學者備感困惑的教學實務操作。

　　正當 2010 年的顯學議題「中、小學國際閱讀教育測驗」開始，國內學者投入關心閱讀教育者，如雨後春筍一般。

　　各縣市推動由校方申請的「閱讀磐石獎」，獎金、獎座吸引著投入的教學學群，發表自己校方的閱讀教學計劃及閱讀教學實踐。

　　「為什麼妳對這個教學問題有興趣？」黃老師好奇教室現場的小學老師，對這大題目有興趣，他請問著。

　　黃老師知道，這一些年來，小學閱讀教育所做的，偏重在「量化」的廣泛性「瀏覽閱讀」。至於「質化」深度閱讀類別的「分析閱讀」、「比較閱讀」、「綜合閱讀」是鮮少在教學中被提及、被實做的。

　　閱讀本身被當做「內容學科」時，其教學的工作目標導向，教師是有意識地監控「閱讀層次（瀏覽閱讀、分析閱讀、比較閱讀、綜合閱讀）」，直到孩子學會每一個閱讀層次的細目內容。換句話說，是教師教導孩子學習「閱讀當做內容學科」的「閱讀認知類目標」、「閱讀技能類目標」、「閱讀情意類目標」。

　　閱讀本身被當做「工具學科」時，其教學的工作目標導向，教師是需要有意識地監控著「閱讀工具方法」，應用在各個學科（語

文學科、數學學科、社會學科、體育學科、藝術與人文學科……）
的學習，協助其學習學科內容知識。換句話說，是教師教導孩子抽
取「閱讀的方法」，來閱讀數學科（第一單元）的內容。此時的閱
讀工具，成為輔助性的工具，協助「學習、整理、組織」其他學科
知識。

身為一個教師的「傳道（內容知識、工具知識）」、「授業（行
為、方法）」、「解惑（知識、方法、人生問題）」任務，如此足以成
為一位啟蒙教育的教師。例如：學童會自問，我學習自然科（第一
單元）時，「我是如何閱讀自然科的？我用了什麼閱讀方法？自然
科的單元書寫方式是怎樣書寫的？」

「工欲善其事，必先利其器。」這是黃老師和孩子的常用詞。

他和孩子說：「開門時，要先拿對鑰匙(工具、方法)。切記……」
又常說：「你們的平時考，有兩大類型考試：（一）是把學科單元內
容知識，整理、組織成一個架構。（二）是文字思考表白，你根據
什麼方法來思考？來判斷？你要說出你的監控方法，（如：書寫段
落大意時，我是先根據段落基架的主題句、推展句、結論句的結構
來思考。找到主題句的主詞，問著自己：這一段都是在說什麼？自
下而上歸納思考主詞是誰？主詞怎麼樣了？有什麼結果？我把它
們串成一個通順的長句子，就是段落大意了。檢查時，要配合全篇
文章結構自上而下演繹思考。）」。

這樣的「工具」、「內容」分分合合地，在教學中進行歸納、進
行演繹。

而「寫作」課的作文教學，也是該思考著教導寫作「工具」方
法、教導寫作「內容」。目前語文教育的寫作課，卻落在坊間的作
文教學才藝班，才會理出一些寫作訓練技能課程，每週二個小時課
程，逐步訓練學童的書寫技能。

小學教室的寫作課，會有列出寫作綱要。開始書寫，交出
800-1000 字不等的文字稿。寫作評量語詞和批閱「日記」一般，老

師會給出鼓勵性句子偏多。針對文章形式探究、內容探究的評量句子偏少。

　　就算教師依據民間版本的作文簿評語，勾選出寫作評量語詞是：「構思取材新穎豐富」、「內容表達可圈可點」、「分段表現段落分明」、「語句表現流暢生動」、「用字遣詞恰到好處」、「字體書寫美觀工整」、「標點符號使用正確」。取回作文簿的孩子們卻不明其意。

　　這也源自於寫作課的文字敘述技能，是屬於高層次的抽象符號表達。學童對於文章「形式探究、內容探究」的「全篇、段落、句子、字詞」的評量語庫，是教學者很少在語文教學中呈現的，所以學童無法理解老師給出的作文評量用詞，是根據那一個類目監控評量的。

　　例如：審題、定題、立意、選材、安排段落及組織步驟、修辭技巧、人生思想、事理通順、舉證充實、修稿……等等的評量語庫，是那一些？

2.　寫作評量語庫

　　如果教學者在語文科教學的同時，把作文評量類目也當作一個教學概念，逐步由概念形成、概念辨認、概念應用，透過適當的教學表徵，完成此一寫作技能的教學目標，孩子該能監控自己的寫作表現，是與教學者的評量語庫相契合的。

　　例如，寫作評量語庫，如下條列：

一、「文章寫作目的思考（對象、目的、文本呈現樣式）……」。

二、「文章寫作風格（平和、清麗、高古、深遠、雅緻、圓潤、亮潔、恬淡、飄逸、靜謐）……」。

三、「文章題目定題思考……」。

四、「文章組織架構嚴謹……」；「文章主題內容充分表現作者的人生思想（意境），弦外之音（寓意、象徵、留白），作者人生視

點……」、「文章主題內容統一性……」、「文章主題內容完整性……」、「文章主題內容豐富性……」、「文章主題內容連貫性……」、「文章主題內容選材適切性……」。

五、「文章段落結構（單層小結構、雙層上下小結構、兩種平行小結構）……」、「文章段落與段落銜接性……」；「文章段落內容安排（意象經營、空間順序、時間順序、邏輯順序、作者取鏡視點）……」。

六、「文章句子結構（順敘、倒敘、關聯詞）……」；「文章句子內容（具體性、優美性、生動性、音樂節奏性、細膩性、譬喻性、聯想性、語境性）……」。

七、「文章字詞選用（特殊性、轉品性、動態性、靜態性、成語語境延伸性、意象性）……」。

八、「文章寫作中，修辭學應用（形式設計、內容設計）……」。

　　相對的繪畫課的描繪技能，是屬於高層次的半具體符號表達。透過視覺閱讀便可以掌握圖畫上的「物件、光線、空間構圖、色調、筆觸……」，再依據繪畫要素，推論畫家所要傳達的意涵。

　　也因此，從事語文教育教學者，往往需要做「教學倒帶」一般的還原性工夫。

　　教學倒帶回到文本現場，要求在現場停格的具體化場景，進行一邊教學、一邊閱讀思考表白：作者的寫作思考。這樣的教學幾乎是做不到的，因為多數作者的寫作現場鏡頭難以還原，只能揣摹部分性現場鏡頭，拼拼湊湊組合成一個，貌似作者的寫作鏡頭全貌。

　　但如果有許多小作家在一起，同在一個現場區塊，做「現場觀察、現場摹寫」，書寫成一篇現場文字稿件，這應該能互相填補「作者寫作現場倒帶」的缺憾。

　　學童有幾次這樣的書寫經驗，教學者再選擇「半具體性的圖畫意象現場」，畫在黑板上，提供學習者「對照著抽象文字符號進行閱讀」。

　　這使初步的有感閱讀，跟著文章中的主角一起行、住、坐、臥，一起情感人生，則閱讀會更為具象。

　　這使初步的文字符號寫作意象，有著可操作的現場曾經經驗，做為前階組織以利學童學習「閱讀什麼？」、「如何閱讀？」；「寫作什麼？」、「如何寫作？」。

　　教學者如果是作者，則更可以為孩子做「文本創作思考表白」教學。

　　教學者如果不是作者，則也可以為孩子做「作家文本創作思考分析」教學。

　　茲將「作家、閱讀者、寫作者」的角色轉換，以「閱讀句子、寫作句子教學操作流程圖」示意如下：

閱讀句子、寫作句子教學操作流程示意圖

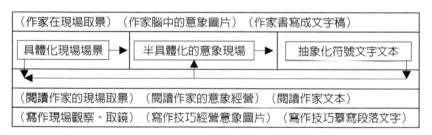

　　讀者手上的語文閱讀文本，已是作者的文字文本。這是我們在國語課本上看見的閱讀文本，那教學者拿到這「原型教材」，是如何透過一道教學者轉譯流程的教材分析，把「原型教材」轉化成「教學教材」，教師有意識地進行教學監控，達到教學者所要的教學目標。

　　教學者的教學目標是偏向認知目標、技能目標或情意目標；或是在教學推展流程中同時進行的？這端賴一個教師在教學現場中，做出教學行動決定。

　　而且口頭表達語言技能和書寫語言技能，在生活實用上又是大相逕庭。

　　口頭表達語言，常是以簡單的敘述句，便完成表情達意的雙向溝通。

　　而書寫表達語言，是以簡單或複雜的敘述句、描寫句，完成代替讀者看到現場的人、事、時、地、物之變化，如此作家文字的表情達意，方能與讀者達到雙向的交流。

第七章　段落書寫方式教學

讀者利用文章的語言線索來決定文章的表面語法結構，然後再決定深層結構。

（KenGoodman。談閱讀。P.172）

1.

閱讀、寫作一個段落的〈段落基模圖示〉、〈教學、學習、發展類目示意圖〉、〈學生進階類目示意圖〉，這組合著教師的學科知識（語文學科知識──閱讀、寫作段落書寫方式）和教師的教學知識（一般性教學知識──閱讀、寫作段落書寫方式的教學、學習、發展）。

接著教師按照學生閱讀、寫作一個段落書寫方式的進階類目，**由初階的閱讀一個段落書寫方式開始**。

閱讀文章中的段落結構？（形式探究）

閱讀文章中的物件順序安排？（形式探究）

閱讀文章中的摹寫技巧？（形式探究）

閱讀文章中的意義段落內容綱要？（內容探究）

閱讀文章中的意義段落內容大意？（內容探究）

（一）要求學生，閱讀課文一個段落的結構安排？閱讀文章中的段落結構？

一個段落的結構安排，是段落的「主題句。＋推展句（1）。＋推展句（2）。＋推展句（3）。＋結果句。」。段落中的關聯詞使用正確，是句子與句子連貫上的通順，和表情達意的問題。

（二）要求學生，閱讀課文一個段落的物件順序安排？（作者書寫方式）

一個段落的物件順序安排，包括時間順序（上午下午、晨間夜晚、季節、斷代……）、空間順序（上下、左右、前後、遠近、內外……）、邏輯順序（因果順序、對等順序、大小順序、推論順序……）；包括鏡頭視點順序（廣角、特寫、鳥瞰、低鏡頭、移動、跳接、旋轉……）。

此段落的物件順序安排，除了顯現作者的視點思考之外，是一種作者思考的表達方式（例如：袁瓊瓊的短篇小說「看不見」中，其空間安排著浴室、泳池；浴室、泳池；浴室、泳池的段落空間轉換形式，作者隱約傳達著忐忑不安、在家失魂出家落魄、心臟跳動、在家不被尊重出家被漠視……如此的形式順序安排，凸顯高能力寫作者，在形式思考上，也在透漏作者的人生思維……）；這也是協助讀者在閱讀上，有著內在閱讀韻律的順序感。

（三）要求學生，閱讀課文一個段落的摹寫技巧？（作者書寫方式）

一個段落的摹寫技巧，基本上是外在摹寫的「視覺（看）」、「聽覺（聽）」、「動覺（做）」、「觸覺（觸）」、「嗅覺（嗅）」、「味覺（味）」與內在摹寫的「感覺（感）」、「心覺（想）」。

這修辭學的八感摹寫技巧，是協助作家以文字表達出具象物的技巧，讓閱讀者彷若親臨現場一般，跟著作者一起看、一起聽、一起行動、一起思想的具體化過程。

還有其他的修辭技巧，可以協助書寫具體化，這列為進階教學時再討論。

（四）教學者會在段落閱讀書寫方式中，列問學生：

「這一段主角是誰？」（主詞）

「主角做了什麼表情、動作？（做）」

「主角看到了什麼？（看）」

「主角聽到了什麼？（聽）」

「主角皮膚上的觸感是什麼？（觸）」

「主角的鼻子聞到了什麼味道？（嗅）」

「主角的口腔裡吃到了什麼味道？（味）」

「主角的心理感覺、感受是什麼？（感）」

「主角想到、想起、想像了什麼？（想）」

每一個主、配角的細微摹寫，都會有連續動態、靜態般的描寫，才容易使讀者產生動畫圖片一樣的感受。

例如：朱自清「荷塘月色」的第四段節錄：

> 曲曲折折的荷塘上面，彌望到的是田田的葉子，葉子出水很高，像亭亭的舞女的裙。層層的葉子中間，零星地點綴著白花，有嬝娜地開著的，有羞澀地打著朵兒的，正如一粒粒的明珠，又如碧天裡的星星，又如剛出浴的美人。

「曲曲折折的荷塘上面（作者，看），彌望到的是田田的葉子（作者，看），葉子出水很高（配角葉子，做），像亭亭的舞女的裙（配角葉子，做的明喻）。層層的葉子中間（配角葉子，做），零星地點綴著白花（配角葉子，做），有嬝娜地開著的（配角葉子，做），有羞澀地打著朵兒的（配角葉子，做），正如一粒粒的明珠（配角葉子的明喻），又如碧天裡的星星（配角葉子的明喻），又如剛出浴的美人（配角葉子的明喻）。」

作者對於名詞荷葉的連續動態摹寫：「荷塘上面──葉子──葉子出水──像──葉子中間」

　　作者對於名詞荷花的連續動態摹寫：「荷花——點綴著白花——開著的——打著朵兒的——正如——又如——又如」

　　一般孩子們的寫作能力，都停留在敘述句的寫作，句子就停筆了。而少了對一個名詞的連續描寫，因此具體性、生動性，在讀者的意象中難能形成心靈圖片。經過這樣的分析註記，作者隱藏的書寫方式被看見了。孩子們可以模仿了。

　　因此我們教學者，會不停的列問：

　　主角是誰？主角怎麼樣了？又怎麼樣了？又怎麼樣了？有什麼結果？

　　「作者在寫那一個名詞？」（荷葉的葉子）

　　「荷葉的葉子，怎麼樣？做了什麼表情、動作？」（葉子出水很高）。

　　「又怎麼樣？又做了什麼表情、動作？」（像亭亭的舞女的裙）做的明喻。

　　「作者在寫那一個名詞？」（荷葉的葉子中間）

　　「葉子中間怎麼樣？做了什麼表情、動作？」（零星地點綴著白花）

　　「又怎麼樣？又做了什麼表情、動作？」（有嬝娜地開著的）

　　「又怎麼樣？又做了什麼表情、動作？」（有羞澀地打著朵兒的）

　　「作者對荷花的連續譬喻？」（正如一粒粒的明珠，又如碧天裡的星星，又如剛出浴的美人。）

　　學生除了讀出作者的摹寫技巧之餘，並在每一個句子旁畫線、以（）寫上註記（主角：看——）、（配角：做——）、（作者：看主角的表情——）。

　　這裡有兩個重要的角色轉換，如主、**配角的八感摹寫**（主、配角可以是人，可以是景，可以是物⋯⋯等等的名詞或代名詞。）、

作者的八感摹寫（作者寫主、配角的：看、聽、做、觸、嗅、味、感、想的摹寫）。

這端賴在閱讀一個段落時，先確定「這一段的主詞是誰？（作者書寫的第一、二、三人稱；作者本身；作者與人稱是同一個人？）」

這刻意的閱讀作者的書寫技巧，有助於孩子清楚：作者是如何安排「主詞」的行動？「主詞」的連續動作？角色書寫的轉換（現在這一句，書寫的是那一個主詞）？

（五）要求學生，閱讀課文一個段落，畫出意象圖？（閱讀意象經營）

從「段落結構安排、物件順序安排、段落摹寫技巧」的段落教學子目標到「畫出意象圖」，每一個子目標都包含著一些細項概念；每一個細項概念都是學科知識與教學知識，同時在教學現場完成概念形成、概念辨認、概念符號化、概念類化應用的歷程。

有經驗的專家教學者，更快速以一個教學表徵，完成教學重點。

（六）要求學生，全班現場摹寫一個段落？（寫作）

從「段落結構安排、物件順序安排、段落摹寫技巧」的段落教學，到「全班現場摹寫」。

孩子像畫家的現場素描一樣，在現場觀察物件的動態、靜態連續變化。

一邊列問看到什麼主角物件？做什麼表情、動作？連續性描寫？

教師不斷地身在一旁，協助列問：

茄苳樹在做什麼表情、動作？聽到什麼？想到什麼？風在做什麼表情、動作？聽到什麼？想到什麼？

微風在做什麼表情、動作？聽到什麼？想到什麼？

小學生在做什麼表情、動作？聽到什麼？想到什麼？感覺怎樣？

「名詞」……「**茄苳樹**」、「**微風**」、「**小學生**」，要做譬喻嗎？

例如：（10 月 5 日五上陳傅貴、莊育舜的現場書寫）

秋高氣爽的微風，輕輕的由操場向我吹來，好像一群白馬從我身邊經過。許多小螞蟻在尋找食物。就在這時，我看見一隻小巧玲瓏的小螞蟻，從我身邊爬過。牠爬上爬下的樣子，看起來好像迷路了，牠們正準備過一個天寒地凍的冬天。（10 月 5 日五上莊育舜）

　　四棵茄苳樹在校園裡深呼吸。樹皮上的蝴蝶蘭彷彿蜘蛛人般，倒掛在上面。

　　樹像是它的母親，不怕風吹雨打，守護著蝴蝶蘭，就像媽媽保護著自己的孩子一樣。

　　秋風好像一直站在我身旁，跟我玩著一、二、三木頭人，當我轉身之後，風就吹來，當我轉回身體時，風早已消失。就著樣，一個人和一陣秋風就玩了起來，真是有趣！

　　這種遊戲竟然會讓我有了笑容？究竟是為什麼？我還是很好奇？（10 月 5 日五上陳傅貴）

接下來聯絡簿空白處的書寫重點，為每一天選擇一個名詞物件摹寫。

教師每天給於孩子按讚鼓勵，每一天評量出 A1-A6 等級級分。朗誦高級分作品，教師分析為何這樣的摹寫會得高級分，是因為具備了什麼技巧和思考？

例如：（五下姚承中，2 月 8 日-2 月 17 日）

二月聯絡簿空白處書寫主題：名詞物件摹寫

　　2/8（三）天空為大地下雨，濕潤大地。那朵厚厚的烏雲，拯救了大地。A3

2/9（四）遠方的樹梢，在寒冷的風中，左右的晃呀晃，就像幾隻手在風中隨著節奏搖擺。A4

2/10（五）眼看即將落下晚霞，在岸邊緩緩的墜落，在墜落之際，我目不轉睛的注視著。A5

2/14（二）大樓上有一隻隻尚未歸巢的燕子，在附近飛翔，就像在放學後，少數的同學尚未回家般，悠閒的玩耍。A2

2/15（三）路上有一片片的枯葉，在許多人踩過的步道，不時有風經過它身旁，吹拂著。我靜靜望著。人生必經生、老、病、死，而這片葉子，離開了大自然。A6

2/16（四）在一個寧靜的下午，望著遠方的樹枝，**它並無跟世界招手**，但我依舊望著。人生的道路，不一定是平坦的，而美好的終點，並不會向任何人招手。A6（**改成：它向無根世界招手？**）

2/17（五）打完上課鐘後，在安靜的上課中，我帶著急促的喘息聲，在許多同學的注視下走回了教室。當時，有一點害怕會被罵，但沒有。讓我鬆口氣，。以後，我就要盡量不遲到，不再像忘了歸巢的燕子一樣，在外面盤旋。A5

2/24（五）向日葵充滿自信，抬起那鮮黃色的花瓣，挺起那筆直的花莖，隨著溫柔的風兒，輕輕地陶醉在那清曦的早晨，彷彿提醒著我，要抬頭挺胸面對人生。A5（五下陳可涓，2 月 24 日）

三月聯絡簿空白處書寫主題：人物刻劃書寫

3/1（四）在棒球場上，當九局下半時，打者一定會專注地盯著每一顆球，希望能夠反超。這巨炮型的打者，在緊要關頭轟出反超的全壘打，他露出燦爛的

例如：（五下陳可涓，3 月 2 日）

3/2（五）大大的斗笠下，有著黝黑的皮膚，斗大的汗珠，
順著臉頰滑下。綠色的雨鞋，踩入田裡的爛泥巴裡，為了那
一株株飽滿的稻穗，從清晨到落日。A6

三月聯絡簿書寫第二主題：發問的智慧
（針對文章提列五個問題）

（康軒版國語五下，第一課，努力請從今日始。五下姚承中
提問，3 月 23 日）A6

1.作者使用的設問句，有何含意？
2.頂真修辭學，這個技巧用在這個地方，作者要表達什麼？
3.兩首詩的賦、比、興技巧用得好嗎？請舉出例子。
4.作者對時間的看法是正確的嗎？
5.人類每天真的都在等待明天嗎？

四月聯絡簿書寫主題：數學轉譯題
（先自編數學列式，再轉譯成中文應用題）

（5/38）÷（5）＝（？）A3（五下陳可涓 4 月 13 日）

桌上有 5/38 條土司，有 5 個人想要吃，請問一個人能吃到
多少條土司？

五月聯絡簿書寫主題：數學轉譯題
（先自編數學列式，再轉譯成中文應用題）

$148＋（148×6/5）＋【（148×6/5）×4/3】＋【（148×6/5）×31/30＝（C）$ A6（五下陳可涓 5 月 1 日）

　　爸爸的身高是媽媽的 11/30 倍。媽媽的身高是姊姊的 11/3 倍。姊姊的身高是我的 11/5 倍。我的身高是 148 公分，請問我們一家人的身高總共是幾公分？

六月聯絡簿書寫主題：文章人生思想、關鍵性文字訊息（康軒版國語五下）

　　人生思想：用心體會，就能感受到舞蹈的美。（第六課，舞動美麗人生）

　　關鍵性文字訊息：傳情達意、表現人生、美化人生、肢體語言。A5（五下陳可涓）

　　段落名詞書寫，可以是任何一個名詞、代名詞的八感覺受摹寫。

　　段落的內容除了表情達意外，更要符合人、事、時、地、物的生活特性、生活規準，可以想像、可以科幻，但不致於離譜。

　　每月聯絡簿空白處書寫主題，可視為教師為配合教學「限制性概念」的「內容練習」、「技能練習」。像球隊每日的「基本動作練習」，直至熟練每一個技能。

　　熟練的過程也是孩子們的共同生活語彙，全班孩子們共同在玩一個有趣、有感覺的生活玩物⋯⋯文字書寫。

（七）給孩子的段落書寫評量等級：（段落寫作評量）

　　這一些評量段落的書寫等級標準，是依據「初階段落閱讀、寫作教學示意圖」演繹而下，也是學習後孩子自我評量、自我檢驗、自我監控的標準。

　　孩子由一個依賴教師，閱讀作家書寫段落的學習者，發展成為獨立的自我學習者。自我學習閱讀作家書寫技巧，自我學習現場摹寫寫作，對照著教師的評量細目，修改自己的文稿創作物。

　　所以教師在教學中，會不斷地提醒、詰問孩子：

1. 「你摹寫的段落結構正確嗎？」
2. 「段落順序安排有思考嗎？」
3. 「摹寫技巧有思考外在摹寫與內在摹寫的轉換嗎？」
4. 「你有使用譬喻嗎？」
5. 「你是根據什麼標準來判斷，初階段落書寫，寫得不錯了的？」

讓孩子再次思索，下一次現場書寫段落前，會先監控「段落的結構、段落物件順序安排、段落摹寫技巧」後，再書寫一個物件。

初階段落閱讀、寫作教學示意圖

閱讀、寫作	初階閱讀一個段落書寫方式								寫作一個段落	
	形式探究					內容探究			形式探究	內容探究
	段落結構	段落物件安排順序	段落摹寫技巧註記	段落摹寫技巧列問	段落意象圖（畫出）	意義段落綱要	意義段落大意	段落形式安排的意義	全班現場摹寫（校園取景摹寫）	
初階類目										
初階閱讀一個段落	主題句？推展句1？推展句2？結論句？	時間順序？空間順序？邏輯順序？	看、聽、做、觸、嗅、味、感、想修辭學：譬喻法？	主角？怎麼樣？又怎麼樣？結果？	畫出意象圖（清楚作家的取景摹寫順序、作家心中寫作的意象圖片）	作者在寫什麼事件（主題物件）？	作者在寫什麼事件的細節內容重點？	作者透過安排段落的形式順序，表達著什麼意義？	評量標準：依初階閱讀一個段落類目，逐一評量。	

2.　閱讀段落教學五大主軸

自此，閱讀一個段落的形式探究，閱讀一個段落的內容探究，是閱讀課的初階教學任務，讀出一個作家的內容表達，讀出一個作家的段落書寫技藝表現。亦即讀出一個作家的寫作工藝，是使用了那一些工具技巧表達一個段落。

教學者有意識地帶領孩子讀出：作家寫作技巧的創作工藝。

而孩子的寫作課，即是依照讀出不同作家的不同創作工藝，來現場書寫自己的生活觀察、生活紀錄、生活體驗感受、生活觀照。

「閱讀、寫作」整合在一個物件的形式探究、內容探究上。如：作家的、文本的、學習者的，這三個角度的分析、推論、組織綜合，直到技能評鑑、技能應用。

第一角度：作家的書寫內容、書寫技巧。（作家隱藏的內在思考分析）

第二角度：作家的文本作物。（國語課本）

第三角度：學生的閱讀、寫作（讀出作家的書寫技巧、應用作家的寫作技巧）

而閱讀一個段落書寫方式，內容探究的「段落綱要」、「段落大意」宜再分出一個教學主軸，另外做技能類的初階教學目標訓練。這是分類能力、統括能力的訓練基礎，孩子摘取重點的能力，亦從此開始。

閱讀一個段落的教學主軸，我區分出段落教學五大主軸線索，在教學實務操作中，穿插進行者。由「初階」訓練、進入「進階」訓練、和最後的「高階」訓練發展，循序漸進。每一個段落教學主軸下，包含幾個次要概念技能細目，列入教學示範過程。如球類訓練的基本動作熟練過程。

一、**閱讀段落教學主軸一：**教「（閱讀）、（寫作）」的閱讀一個**段落的書寫技巧**；寫作一個段落的書寫技巧。

二、**閱讀段落教學主軸二：**教「（閱讀）、（寫作）」的一個段落的內容探究。閱讀一個段落的**綱要、大意**；寫作一個段落的綱要、大意。。

三、**閱讀段落教學主軸三：**教「（閱讀）、（寫作）」一個段落的**發問技巧**。

四、**閱讀段落教學主軸四**：教「（閱讀）、（寫作）」一個段落的讀書
　　方法「（分類、組織成段落的**概念階層圖**）、（分類、組織成段
　　落的**資料儲備表**）」。

五、**閱讀段落教學主軸五**：教「（閱讀）、（寫作）」一個段落的小組
　　討論法「（討論主題、澄清法、探究法、延伸法、證實法、統
　　整法）、（口頭表達結構、提問技巧）」。

　　主軸一、二屬於教學的「學科知識」。主軸三、四、五屬於教
學的「教學知識」。初階訓練時，把教「（閱讀）、（寫作）」的閱讀
一個**段落的書寫技**和教「（閱讀）、（寫作）」的一個段落的內容探究，
當成主要教學目標。主軸三、四、五則為輔助性工具。

　　日後，如要把主軸三、四、五當成學科知識，則變成教「**發問
技巧**」、教「**讀書方法**」、教「小組討論法技巧」即為主要教學目標。
而原本的主軸一、二則成為輔助性目標，教師的教學重點已做了教
學決定。因此，一位教師先決定要教什麼重點目標，成為教師決定
的一項重要抉擇。

第八章　段落綱要、段落大意教學

1.　段落綱要、段落大意教學示意圖

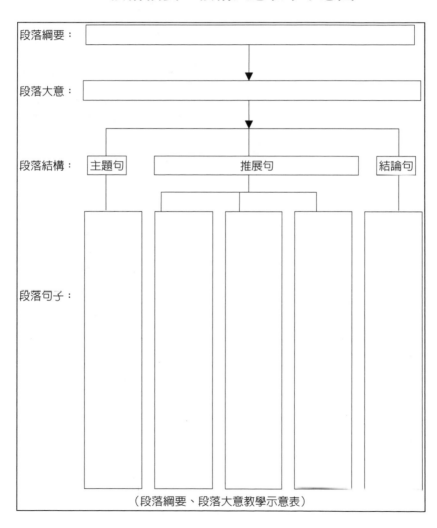

（段落綱要、段落大意教學示意表）

　　例如：以朱自清「荷塘月色」第四段為例子，整理出綱要、大意。

> 「曲曲折折的荷塘上面，彌望到的是田田的葉子，葉子出水很高，像亭亭的舞女的裙。層層的葉子中間，零星地點綴著白花，有嬝娜地開著的，有羞澀地打著朵兒的，正如一粒粒的明珠，又如碧天裡的星星，又如剛出浴的美人。微風過處，送來縷縷清香，彷彿遠處高樓上渺茫的歌聲似的。這時候葉子與花也有一絲的顫動，像閃電般，霎時傳過荷塘那邊去了。葉子本是肩並肩密密地挨著，這便宛然有了一道凝碧的波浪。葉子底下是脈脈的流水，遮住了，不能見一些顏色，而葉子卻更見風致了。」

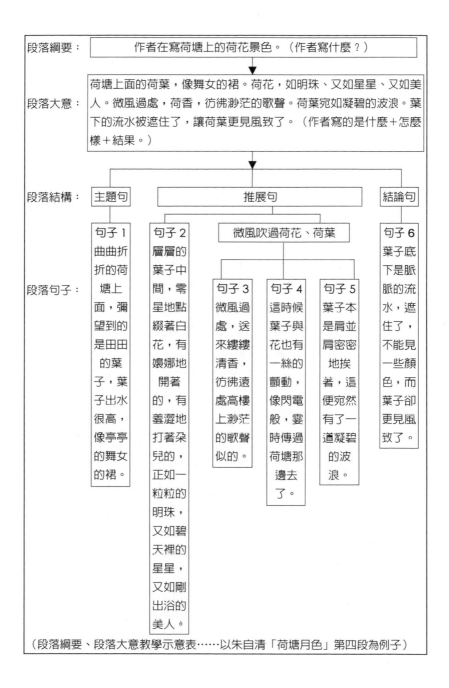

2.　段落綱要、段落大意教學指導語庫

> 開始認識文章：『形式』只有在長時期的功能性使用中才會
> 發展出來。
>
> 　　　　　　　　　　　　　　　（KenGoodman。談閱讀。P.208）

此第四段，是作者朱自清在寫荷塘上面的荷花景色。作者細寫荷葉、荷花、荷香、微風在荷塘上的夜景之美。

此段結構整理如次：

主題句：句子1（荷塘上面的葉子）。

推展句一：句子2（葉子中間點綴著白花）。

推展句二：句子3（微風送來縷縷清香）。┐

推展句三：句子4（葉子與花的顫動）。　├ 物件統括

推展句四：句子5（葉子如凝碧的波浪）。┘（微風吹荷田）

結論句：句子6（葉下流水）。

句子3、句子4、句子5，當歸納為一個物件：微風吹過荷香、荷葉。

簡易地說，作者此段的物件攝鏡順序安排，是荷塘上（荷葉、荷花、微風與荷田互動）、荷塘下。按照荷塘物件的上（荷塘上）、下（底下流水）、上（荷葉）空間順序；外（荷田荷葉）、內（白荷花）空間順序；外（微風）──內（荷葉）：近（葉子與花）、遠（傳過荷塘那邊去了）、近（流水）空間順序安排。

這物件攝鏡順序安排，也成了作者透過文字表現出來的**意象圖**。一張簡易的意象圖片，畫著荷田、荷葉、荷花、微風吹動的荷葉姿態。

這樣的意象圖片，作者以六句描寫句，傳達荷塘之美。

　　當每一個句子的主詞被標上粗體字。如：**荷塘上面**（句子1）、**白花**（句子2）、**微風清香**（句子3）、**葉子與花**（句子4）、**葉子**（句子5）、**葉下流水**（句子6）。

　　這方便孩子們清楚，作者選擇的主詞物件或作者的觀察視鏡變化。

　　作者對每一個主詞（**荷塘上面**），以摹寫技巧描寫出一個句子：（**荷塘上面**，彌望到的是田田的葉子，葉子出水很高，像亭亭的舞女的裙）。在主詞**荷塘上面**又加了形容詞**曲曲折折的**。使句子成了：「曲曲折折的荷塘上面，彌望到的是田田的葉子，葉子出水很高，像亭亭的舞女的裙。」

　　這與班上孩子在造句子訓練的先前知識（句子結構示意圖），是一致性的前階組織。

主角	+	怎麼樣	,	+	又怎麼樣	,	+	結果	。

有關於段落綱要的教學**指導語庫**是：作者這一段都是在寫什麼事件、主題？（主角、什麼事？）
因此，第四段的段落綱要即為：荷塘上面的荷花景色。

段落綱要**指導語庫**：作者這一段都是在寫什麼事件、主題？（主角、什麼事？）

段落綱要：｜　　　　荷塘上面的荷花景色。　　　　｜

有關於段落大意的教學**指導語庫**是：這一段的主詞，都是在說什麼細節、重點？（主角？怎麼樣？結果？）

因此，第四段的段落大意即為：荷塘上面，荷葉像舞女的裙。荷花如明珠、如星星、如剛出浴的美人。荷香彷彿渺茫的歌聲。微風過處，荷葉像是凝碧的波浪。遮住的流水讓荷葉更見風致了。

段落大意**指導語庫**：這一段的主詞，都是在說什麼細節、重點？（主角＋怎麼樣＋結果？）

段落大意：

> 荷塘上面的荷葉，像舞女的裙。荷花，如明珠、又如星星、又如美人。微風過處，荷香，彷彿渺茫的歌聲。荷葉宛如凝碧的波浪。葉下的流水被遮住了，讓荷葉更見風致了。

3.　段落大意書寫的評量標準

段落大意書寫的評量基準，是為有難度的思考題。

教師手冊上的參考性答案和教師的摘取大意，呈現不同面貌的書寫內容。

幾個任教老師寫下的段落大意，也是內容不一。

孩子們更不知段落大意該如何書寫？

孩子不知該如何判斷自己書寫的段落大意是正確的？

這樣的評量監控基準，也往往令師、生無所適從。

如果認同意義段落是作者書寫一個小事件、書寫一個物件主題，那段落大意書寫的評量標準，是可以有如下列參考基準：

一、**段落結構正確**：主題句、推展句、結論句。

二、**段落主題統一性**：主題（主詞、人稱）具有統括細節、分說的敘述。

三、**段落敘述完整性**：對於段落細節的敘述，能統括所有推展句。

四、**段落敘述連貫性**：對於連貫段落細節內容的關聯詞使用。

五、**段落敘述精準性**：對於大意細節中，關鍵性訊息與關鍵性字詞的判斷。

　　關鍵性訊息有時在文本的人生思想；有時在文本中映襯的配角上（例如伊索寓言說葡萄酸的狐狸一篇：「惹得動物們捧腹大笑。」此句為社會學的人際互動，在此篇文本的關鍵性訊息，意在凸顯狐狸的挫折感）。

　　關鍵性字詞有的在形容詞、有的在副詞、有的在成語詞、有的在修辭技巧（例如伊索寓言說葡萄酸的狐狸一篇：「狐狸喃喃地走開。」「喃喃地」，這類疊副詞凸顯狐狸的不甘心、碎碎念）。

　　接下來，幾個五年級下學期的孩子，針對第四段書寫段落大意的內容，黃老師給出的意見如下敘述：（我用一些實際案例判斷過程，來增進孩子判斷段落大意評量規準的理解）

　　萬珊蕾的書寫綱要、段落大意評量單上寫著：

一、段落綱要：荷塘上面，葉子中間點綴著白花，微風送來清香，脈脈流水。

二、段落大意：作者看到荷塘上面。葉子中間，點綴著白花。葉子與花也有一絲的顫動。葉子有了一道凝碧的波浪。葉子下脈脈的流水。

　　我指著她的綱要評量，對照綱要教學指導語庫「作者這一段都是在寫什麼事件、主題？（主角、什麼事？）」，修改成「荷塘上面的荷花（植物名稱）」。因為多出的敘述是細節敘述，不是綱要的概念。

　　指著她的段落大意評量，對照段落大意教學指導語庫「這一段都是在說什麼細節、重點？（主角、怎麼樣、結果？）」，修改加入了結論句的小結果「葉子更見風致了。」

　　洪亞婷的書寫：

一、綱要：描寫荷塘晚上的景色。

二、段落大意：荷塘晚上的景色，帶給作者很多種感覺，無限的遐想。

　　像這樣的段落大意書寫，是正確或需要修正？

　　對照段落大意教學指導語庫「這一段都是在說什麼細節、重點？（主角、怎麼樣、結果？）」問題在於大意的細節、重點，她沒有寫出來。

　　她以「很多種感覺」、「無限的遐想」這樣的歸納性抽象語詞書寫，讓我們讀不出這一段的大意具體內容，因此請她修正。讓她比較萬珊蕾寫的細節、重點，她知道了問題在於「細節、重點」的敘述。

　　姚承中的書寫：

一、段落綱要：荷塘上的荷花、荷葉在風中顫動。

二、段落大意：荷塘上有荷葉。荷葉之間有白花，微風使荷葉顫動，掀起波浪。不見流水，卻更風致。

三、段落大意統括性換句話說：荷塘裡，荷葉如女裙。荷花好似明珠、白的似雲、白的似雪，荷香像流傳已久的香水。微風吹來，有凝碧的波浪，遮住的流水，讓葉子更細緻。

　　這樣的書寫，教師該如何去和孩子討論？

　　我在他的一、段落綱要：荷塘上的荷花、荷葉在風中顫動。以括號標出：荷塘上的荷花、荷葉（在風中顫動）。讓他明白（在風中顫動）是超過了物件的細節敘述了，該切割時要果斷切割清楚。

　　而二、段落大意，三、段落大意統括性換句話說，該調換。因為他的統括性換句話說能力已出現高層次了。是黃老師的進一步統括性教學，誤導了他的認知結構。

　　我向他說聲：「對不起。誤導你了。」

　　我說著：「荷塘裡的靜態、動態之美，讓荷塘更風致了。」這樣的段落大意統括性換句話說，正確嗎？

　　我會打錯。因為「靜態、動態之美」是抽象的語詞，我讀不到大意細節、重點，所以會打錯。除非加入細節才可說是段落大意。這已是閱讀統括到「作者的形式書寫思考」了，不是此段落的大意。

　　我於評量之後，又加派了一個回家作業：第四段黃老師書寫的段落大意統括性換句話說，請傳回 E-mail 文字稿。

　　「**荷塘上面，荷葉像舞女的裙。荷花如明珠、如星星、如剛出浴的美人。荷香彷彿渺茫的歌聲。微風過處，荷葉像是凝碧的波浪。遮住的流水讓荷葉更見風致了。**」這樣的段落大意要換句話說，有順敘、倒敘的敘述方式。

　　但是我要求的「段落大意統括性換句話說」是屬於更高層次的統括能力，孩子能於段落分析後，以自己的話來寫出段落大意。

　　例如：孩子能統括句子 1、句子 2 是作者描寫荷塘「靜態之美（無風的荷塘）」。

　　孩子能統括句子 3、句子 4、句子 5 是作者描寫荷塘「動態之美（微風吹過的荷塘）」。這凸顯著……靜中有動的荷塘景色。

　　句子 6 是作者描寫荷塘「動態（脈脈流水）」、「靜態（荷葉）」，遮住不見的與能見的葉子，互為映襯對比凸顯了……動中有靜的景色。

　　此段，作者段落形式安排的意義，更是推論性難度高的思考題。

　　當我們在閱讀過程，加入人生課題，自我提問：為何此段作者在段落形式的空間安排，出現著上、中、下、上層次的空間順序？和靜態、動態，動態、靜態摹寫一起聯想的話，作者可能在段落形式背後，要傳達著什麼人生意義？

　　這每一層空間順序，暗示著人在生活中的**表層**出現靜態，內心**中層**出現動態的生命求索？**底層**出現暗藏著脈脈流水般的活力動態，最後回到**上層**出現靜態摹寫的人生更見風致？

　　這一些和人生歷練過程有關係嗎？

　　作者有這樣的潛意識、支援意識書寫嗎？

　　如此分析閱讀後的段落大意，是為高層次的書寫：「荷塘上面荷葉、荷花、荷香**靜態**如**高遠明亮**的美，**動態**如**凝碧**的美，荷葉如舞裙一般風致。」

　　萬珊蕾在段落大意統括性，換句話說寫著：作者都是在說荷塘上面的景色，葉子中間點綴著白花，荷花就像天上的星星一樣閃爍，微風慢慢地送來荷香，宛然有了一道凝碧的波浪，葉下脈脈的流水讓葉子更見風致了。

　　她也寫著思考過程：第一、二句都是在說荷葉、荷花、荷香；第一、二句前是靜態摹寫，後面三、四、五句都是動態摹寫。

　　我使用意象圖就更容易清楚發現，這一段到底都是在說些什麼？

　　而主題句、推展句、結論句，也要自己判斷。還有段落裡的關鍵性訊息也都要注意。

　　雖然她的思考過程更統整了，但是書寫的段落大意換句話說，還沒出現更高層次的歸納、統括性能力。

第九章　閱讀段落形式探究、內容探究、閱讀品嘗活動

1.

從「初階段落閱讀、寫作教學示意圖」中，教學者的教學主軸，是教導「初階閱讀一個段落的形式探究」、「初階閱讀一個段落的內容探究」。是教導「初階寫作一個段落的形式探究」、「初階寫作一個段落的內容探究」。

初階閱讀一個段落書寫方式				
形式探究				
段結構	段落物件安排順序	段落摹寫技巧註記	段落摹寫技巧列問	段落意象圖（畫出
（初階閱讀一個段落的形式探究）　↑				

初階閱讀一個段落書方式		
內容探究		
意義段落綱要	意義段落大意	段落形式安排順序的意義
（初階閱讀一個段落的內容探究）　↑		

或許，新進教師會問及：為何從教導「初階閱讀一個段落的形式探究」開始？

這源於「閱讀」、「寫作」的作者書寫方式是雷同的。

我認為有技巧的讀得出作者的書寫方式，便能有意識地應用這讀來的書寫方式，應用在「寫作」課題。

　　因為一般的大量閱讀在於讀完一本書、讀完多本書的內容，這屬於「瀏覽閱讀」的層次。基本上，只要說出這一本書，大概說了那一些細節、內容，即可過關。但問及孩子，從這一本書中，學到了什麼時？答案是一致性地，落在知識內容上的回答。

　　當列問一些技能目標、情意目標類型的問題，或列問一些認知目標的應用、分析、綜合、評鑑、創作類目的問題，孩子卻難以理答。

　　閱讀品嘗活動，是把讀者帶入作者書寫的美感世界裡，逗留這樣的美感生活體驗。

　　跟著作者的腳步，走在他走過文章的道路上，在模擬性的作者書寫現場，意象閱讀品賞，作者的字詞推敲（名詞意象；形容詞的動態、靜態之優美；副詞的動作意象之細膩化）、字數情緒節奏、類疊節奏。

　　（ ）中的字詞，都是朱自清在荷塘月色下，現場取景的臨場感受。他摹寫下來的文字，可說是一字千金啊！

　　（曲曲）（折折）的荷塘上面，（彌）望到的是（田田的）葉子，葉子出水很高，像（亭亭的）舞女的裙。（層層的）葉子中間，零星地點綴著白花，有（嬝娜地）開著的，有（羞澀地）打著朵兒的，正如（一粒粒）的明珠，又如（碧）天裡的星星，又如剛（出浴的）美人。微風過處，送來（縷縷）清香，彷彿遠處高樓上（渺茫的）歌聲似的。這時候葉子與花也有一絲的顫動，像閃電般，霎時傳過荷塘那邊去了。葉子本是肩並肩（密密地）挨著，這便宛然有了一道（凝）碧的波浪。葉子底下是（脈脈的）流水，遮住了，不能見一些顏色，而葉子（卻）更見風（致）了。

　　在教學現場，我好問著：為什麼？

　1. 為什麼（曲曲）（折折）的荷塘上面，作者選用疊字形容詞（曲曲）（折折）的？和（曲曲）（折折）的人生起著暗示作用嗎？

2. 作者寫（彌）望到的是（田田的）葉子。（彌）望是（遠）
望的動作，何以作者使用（彌）字？（田田的）葉子形容詞
何以使用疊字？這和作者在現場攝鏡的景物一致嗎？為何
你這麼說的？

3. 請把上文（　）中的字詞閱讀品嘗，寫下你對作者「用字遣詞」
的看法？

4. 最後一句「而葉子（卻）更見風（致）了。」作者為何下了
一個（卻）字？作者為何不寫成更見風（雅）了？或寫成更
見風（采）了？而寫下了（致）字？（查字典「致」字，有
「來、到」之意。「風致」則有「風韻」之意。）

教學列問，源自於教學者對於教材文本分析的有感而來。

作者在「用字遣詞」上的推敲，往往需要閱讀者的好奇、想像、
驚豔之感的，對字詞提出：「作者為什麼選用這個字詞？」時，字
詞閱讀的品嘗方能深刻。

孩子們，也透過這樣的作者「用字遣詞」提問、小組討論的教
學歷程刺激，逐漸提高其對字詞使用的敏銳度。應用在寫作時，有
感的字詞，才會出現在文稿之中。

第十章　句子教學發問的技巧

1. 從教導孩子「句子基模」、「段落基模」的「閱讀」、「寫作」教學開始。

　　我的「教學知識」有意識地、監控性的穿插著「發問的技巧」，進行教學推展。

　　「發問的技巧」也是一門學科知識，它結合著人類對於「因、果」生活事件學習的基架而來。

　　所以「初階發問技巧」教學，可以簡易的在教學活動中呈現，協助孩子深化一個問題的學習。

　　而「發問技巧」如配合布魯姆的教育目標：認知類、技能類、情意類。列問時，更可以針對不同層次而列問。例如：認知類教育目標層次有，知識、理解、應用、分析、綜合、評鑑、創作七個層次。

閱讀句子時，認知類別的（一）、知識層次教學，即可列問：

（一）1. 句子是什麼？（特徵）

（一）2. 句子是怎樣組成的？應包括那一些結構要素？（關係）

（一）3. 句子可以有那一些變化？（發展）

（一）4. 把不同的句型，放在一起比較閱讀時，你發現了什麼？
　　　　（比較）

（一）5. 這樣的句子，在表達什麼用意？表達什麼效果？（結果）

（一）6. 這樣的句子，對閱讀者的影響是什麼？影響有那些？
　　　　（影響）

（一）7. 句子為什麼是這樣設計的？和人類生活的關係是那些？
　　　　（原因）

閱讀句子時，認知類別的（二）、**理解層次教學**，即可列問：

（二）1. 你對於句子的理解是什麼？（特徵）

（二）2. 句子的表現有幾種樣式？是怎樣組成的？（關係）

（二）3. 句子的順敘、倒敘是可以有那一些變化？（發展）

（二）4. 把不同的句型，放在一起比較閱讀時，你發現了什麼？
　　　　（比較）

（二）5. 這樣的句子，在表達什麼用意？表達什麼效果？你是如何
　　　　理解的？（結果）

（二）6. 這樣的句子，對閱讀者的影響是什麼？影響有那些？你是
　　　　如何想的？（影響）

（二）7. 你對於句子的理解知識，源自於那裡？（原因）

閱讀句子時，認知類別的（三）、**應用層次教學**，即可列問：

（三）1. 你如何應用句子的理解？（特徵）

（三）2. 你在句子的應用和生活的關係有那一些？（關係）

（三）3. 你如何應用句子的順敘、倒敘？有那一些不同的變化？
　　　　（發展）

（三）4. 請比較應用句子的順敘、倒敘，你發現了什麼？（比較）

（三）5. 這樣句子的順敘、倒敘，在表達什麼效果？（結果）

（三）6. 你對於句子的順敘、倒敘，還會思考應用在那裡？（影響）

（三）7. 你對於句子的順敘、倒敘，為什麼要如此應用？（原因）

閱讀句子時，認知類別的（四）、**分析層次教學**，即可列問：

（四）1. 你是怎麼分析一個句子的？（特徵）

（四）2. 你在分析句子時，和以前的學習，有什麼關係？（關係）

（四）3.句子的分析，對你的學科知識實用性是如何的？（發展）

（四）4.對不同類型的句子分析、比較後，你發現了什麼？（比較）

（四）5.這樣的句子分析，對於你的學習有什麼結果？（結果）

（四）6.句子的分析，對你學習的影響有那些？（影響）

（四）7.為什麼你要做句子的分析？（原因）

閱讀句子時，認知類別的（五）、**綜合層次教學**，即可列問：

（五）1.綜合多種類型的句子，你歸納出它們的共同點是什麼？
　　　（特徵）

（五）2.句子分析與句子綜合時，它們之間有什麼關係？（關係）

（五）3.句子的綜合，對你的學習有那些幫助？（發展）

（五）4.句子分析與句子綜合比較後，你發現了什麼？（比較）

（五）5.句子綜合後，對於你的學習有什麼結果？（結果）

（五）6.句子綜合後，對你學習的影響有那些？（影響）

（五）7.為什麼你要做句子的綜合歸納？（原因）

閱讀句子時，認知類別的（六）、**評鑑層次教學**，即可列問：

（六）1.對於一個句子的評鑑，你注意到的是什麼？（特徵）

（六）2.句子的評鑑，和閱讀、寫作它們之間有什麼關係？（關係）

（六）3.句子的評鑑，對你的學習有那些幫助？（發展）

（六）4.句子的評鑑前、評鑑後，你發現了什麼？（比較）

（六）5.句子的評鑑後，對於你的學習會產生什麼結果？（結果）

（六）6.句子的評鑑學習，對你的學習影響有那些？（影響）

（六）7.為什麼你要做句子的評鑑學習？（原因）

閱讀句子時，認知類別的（七）、**創作層次教學**，即可列問：

（七）1.請你創作出一個句子來？（特徵）

（七）2. 你創作句子時，和閱讀、寫作句子的教學有什麼關係？
　　　（關係）
（七）3. 請寫出你創作句子的發展？請舉例說明之？（發展）
（七）4. 你創作的句子，和同學創作的句子，有什麼不同？（比較）
（七）5. 你創作句子後，對於你的學習，有什麼結果？（結果）
（七）6. 你創作句子後，對於你的學習，有那些影響？（影響）
（七）7. 為什麼你要做句子的創作學習？（原因）

　　這依據認知類別層次，所列出的問題，在教學活動實務推展上，並非一題一題按部就班的，教師對學生問思、理答。
　　而是依據師、生教學互動，所穿插進行探究、澄清、證實、延伸教學內容。

例如：教學者列問：

師：（一）1.句子是什麼？（特徵）
生：句子是在表達一個完整的意思。由主詞、述詞所組成的完整句。
師：請你再說說（二）1.你對於句子的理解是什麼？（特徵）（探究）
生：其句子結構為：主詞、述詞。有單句、有複句的類型。句子結構也可說為：主角、怎麼樣。主角、怎麼樣、結果。主角、怎麼樣、又怎麼樣、結果。不斷地擴寫句子，讓一個句子寫得更具體。
師：（四）2.你在分析句子時，和以前的學習，有什麼關係？（關係）（延伸）
生：以前我造過許多句子，並沒有去分析一個句子。現在我分析後，我在造句子時，會用句子結構來協助我寫句子能力。
師：你的意思是說：你用句子結構，來監控句子的學習和應用。（澄清）

生：是的。

師：你現在可以為我們舉出一些例子，來證明你所說的嗎？（證實）

生：例如：「因為……所以」造句，我先選一個主詞（他）。

我列問：（他）怎麼樣了？（他因為沒有寫完功課）。

我又列問：他因為沒有寫完功課，結果呢？（他因為沒有寫完功
　　　　課，所以被老師教訓了。）

　　由「（一）**1.**，**追問**（二）**1.**，**再追問**（四）**2.**」的教學推展，
讓我們清楚，教學者的列問穿針引線，係針對教學小重點而進行
的。學生的先備知識愈是豐富，教學者列問的層次則會逐步提高為
評鑑層次的列問。（這可參閱發問的智慧一書——遠流出版社；如
何閱讀一本書——桂冠出版社）

　　下表（**初階發問技巧基模圖示**），或可提供教師們思考、類化
在不同的教育目標層次上。

初階發問技巧基模圖示

生活事件學習基架		生活事件學習基架					
		原因	經過情形			結果	影響
初階發問技巧		Why?	What?	How?	A、B?	Results	Consequesces
問句形式		為什麼？ 為何？	是什麼？ （主詞、主題）	怎麼樣？ 有何發展？	A、B關係？ A、B比較？	有（產生） 什麼結果？	有（產生）什麼 影響？
（閱讀）	認知類						
	技能類						
	情意類						
（寫作） 作家書 寫方式	認知類						
	技能類						
	情意類						
（監控認知） （後設思考）							
兒童現場寫作							

「句子基模」教學列問：（閱讀）、（寫作）、（監控認知）、（後設思考）、（自我歸因）類別。

1. 請問句子的基模是怎樣組成的？（閱讀、寫作）

2. 請問你如何判斷一個句子的書寫是正確的？（監控認知）

3. 請問你如何判斷一個句子的書寫是通順的？（監控認知）

4. 請問一個句子的通順，和句子的關聯詞(形式字)有何關係？（閱讀、寫作）

5. 句子的關聯詞（形式字）是在表達什麼？（閱讀、寫作）、（監控認知）

6. 請問這個句子中，用了那一些形容詞？有什麼閱讀效果？（閱讀）

7. 請問這個句子中，用了那一些副詞？有什麼閱讀效果？（閱讀）

8. 請問句子中，作者使用形容詞、副詞的目的是什麼？（監控認知）

9. 請問你如何判斷一個句子的書寫是優美的？（監控認知）

10. 請問你如何判斷一個句子的書寫是生動的？（監控認知）

11. 請問你如何去監控，書寫出一個正確的、通順的、優美的、生動的句子？（監控認知）

12. 請問一個句子中，使用了那一種修辭技巧，可以協助句子書寫的具體性？（閱讀、寫作）

13. 請問一個句子中，使用了那一種修辭技巧，可以協助句子書寫的節奏性？（閱讀、寫作）

14. 請問一個句子中，使用了那一種修辭技巧，可以協助句子書寫的意象順序性？（閱讀、寫作）

15. 請問這個句子中，用了那一些修辭技巧？對讀者產生什麼閱讀效果？（閱讀作者句子書寫技巧）

16. 說一說，你閱讀一個句子前，你的閱讀監控認知，先想到
　　那一些？（閱讀）、（後設思考）

17. 說一說，你寫作一個句子前，你的寫作監控認知，先想到
　　那一些？（寫作）、（後設思考）

18. 在句子基模的學習中，你學會了（閱讀）、（寫作）、（監控
　　認知），請問是那一些因素，造成你學會的？（自我歸因）

「段落基模」教學列問。亦可仿照前述，教學類化時更改「句
子基模」縱向架構，為「段落基模」教學列問：（閱讀）、（寫作）、
（監控認知）、（後設思考）、（自我歸因）類別。「全篇基模」教學
列問，亦是如此。惟「全篇基模」教學列問，可針對文本表述方式
的文本特殊性基架列問問題。

2.　進階、高階閱讀一個段落書寫方式

　　初階閱讀一個段落書寫方式，直至進階、高階閱讀一個段落書
寫方式的「（閱讀）、（寫作）」課程，是教學者在「初階、進階、高
階」的教學階段，逐步扣緊教學重點的螺旋式課程設計而建立的。

　　教學者的教材概念分析，教學重點的概念形成、概念辨認的教
學實務操作、概念學習知識統整、概念評量作業單、概念學習檢討、
概念生活應用。

　　這是一個簡易的教學流程模組，教學者更可以讓孩子知道，教
學流程的施工進度表，利於師、生完成教學施工品質、教學進度。

　　一個教師專業的發展歷程，如同創作藝術作品歷程。如在一片
荒蕪的土地上，建造一個建築物。

一、在土地上的探勘、整地開始（了解學生的家庭背景、家庭生態、
　　學生特性、學習的先備知識）。

二、請建築師畫出建築設計圖（教學設計藍圖）。

三、尋得工程建築承包商（教學工序流程）。

四、工地管理主任（教學進度、教學品質監工）。

五、打地基、板模施工小組、綁鋼筋施工小組、灌漿施工小組、粉刷施工小組、油漆施工小組。每一個小組都有其專業施工工序，維持其施工品質的穩定性。（教學實務施工，細部化流程工藝）。

六、裝潢設計專業小組（教學包裝）。

七、交屋（教學生活實用）。

八、工程事後維修、服務（教學服務）。

九、建築商業品牌、口碑（教學社會評價）。

　　在整個社會追求精緻化的發展歷程，精品、精工化的生活實用經驗，已是日常生活器物文化的美學體驗。

　　這一般性的社會集體潛意識發展潮流，讓品質要求走入這個時代。從衣服、物品、美食手藝、居家空間、休閒、旅遊……每一位實用者，都能鑑賞出，周遭的生活美學。

　　社會群體意識，也都願意花時間等待，等待一次的美感觸動。

　　一個小學教師，在教室情境中，面對既錯縱又複雜的教學思考、教學決定，究竟要完成多少教學事件，才能被這個世代尊重，才能擁有自己的一份教學尊嚴？

　　不同領域有不同領域的專業要求。原本小學教師被賦予的責任，是啟蒙教育的按圖施工（按照教育專家、學者的課程設計藍圖，進行教學施工）教育工作人員（教育勞動者）。

　　現在教師專業發展的要求，小學老師成了一個人具備設計師、工頭、工人、監工、驗收等多項領域的勞心、勞力者。他選定這個職業之後，沒有人相信他能清閒下來。

　　也就是說：他是教育思想家、他是課程設計專家、他是教室情境人際互動專家、他是學科知識專家、他是教學知識專家、他是教學實務性經驗專家。

　　他操作的藝術工藝不是在一個物件，而是一個人，是一個具有思想發展性變化的人之藝術。

　　社會給予教師這個名稱的任務，像電影情節中的男主角、女主角。

　　看一部影集，打不死、摔不死、害不死、累不死的叫做「男主角、女主角」。在劇情片中，一眼就認出、找到「男主角、女主角」，往往不是難事。

　　小學教師如果把這個行業，當是自己生命發展的志業，那不明究理的教育體制，對於他來說，不再是重要的課題。

　　小學教師走向，如結構主義人類學家，李維-史陀「在月的另一面……一位人類學家的日本觀察」一書中所闡述的：在日本「工作被視為一種人與自然的親密關係的具體展現……傳統和現代的創新之間能夠永遠維持平衡。……因為全人類都可以從中找到值得深思的範例。……來自對自然的愛與尊敬。這均衡狀態知道如何避免其中一方傷害和醜化另一方……」這樣的哲人式文化。

　　小學教育專業發展，做為一種教育人員的生活方式，一種生活美學，開始具有意義。

第十一章　簡易教學流程模組示意圖

簡易教學流程模組示意圖

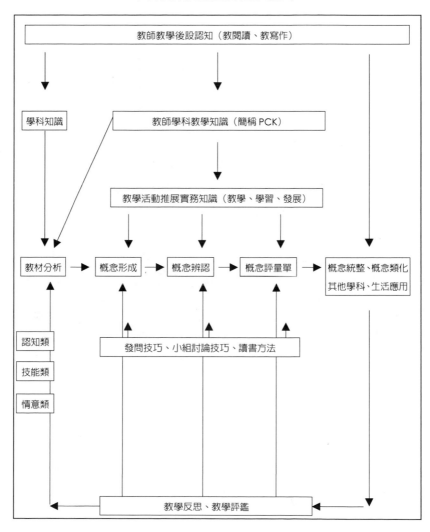

進階段落閱讀、寫作教學示意圖

閱讀、寫作	進階閱讀—個段落書寫方式								寫作—個段落	
	形式探究					內容探究			形式探究	內容探究
	段落結構	段落物件安排順序	段落修辭技巧註記	段落書寫技巧列問	段落意象圖（畫出）	段落綱要	段落大意	段落形式安排的意義	全班現場摹寫（校園取景摹寫）	
進階類目										
進階閱讀一個段落	主題句？推展句1？推展句2？結果句？	鏡頭順序？廣角鏡頭？特寫鏡頭？移動鏡頭？	修辭學：類疊法？排句法？轉化法？設問法？	段落節奏感？修辭節奏？字數節奏？押韻節奏？	畫出意象圖	事件？主題？	細節統括，都是在說些什麼？	作者安排段落形式的順序，表達著什麼意義？	評量標準：依進階閱讀一個段落類目，逐一評量。	

高階段落閱讀、寫作教學示意圖

閱讀、寫作	高階閱讀—個段落書寫方式							寫作—個段落	
	形式探究			內容探究				形式探究	內容探究
	段落主題	段落意象經營	段落寫作思考	段落書寫作者人生意境列問	段落意象圖美感	綱要大意	段落形式安排的意義	全班現場摹寫（校園取景摹寫）	
高階類目									
高階閱讀一個段落	主題統一性？主題完整性？主題連貫性？	全圖式？部分圖示？拼貼圖式？？	作者這樣安排，是想要表現什麼效果？（文學效果？）	作者這樣安排，是想要傳達什麼人生意涵？（人生思想的層次？）	意象圖美感樣式：東方思想圖示(中國山水畫？)西方思想圖示(水彩畫、油畫？)	精準度？（統括？）關鍵性形式字？內容字？關鍵性形容詞、副詞？？	作者安排段落形式的順序，表達著什麼意義？	評量標準：依高階閱讀一個段落類目，逐一評量。	

第十二章　閱讀、寫作技能，類化在數學領域的學習

1.　閱讀、寫作技能，類化在數學科的學習

段落閱讀、寫作技能，達到一個基本水平時，教學者即可以開始思考：如何將**「閱讀、寫作」**當作是一個**「工具學科」**？

工具學科，類化在學習數學科知識、自然科知識、社會科知識⋯⋯

首先，國小數學科的學科知識結構，如下列資料儲備表。教師有意識地掌握著小學數學學科知識為**「數、量、形」**。

由「數」細分為「整數、分數、小數」、「因數、倍數」、「比和比值、比率、百分率」。

由「量」細分為「長度、重量、容量」和「時間、速率」。

由「形」細分為「平面圖形」、「立體圖形」。「平面圖形」分為「三角形、四邊形的正方形、長方形、平行四邊形、菱形、圓形」和「對稱圖形、統計圖表、比例尺」。「立體圖形」分為「柱體、錐體」。

由「數、量、形」的共同組合，設計出「怎樣解題」的不同類別單元。

這一些都是一種表達方式。惟其名詞有數學家約定俗成的界定語言，和其特徵條件。

如此「數」的知識結構，再配合一至六年級的課程設計，逐漸加深、加廣，如（＋）、（－）、（×）、（÷）、四則混合計算，此即為學科橫向課程知識。

　　在教學實務過程，數學教師按照數學教育的基本原則，先「具體性操作教具」，再「半具體性操作教具」，最後完成「抽象符號性操作」。

　　教師採用的教學表徵和過度練習，更影響著數學概念的理解和計算能力的熟練度。

　　而數學知識的原理、原則探究，又需回到數學家們是如何思考的探究？

　　數學科知識應用在全人類生活上的實用性，到成為全世界通用性的數學語言，便是數學方程式語言。

　　全人類第一次語言統一的是數學語言，因此推動全人類生活的轉變，由農耕生活進入科學時代，進入資訊時代。

　　因此，數學家第一個面對的問題是：**單位量的界定，意即是數學名詞的界定**。如公分、公尺、公里；日、時、分、秒；毫升、公升；公斤、公克；面的計算單位、立體的計算單位……你想，人類生活上的應用，不外乎如此，以數學的單位數（數字）、單位量（名詞單位）進行（＋）、（－）、（×）、（÷）、四則混合計算的實用性溝通。

　　例如：我要蓋一棟房子，從設計藍圖的規畫到施工過程，原料計算、採購、付錢，全是數學應用題來解決各細項的計算。又如：我要在另一個國家，複製一個一模一樣的房子，只要交出設計藍圖，使用材料，便有建築人員團隊完成此項工程。

　　在教學實務現場，被固定成一般性數學教學語庫的模組，我常列問學生：

　　1. 這個數學公式，為什麼是這樣列式的？

　　2. 這個數學計算方式，為什麼是這樣計算的？（數學家的道理何在？）

　　3. 和之前的數學學習有何相關性？（統整學生數學先前知識）

4. 當時數學家是怎麼思考的？（數學家考慮生活實用性的設計何在？）

5. 這如何應用在日常生活當中？（舉出日常生活中的例子來說明）

如下表格式：教師教學操作數學概念、數學公式，都依循著具體操作、半具體操作、數學符號抽象化的教學流程進行，這包括計算能力和怎樣解題兩種數學能力。

教師有必要監控數學學習的 數學家思考 、數學語言：數學列式、 中文語言：應用問題 、 教學操作：數學概念、數學公式 。盡可能讓孩子能倒帶思考：從數學家到數學語言，到數學課程單元的設計發展，以利數學學習統整活動。

尤其是在 數學語言：數學列式 、 中文語言：應用問題 的互相轉譯上有所對照，試圖解決應用問題的文字理解困境。

```
┌─────────────────────────────────────────────────────────┐
│              ┌──────────────────┐                         │
│              │ 中文語言：應用題  │                         │
│  ┌────────┐  ├──────────────────┤  ┌──────────────────────┐│
│  │數學家思考│  │ 數學語言：數學列式│  │教學操作：數學概念、數學公式││
│  └────────┘  └──────────────────┘  └──────────────────────┘│
└─────────────────────────────────────────────────────────┘
```

下述（國小數學科知識結構資料儲備表）、（數學科發問技巧基模圖示），教師會清楚數學單元教學的教材地位，是在幾年級？之前學過什麼？之後又將學習什麼？

例如：**數學科部編版本，五下第二單元分數（一）學習分數的乘法，它的教材地位是：**之前的學習，五上第四單元分數，學過約分、擴分、通分的異分母加減法。之後的學習，五下第四單元分數（二），學習分數的除法。五下第五單元小數，學習分數與小數的表示法。連結五上第七單元學習小數的加、減、乘、除法。

兩數可做為加、減法計算，是因為其基準量相同。

例如： | $\dfrac{1}{2}$ | ＋ | $\dfrac{1}{3}$ | 的基準量是如下圖：

當作「1」	$\dfrac{1}{2}$	$\dfrac{1}{3}$

$\dfrac{1}{2}+\dfrac{1}{3}$是有必要將**基準量**的一個長方形，分割成共同的分母六

小塊，亦即是通分：

$\dfrac{1}{2}$	為	$\dfrac{3}{6}$

$\dfrac{1}{3}$	為	$\dfrac{2}{6}$

讓學生實際由半具體操作過程，得知**基準量**；得知**通分**。

當作「1」	$\dfrac{3}{6}$	$\dfrac{3}{6}$

基準量和九九乘法表的關係是「被乘數」即為「基準量」的「一

堆」有多少個？

其指導語庫是：

「一堆」有多少個？或多少個當成是「一堆」？

（　　　）	×	（　　　）	=	（　　　）
一堆（被乘數）	×	幾堆（乘數）	=	總數

第一種乘法概念：這樣的思考基模建立的語文訊息，將影響日後除法單元「包含除」的概念理解，也將影響日後六年級因數、倍數的「短除法」理解，和此單元的怎樣解題思考。

究竟學生是如何判斷應用問題題意，是該以「最大公因數」的概念或是「最小公倍數」的概念來進行解題的？而「最大公因數」、「最小公倍數」應用問題的解題，是以「等分除」的概念或是「包含除」的概念連繫著應用問題的語文訊息。

（　　　）	×	（　　　）	=	（　　　）
幾堆（被乘數）	×	一堆（乘數）	=	總數

第二種乘法概念：這樣的思考基模建立的語文訊息，將影響日後除法單元「等分除」的概念理解。因為「等分除」的概念是在「總數」的概念中「均分」成**幾堆**（被乘數）的概念，得到的商是「一堆（乘數）有多少？」

由此基本乘法、除法建立的概念，和教學操作經驗，也將影響「基準量」、「比較量」、「比和比值」、「縮圖、比例尺」、「速率」等概念的理解。

又例如：部編版六上第二單元「最大公因數」、「最小公倍數」應用問題的解題，是「二元一次方程式」的列式子思考模式。

我們試舉一個**「最大公因數」**題型為例子，以上述**第二種乘法概念**來思考，如次：

(1) 永康將 58 枝紅筆和 86 枝藍筆平分給一群小朋友，每個小朋友拿到的紅筆數量一樣多，藍筆數量也要一樣多，紅筆剩下 4 枝，但是藍筆不夠 4 枝，他最多分給幾個小朋友？每個小朋友

有幾枝紅筆？（部編版第二單元最大公因數、最小公倍數光碟試卷）

紅筆方程式：（X1 幾人）×（幾枝）＝（總數 58-4）

藍筆方程式：（X2 幾人）×（幾枝）＝（總數 86+4）

		紅筆		藍筆	
（均分成 X 的幾人）	9 人	54	，	90	總數
（9 人的 2 倍）	2 倍	6	，	10	枝
		3	，	5	枝

　　如果以**除法的概念來理解思考**，那這是「等分除」的均分概念，亦即把「總數」均分成「幾人」的類型，如下：

紅筆方程式：（總數 58-4）÷（X1 幾人）＝（每人得紅筆幾枝）

藍筆方程式：（總數 86+4）÷（X2 幾人）＝（每人得藍筆幾枝）

　　「長除法」和「短除法」之不同，是因為「短除法」可以同時找出「二元一次方程式」中，共同的因數或倍數。如果把題目再進一步延伸成：每個小朋友共拿到幾枝筆？（3 枝）＋（5 枝）＝（8 枝）從短除法中標示的中文訊息，可以清楚地找到每人拿到紅筆 3 枝，藍筆 5 枝，共拿到 8 枝。

　　我們試舉一個「**最小公倍數**」題型為例子，以上述**第一種乘法概念**來思考，如次：

(2)　倉庫裡有一堆杯子，8 個裝一箱或 10 個裝一箱都會剩下 2 個，如果杯子的數量在 60-100 之間，這堆杯子有幾個？（部編版第二單元最大公因數、最小公倍數光碟試卷）

8 個方程式：（8 個裝一箱）×（X1 幾箱）＝（總數 60-100 之間）

10 個方程式：（10 個裝一箱）×（X2 幾箱）＝（總數 60-100 之間）

8 個 10 個

【   】×（X1 共同倍數的幾箱）

（一小袋裝 2 個）   2 個 │   8 ，   10   一箱

                              4 ，   5   小袋

（最小公倍數幾個裝 1 箱）×（1 箱）：（2×4×5）×（1 箱）=40 個

（40 個×2 箱）+2=80+2=82 答：82 個

第一種思考：

（幾個裝一箱）×（幾箱）＝（總數）

（幾個裝一箱）×（1 倍箱？2 倍箱？3 倍箱──）＝（總數）

（幾個裝一箱）先找出共同的最小公倍數為 40 個裝一箱，再乘以（幾箱），則會找到 40×（1 箱）＝40 個；40×（2 箱）＝80 個；40×（3 箱）＝120 個⋯⋯。80 個總數量在於數量 60-100 之間，所以找到的總數是：（40 個裝一箱）×（2 箱）＝80 個

｛（2 個裝一小袋）×【（4 小袋× 5 小袋）】｝×（1 箱）＝（總數 40）

第二種思考：

8 個方程式：【（2 個裝一小袋×4 小袋）】×（X1 幾箱）＝（總數 60-100 之間）等於：【（2 個裝一小袋×4 小袋）】×（5 箱）＝（總數 40）

10 個方程式：【（2 個裝一小袋× 5 小袋）】×（X2 幾箱）＝（總數 60-100 之間）等於：【（2 個裝一小袋×5 小袋）】×（4 箱）＝（總數 40）

其最小的公倍數等於：【（2 個×4 小袋）】×（5 箱）＝（總數 40）

或【（2 個×5 小袋）】×（4 箱）＝（總數 40）

所以：

{【（2 個× 4 小袋）】×（5 箱）}× 2 倍箱＝80（總數 60-100 之間）

80+2（都會剩下 2 個）=82 答：82 個

這樣的思考解題符合「九九乘法」表上的「語文訊息轉譯成數學列式的數學語言」。也符合「除法」上的「語文訊息轉譯成數學列式的數學語言」。孩子碰到困境時，也可以依循回到數學家思考「乘法」、「除法」的原理、原則和數學公式之前的數學思考。

國小數學領域一至六年級學科知識結構資料儲備表

（數學科）知識結構資料儲備表							
分類／單元計算	數學計算符號		加（＋）	減（－）	乘（×）	除（÷）	四則混合計算
	單元名稱						
數	整數	因數					
		倍數					
	分數	比和比值					
	小數	比率、百分率					
量	長度	容量					
	重量	速率					
	時間						
形	平面圖形	三角形					
		四邊形　正方形					
		四邊形　長方形					
		四邊形　平行四邊形					
		四邊形　菱形					
		圓形					
		對稱圖形					
		統計圖表					
		比例尺					
	立體圖形	柱體					
		錐體					
怎樣解題（　）＋－×÷（　）＝（　）							

國小數學領域五年級上學科知識結構資料儲備表

五上 1（數學科）知識結構資料儲備表　　部編版本						
分類／單元計算	數學計算符號		加（＋）	減（－）	乘（×）	除（÷）	四則混合計算
	單元名稱		加（＋）	減（－）	乘（×）	除（÷）	四則混合計算
數	整數	整數	第 1 單元整數與計算規則		第 8 單元多步驟問題（分配律）		第 8 單元多步驟問題（四則混合計算解題）
		倍數因數			第 3 單元倍數與因數		
	分數	比和比值	第 4 單元分數（擴分約分通分異分母加減）				
	小數		第 7 單元小數		第 7 單元小數		
量	長度	容量	速率		第 6 單元體積容積與容量		
	重量						
	時間		第 5 單元時間（加減）		第 5 單元時間（乘除）		

五上 2（數學科）知識結構資料儲備表　　部編版本			加（＋）	減（－）	乘（×）	除（÷）	四則混合計算
分類／單元計算	數學計算符號						
	單元名稱		加（＋）	減（－）	乘（×）	除（÷）	四則混合計算
形	平面圖形	三角形					
		四邊形　正方形					
		四邊形　長方形					
		四邊形　平行四邊形					
		四邊形　菱形					
		圓形					
		對稱圖形	第 9 單元線對稱圖形（名稱箏形與菱形）				
		統計圖表					
		比例尺					
	立體圖形	柱體			第 2 單元立體形體		
		錐體					
	怎樣解題（　　）＋－×÷（　　）－（　　）						第 8 單元多步驟問題（解題）

國小數學領域五年級下學科知識結構資料儲備表

五下1（數學科）知識結構資料儲備表　　部編版本						
分類／單元計算	數學計算符號		加（＋）	減（－）	乘（×）	除（÷）	四則混合計算
	單元名稱						
數	整數	整數				第6單元、未知數（×、÷）	第7單元、單位換算
		倍數因數					
	分數	比和比值	第2單元、分數（一）（×）（÷）			第4單元、分數（二）	
	小數					第5單元、小數	第5單元、小數（小數、分數）
量	長度	容量	速率				
	重量						
	時間						

五下 2（數學科）知識結構資料儲備表　　部編版本							
分類／單元計算	數學計算符號		加（＋）	減（－）	乘（×）	除（÷）	四則混合計算
	單元名稱						
形	平面圖形	三角形		第 1 單元、三角形（角度）	第 1 單元、三角形（面積）		
		四邊形	正方形				
			長方形梯形	3-1 平行四邊形梯形（面積）			
			平行四邊形		第 3 單元、四邊形與扇形（面積）		
			箏形菱形	3-2 箏形菱形（面積）			
		圓形扇形		3-4 圓形扇形（面積）			
		對稱圖形					
		統計圖表		第 9 單元、統計圖表（長條圖、折線圖）			
		比例尺			第 8 單元、比率與百分率		
	立體圖形	柱體					
		錐體					
怎樣解題（　　）＋－×÷（　　）＝（　　）							

國小數學領域六年級上學科知識結構資料儲備表

六上 1（數學科）知識結構資料儲備表　　部編版本							
分類／單元計算	數學計算符號		加（＋）	減（－）	乘（×）	除（÷）	四則混合計算
	單元名稱						
數	整數	整數					
		倍數因數				六上一、質數和質因數 1-1 質數 1-2 質因數 1-3 質因數分解 六上二、最大公因數及最小公倍數 2-1 最大公因數 2-2 解題 2-3 最小公倍數 2-4 解題	
	分數	比和比值				六上三、分數的除法 3-1 分數的除法 3-2 解題 3-3 乘除互逆 3-4 乘法與除法的應用 六上四、比、比值與正比 4-1 比和比值 4-2 相等的比（1）4-3 相等的比（2）4-4 解題 4-5 正比	
	小數					六上七、小數的除法 7-1 小數除以小數 7-2 解題 7-3 單位換算	
量	長度	容量	速率				
	重量						
	時間						

六上 2（數學科）知識結構資料儲備表　　部編版本							
分類／單元計算	數學計算符號		加（+）	減（-）	乘（×）	除（÷）	四則混合計算
	單元名稱						
形	平面圖形	三角形					
		四邊形　正方形					
		四邊形　長方形					
		四邊形　平行四邊形					
		四邊形　菱形					
		圓形					六上八、正多邊形與圓 8-1 正多邊形 8-2 圓的周長 8-3 圓的面積 8-4 扇形的弧長和面積 8-5 解題
		對稱圖形					
		統計圖表	六上六、圓形圖 6-1 統計圖的用途 6-2 繪製圓形圖 6-3 解題				
		比例尺					六上五、圖形的縮放 5-1 放大與縮小 5-2 繪製放大與縮小圖 5-3 比例尺
	立體圖形	柱體	六上九、柱體和錐體 9-1 形體的分類 9-2 認識直角柱 9-3 認識直圓柱 9-4 認識正角椎 9-5 認識直圓錐				
		錐體					
怎樣解題 （　　）+-×÷（　　）=（　　）			六上二、最大公因數及最小公倍數 2-2、2-4 解題。				
			六上三、分數的除法 3-2 解題。				
			六上四、比、比值與正比 4-4 解題。				
			六上六、圓形圖 6-3 解題。				
			六上七、小數的除法 7-2 解題。				
			六上八、正多邊形與圓 8 5 解題。				

國小數學領域六年級下學科知識結構資料儲備表

六下1（數學科）知識結構資料儲備表　　部編版本						
分類／單元計算	數學計算符號		加（＋）	減（－）	乘（×）	除（÷）	四則混合計算
	單元名稱					

分類／單元計算	數學計算符號／單元名稱		加（＋）	減（－）	乘（×）	除（÷）	四則混合計算
數	整數	整數			六下一、速率 1-1 認識速率 1-2 單位換算 1-3 距離和時間（固定速率）1-4 距離和速率（固定時間）1-5 速率和與速率差		六下五、怎樣解題 25-1 和差問題 5-2 雞兔問題 5-3 年齡問題
		倍數因數					
	分數	比和比值			六下二、怎樣解題 12-1 簡化與歸納 2-2 基準量與比較量（1）2-3 基準量與比較量（2）2-4 數學公式（1）2-5 數學公式（2）		六下四、四則運算規律 4-1 分數和小數的四則計算 4-2 運算規律 4-3 分配律 4-4 解題
	小數						
	數的等量公理		六下六、等量公理 6-1 等量公理 6-2 等量公理的應用–加與減 6-3 等量公理的應用–乘與除 6-4 求未知數 6-5 解題				
量	長度 重量 時間	容量	速率				

六下 2（數學科）知識結構資料儲備表 　　部編版本						
分類 ／ 單元 計算	數學計算符號					
	單元名稱		加（＋）	減（－）	乘（×）	除（÷）	四則混合計算
形	平面圖形	三角形					
		四邊形	正方形				
			長方形				
			平行四邊形				
			菱形				
		圓形					
		對稱圖形					
		統計圖表					
		比例尺					
	立體圖形	柱體	六下三、柱體的體積 3-1 直角柱的體積 3-2 直圓柱的體積 3-3 複合形體			
		錐體					
	怎樣解題 （　　）＋－×÷（　　）－ （　　）						

2. 數學科學習提問基架

數學科發問技巧基模圖示

(數學科) 提問學習基架		(數學科) 提問學習基架					
		原因	經過情形			結果	影響
初階發問技巧		Why?	What?	How?	A、B?	Results	Consequesces
問句形式		為什麼？ 為何？	是什麼？ （主詞、主題）	怎麼樣？ 有何發展？	A、B關係？ A、B比較？	有（產生） 什麼結果？	有（產生）什麼 影響？
(閱讀)	認知類	一、閱讀數學科的書寫技巧：（數學知識類別：數、量、形）					
	技能類	（1.）數學單元綱要、重點？（閱讀綱要） （2.）數學教科書的重點書寫（數學知識界定 What、How、例題）？ （3.）應用問題的閱讀方法？（敘述句、問句 A、B 關係？A、B 比較？）					
	情意類	（4.）數學列式的閱讀方法？（數學語言：數學列式、數學方程式）					
(寫作) 作家書 寫方式	認知類	二、數學科寫作：					
	技能類	（1.）數學應用題，轉譯題書寫？（中文語言敘述、數學語言列式） （2.）數學解題思考表白，文字敘述？					
	情意類	（3.）我的數學單元統整學習，文字敘述？					
(監控認知) (後設思考)		三、數學科監控認知： （1.）你用什麼方法來閱讀的？你根據什麼來判斷的？					
兒童現場寫作		四、數學解題現場計算					

數學常在表達「A、B 關係？」、表達「A、B 比較？」的表達方式（C）。以整數表示、以分數表示、以小數表示、以比表示、以比值表示、以百分率表示、以圖（長條圖、折線圖）表示、以表（表格）表示、以比例尺表示。

其數學語言列式為（A）＋－×÷（B）＝（C）

或是複句敘述的：

【（）＋－×÷（）】＋－×÷【（）＋－×÷（）】＝（C）

這「A」、「B」可視為名詞單一敘述句：如低年級題目

爸爸（A）有 3 元，媽媽（B）有 5 元，問兩人（A、B）共有多少元？

（A）＋（B） =（3）＋（5） =8 　　答：8元	3 ＋　　5 ------------------- 　　　8

這「A」可視為單一名詞複句敘述句：如中年級題目

爸爸（A）每天存 3 元，存了 5 天，問爸爸（A）共存了多少元？

（A）× 5 =（3）元×（5）天 =15 　　答：15元	3 ×　　5 ------------------- 　　15

這「A」可視為名詞複句敘述句：如高年級題目（五下 4-2 分數除以整數）

2 瓶紅茶剛好可以倒滿 9 杯，3 瓶紅茶可以倒幾杯？

【（9）÷（2）】×（3）=（C）

一瓶可以倒幾杯「A」×3 瓶=（C）杯

這「A」、「B」可視為名詞複句敘述句：如高年級題目（五下 5-5 解題）

小杰平均一秒跑 4.1 公尺，東東平均一秒跑 3.9 公尺。兩人同時從起跑點出發，跑了 98 秒後，小杰抵達終點，這時東東還要跑多少公尺才會抵達終點？

一解法：【（4.1）×（98）】-【（3.9）×（98）】=（C）

二解法：【（4.1）-（3.9）】×（98）=（C）

　　由這兩組列式方式均是正確的，其數學解題思考的事件分類不同。

一解法，「Ａ」小杰總跑了幾公尺－「Ｂ」東東總跑了幾公尺＝（Ｃ）

二解法，【「Ａ」小杰一秒跑幾公尺－「Ｂ」東東一秒跑幾公尺】×（98）秒＝（Ｃ）

　　回到連結語文學習的句子基模，我們可以發現數學「Ａ」、「Ｂ」可視為名詞單句或複句的敘述，和語文科的敘述句書寫一樣，最後追問「Ａ」、「Ｂ」的關係以求得答案（Ｃ）？

　　「Ａ」、「Ｂ」的關係表示，是數學符號的：＋、－、×、÷

Ａ主角	＋	怎麼樣	。

Ｂ主角	＋	怎麼樣	。
請問（Ｃ）？

Ａ主角	＋	怎麼樣	，	＋	又怎麼樣	。
請問（「Ａ」和「Ｂ」）？

　　因此在數學科應用問題的「閱讀」、「寫作」，我先分析數學中文語文表達、分析數學語言是列式。讓孩子們清楚數學書寫的架構類型，這和句子的結構有類化性的閱讀技能。以閱讀架構閱讀數學應用問題，區分出如綱要的主詞「Ａ」，在題目上做上記號「Ａ」。綱要的主詞「Ｂ」，在題目上做上記號「Ｂ」。

　　「Ａ」和「Ｂ」的單位量、單位數敘述句。「Ａ」和「Ｂ」的關係為＋、－、×、÷的列問「Ｃ」。

　　即為：（Ａ）＋－×÷（Ｂ）＝（Ｃ）

中文語言應用題、數學語言列式示意表

「A」主角，怎麼樣。「B」主角，怎麼樣。列問「C」？					
（「A」）	+	（「B」）	=	（「C」）	
	-				
	×				
	÷				

此數學符號＋、－、×、÷的語文訊息，可界定為：

「＋」為總共、共有、相加、合起來

「－」為相差、少多少、相減、減去

「×」為有幾倍、有幾堆

「÷」為是幾倍、分給、均分、分成、幾分之幾

以此中文書寫、數學列式，互為轉譯閱讀。

以此中文書寫、數學列式，互為轉譯寫作。

孩子可以先列出數學計算式子，再寫作轉譯為自編數學應用問題。

但落實數學單元的教學，（1）數學單元綱要、重點？（閱讀綱要）的前導組織（歐斯伯的概念）是重要的。

因此教師板書列出單元綱要，再依序進行概念教學、實作練習題、精熟學習的習題練習，反覆限制性概念教學。

而在數學知識的理解上，不斷的列問：

「數學家為什麼做這樣的設計？」（數學家的思考）

「這和生活實用，有什麼關係？」（數學生活實用的思考）

不斷的推論數學原理、數學原則、數學公式，背後的數學家思考。

把自己當作一位數學家，數學家在思考問題，數學家在解決問題，數學家在理出以數學語言留下人類的智慧。

例如：

01. 數的計算，為什麼有「九九乘法表」？（這原由加法的數數而來，為著面對數量大的計算能力。數學家設計了九九乘法表，每幾個一數，到九倍的固定總數。又設計了以十進位為基準的位值表，詳細界定名稱個位、十位、百位、千位……。以直式計算層次，區分出個位堆、十位堆、百位堆，進行總和計算出總數。除法的直式計算層次，依式如此類化學習。都是為著方便性、實用性而設計的。）

02. 數的計算規則，為什麼是「先乘除，後加減，有括號的要先做」？（先乘除，後加減成為一個數學計算的口訣。先乘除是因為統括性的主題或先要處理的小事件，與（ ）得分類幾乎是相類似的。例如：爸爸（A）每天存 3 元，存了 5 天。媽媽（B）每天存 6 元，存了 2 天。問爸爸（A）、媽媽（B）共存了多少元？3×5+6×2=27 元。（3×5）+（6×2）=（27）元。我們清楚地知道，數學語言表達著（A）主詞事件、（B）主詞事件的數學列式。）

03. 數的計算規則，為什麼有「結合律」？為什麼有「分配律」？（這亦是數學家設計了九九乘法表的計算應用，「結合律」找到相同的單位數，一堆有多少個；或是找到相同單位量的倍數，有幾倍，如此怎可進行結合律計算。反推「分配律」的概念，也是從九九乘法表的設計而來。）

04. 數的除法計算，為什麼有「包含除」？為什麼有「等分除」？（數的除法是人類分裝物品的經驗。「包含除」是從全部分出，決定一堆有多少數量，一堆一堆拿走，共拿了幾次，幾次就是它的商；例如：100 元，每人分給 20 元，問可分給幾個人？（100 元）÷（20 元）=（5 人），「包含除」的解釋，便是在 100 元中，每次拿走 1 包 20 元，共拿了 5 次，所以可分給 5 個人。「等分除」是從全部中均分出有幾堆，每一堆有多少個，這就是它的商。和人類分發金錢的方式一樣，有兩種分法。例如：100 元，平分給 5 個人，問每人得幾元？（100 元）÷（5 人）=（20 元），「等分除」

等分除的解釋，便是在 100 元內部，均分出 5 等分，每 1 等分為 20 元。）

05.數的乘法、除法計算，為什麼有直式計算的設計？數學家怎麼想的？（設計了以十進位為基準的位值表，詳細界定名稱個位、十位、百位、千位……。以直式計算層次，區分出個位堆、十位堆、百位堆，進行總和計算出總數。除法的直式計算層次，依式如此類化學習。數學家在數數上設計了 10 進位，百分率的百進位，如此配合生活實用，方便任何教育階層的實用和溝通。概算、小數單元也是如此的實用性思考。）

06.分數的計算規則，為什麼要化做最簡分數的「約分」動作？（「約分」其實是把分母、分子數值變小的方法，其分母、分子同時除以一個數，可視為裝夾鏈袋的動作。例如：

$$\frac{28}{70}$$

$\frac{28}{70}$	÷2 個裝入 1 個小夾鏈袋	$\frac{14}{35}$	÷7 個小夾鏈袋，裝入 1 個中夾鏈袋	$\frac{2}{5}$
70 個裡，有 28 個	÷2 個裝入 1 個小夾鏈袋	35個小夾鏈袋裡，有 14 個小夾鏈袋	÷7 個小夾鏈袋，裝入 1 個中夾鏈袋	5 個中夾鏈袋裡，有 2 個中夾鏈袋

　　分母、分子同時除以 2，視為 1 個小夾鏈袋裝 2 顆，成為 14 個小夾鏈／35 個小夾鏈；分母、分子再同時除以 7，視為 7 個小夾鏈袋裝入 1 個中夾鏈袋，此成為 2 個中夾鏈袋／5 個中夾鏈袋；

$\frac{28}{70}$	=	$\frac{14}{35}$	=	$\frac{2}{5}$

　　要注意的是單位量名稱已改變了。由個、小夾鏈袋、中夾鏈袋。

07.兩個分數加、減的計算規則,為什麼要做「通分」動作?(兩個分數加、減,其基準量為一大塊。「通分」動作,是要把這一大塊,切割成共同的幾小塊,再做分數加、減。如前述的圖形通分變化。)

08.整數除以真分數,其值為何會變大?其商的單位名稱為何和被除數的單位名稱不一樣呢?(例如:

2	÷	$\frac{3}{4}$	=	$\frac{8小塊}{4小塊}$	÷	$\frac{3小塊}{4小塊}$	=	8小塊	÷	3小塊

先把 2 大塊各切成 4 小塊,就是 8 小塊,就是如上表 8 小塊,再做 3 小塊拿一次,即是 8 小塊÷3 小塊,可拿二又三分之二次的商。

被除數和除數都先切割成小塊的整數,再做 3 小塊、3 小塊的分配,符合我們人類分配東西的生活經驗,是如此的先把大塊的基準量,統一切割、細分成一模一樣的小塊,再分配。

(**解法一**):先把 2 大塊各切成 4 小塊,就是 8 小塊÷3 小塊拿一次。

		÷	
1 大塊	1 大塊切割成 4 小塊	÷	$\frac{3}{4}$

(**解法二**):(分數除法顛倒相乘口訣的數學家思考)

分子		2		2 ×	$\frac{4}{3}$		2 ×	$\frac{4}{3}$
分母	=	$\frac{3}{4}$	=	$\frac{3}{4}$ ×	$\frac{4}{3}$	=	1	

的圖示呢？

那為什麼可以使用數學家思考的口訣：顛倒相乘法？

數學家利用約分或擴分的方式，把除數想辦法約分或擴分為〈1〉。

如此即是顛倒相乘法的口訣。）

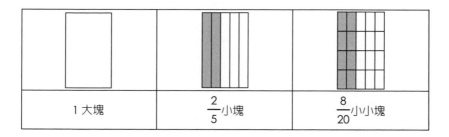

$\dfrac{3}{4}$ 如下圖示：

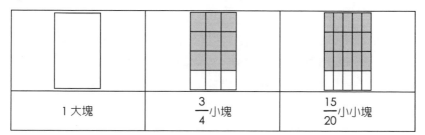

（**解法一**）：被除數和除數都先切割成 20 小塊的整數。如 8 小塊÷15 小塊。

$$\frac{2}{5} \div \frac{3}{4} = \frac{8}{20} \div \frac{15}{20} = 8 \div 15 = \frac{8}{15}$$

（解法二）：（分數除法顛倒相乘口訣的數學家思考）

分子	$=$	$\dfrac{2}{5}$	$=$	$\dfrac{2}{5}$ $\times$	$\dfrac{4}{3}$	$=$	$\dfrac{2}{5}$ $\times$ $\dfrac{4}{3}$
分母		$\dfrac{3}{4}$		$\dfrac{3}{4}$ $\times$	$\dfrac{4}{3}$		1

　　分數÷分數，先通分為一樣的分母，這是一個基準量的概念，都把它們先切割成一樣的「小塊」，切割成一樣的「小小塊」，如此則成了「小小塊」的整數除法。

　　這回到除法的等分除、包含除概念是一致相同的；這回到數學家處理物件數量的切割細分或整合細小單位為一大單位的組合，也是一致相同的生活經驗。

　　09.數的計算規則，為什麼有「基準量」？為什麼有「比較量」？這和「九九乘法表」的學習有關係嗎？（「基準量」是先找一個數量，當成基本的標準。像「九九乘法表」中的一堆或一袋是多少？「比較量」是和它比起來、比較起來，有幾倍。例如：5×3:5是「基準量」，一袋是5個。「比較量」是3，有3袋，是3倍。）

　　10.速率的單元學習和乘法、除法的單元，相關性是如何的？（速率的單元是延伸「基準量」、「比較量」的概念。例如：時速60公里，3小時可跑幾公里？時速60公里是「基準量」，1小時的速度60公里裝一個袋子，時速記為60公里／時。這1小時也可以稱做60分鐘，分速就是60公里÷60分鐘，每分鐘跑1公里。分速即是1公里／分。秒數為1000公尺÷60秒記為50／3公尺／秒。這和「九九乘法表」的數學家思考相連貫。）

　　11.圖形面積的計算，為什麼會有一些公式？數學家怎麼找到公式規則的？（數學家以基本圖形正方形、長方形做等分切割，如此有了三角形的公式：底×高÷2。平行四邊形切割左右垂直線的其

中一塊三角形，移動到同一邊即為長方形，所以面積為底×高。梯形為複製兩個梯形，翻轉其中一個圖形，組合成一個平行四邊形，所以公式為（上底＋下底）×高÷2。圓形為從半徑做細分切割，兩塊、兩塊顛倒組合，成為一個更接近平行四邊形，其高為半徑，的圓周長×半徑即是圓面積。導出公式為：半徑×半徑×圓周率3.14。這一些公式也是源自於「九九乘法表」的設計。）

　　12.圖形的計算，為什麼會有比例尺？為什麼會有縮小圖？（「比例尺」為先規定出一個「基準量」，再做放大圖、縮小圖。為適合實際生活實用，將地圖、建築圖做成縮小圖。按照其比例，在現場實際放大倍數，計算出其實際長度的實際圖形。）

　　這樣的列問，除了逼近數學家的思考外，還在理清數學概念的生活應用。數學家，是如何把這一些相關性的計算觀念，整合在一起，界定規約成一個約定俗成的數學語言？

　　我們在數學的學習理解，也在注意任何一個原理、原則、公式，都有一個為什麼是這樣的？

　　數學「九九乘法表」的學習、背誦、完全熟練，為何是數學學習的基本技能，可知數學家早已把數學生活實用做一個整合，以「九九乘法表」的基本功，聯繫日後的物理、化學、科學的學習。

3.　數學科應用問題「閱讀」「轉譯圖」

數學科應用問題的「閱讀」「轉譯圖」協助兒童的解題思考：
　　應用問題的「轉譯圖」約有幾種圖像思考，如數線圖（橫線、直線）、形狀圖（平面、立體）、折線路程圖。

(一)**數線圖**：例如，加建和爸媽到書店買一本 240 元的書，付款時加建出了書價的 1／6，剩下的錢由爸、媽各付一半，爸爸出了書價的幾分之幾？

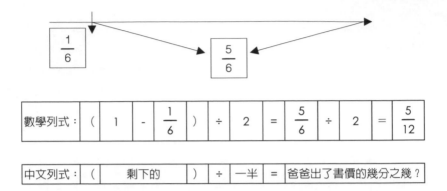

(二) 形狀圖：例如，果汁店賣的每杯木瓜牛奶是 0.6 公升，小明要買 6 杯，店員先將 2.88 公升的鮮奶倒進果汁機，接著加入木瓜和水，木瓜榨出的汁是水的 3 倍，問每杯木瓜牛奶裡加了多少公升的水？

列式：{〔(0.6×6)-2.88〕÷4}÷6=

中文：{〔(全部)-鮮奶 C〕÷4 倍}÷6 杯=

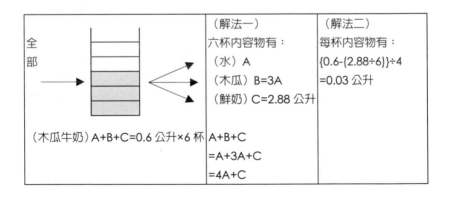

正方形	長方形	三角形
平行四邊形	菱形	箏形
梯形	圓形	多角形

（各種平面圖形形狀圖）

(三) 折線路程圖：例如，從甲地到乙地，從乙地到丙地，問從甲地
到丙地？

甲　　　　　乙　　　　　　　丙

(四) 等量公理天平圖：例如，前述第二題。

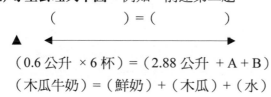

（0.6 公升 × 6 杯）＝（2.88 公升 ＋ A ＋ B）
（木瓜牛奶）＝（鮮奶）＋（木瓜）＋（水）

第十三章　閱讀、寫作技能，
類化在自然與生活科技領域的學習

1.　自然與生活科技領域學科知識總體基架表

　　自然與生活科技領域，學科知識設計的基本理念是：人類對於其生活的自然觀察，並研究其自然現象變化的道理，而產生科學。最後企圖以科學技術應用來適應環境、改善生活。

　　因此它是自然、科學、技術三者一脈相連，前後連貫。

　　其主要學習課題：包含自然界的組成與特性、自然界的作用、演化與延續、生活與環境、永續發展等五大課題，依課題分出主題與次主題項目。

　　其主要學習內涵：包含生命世界、物質與能、地球環境、生態保育、資訊科技等五大類目。

一、**生命世界**：植物、昆蟲、動物的生長與繁殖

二、**物質與能**：物質特徵、物質性質的物理性質、化學性質〈溶解性、磁性、導電性的分離或結合〉、物質的變化〈燃燒、氧化、發酵的因素：溫度、水、空氣〉、物質的交互作用〈力能、熱能、電能〉。

物質與能 / 變化			物質特徵：外表特徵、性質特徵	物質性質：溶解性、磁性、導電性的分離或結合	物質的變化：燃燒、氧化、發酵的因素：溫度、水、空氣	物質的交互作：力能、熱能、電能
物質	固體	金屬				
		非金屬				
	液體	水溶液				
	氣體	氧與二氧化碳性質				
能		熱				
		力				
		電				
		聲音				

　　熱的傳播方式〈傳導、對流、輻射〉、水溶液〈導電性、酸鹼性、蒸發、擴散、脹縮、軟硬等性質〉、氧與二氧化碳性質〈氧化、還原〉、聲音、力的傳動〈槓桿、皮帶、齒輪、流體壓力〉、電流〈磁場、電磁鐵、地磁、指北針、重力、磁力〉

三、**地球環境**：天氣〈氣溫、風向、風速、降雨量、氣壓、風面〉；太陽週期性；月亮週期性；星星週期性；大氣、大地、水的交互作用

四、**生態保育**：

五、**資訊科技**：傳播、運輸能源與工具、結構、材料、資訊科技設備

　　其過程技能強調：觀察〈五官觀察、紀錄觀察、工具觀察、操作觀察〉、比較與分類、組織與關連、歸納與推斷、傳達等方式成為其技能目標。由此學科知識的認知目標類別加深、加廣和技能目

標類別加深、加廣,連貫七至九年級的自然與生活科技領域學科知識課程設計。

為適合小學階段教育,茲將自然與生活科技領域,學習內涵的五大類目,整理為學科知識總體基架表圖示,簡要呈現如下:

〈自然與生活科技領域,學科知識總體基架表圖示〉

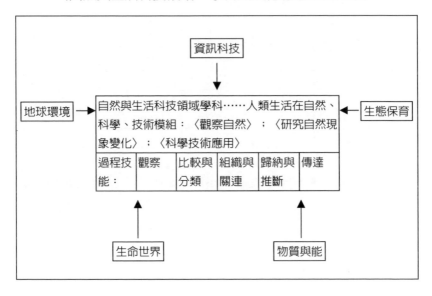

2.　五、六年級自然與生活科技領域學科知識架構表

五、六年級自然與生活科技領域學科知識架構表

			特徵	生長	繁殖	交互作用
一、生命世界	生物	植物				
		昆蟲				
		動物				
	無生物	光、空氣、土地、水				
			物質特徵	物質性質	物質的變化	物質的交互作用
二、物質與能	物質	光、溫度、空氣	六上一、天氣的變化 1.水的形態變化 2.天氣圖與天氣變化 3.颱風			
		固體 金屬	六上三、防鏽與防腐 1.鐵製品生鏽的因素探討 2.防止鐵製品生鏽的方法 3.食物腐敗的因素探討 4.食物的保存方法			
		固體 非金屬				
		液體 水溶液	六上一、天氣的變化 1.水的形態變化			
		氣體 氧與二氧化碳	6上二、氧氣和二氧化碳 1.氧氣 2.二氧化碳 3.燃燒與滅火 4.火災預防與逃生			
	能	熱	六下二、熱和我們的生活 1.物質受熱 2.熱的傳播 3.炎熱地區的房屋建築			
		力	六下一、巧妙的施力工具 1.槓桿 2.槓桿的應用 3.腳踏車滑輪、輪軸			
		電	六上四、奇妙的電磁世界 1.指向南北的指北針 2.電磁鐵的製作			
		聲音				

五、六年級自然與生活科技領域學科知識架構表

			特徵	生長	繁殖	交互作用
三、地球環境		天氣				
		太陽				
		月亮				
		星星				
		大氣、光、大地、水				
四、生態保育			六下三、永續家園 1.自然資源的開發與利用 2.綠色行動愛地球			
五、資訊科技	資訊	傳遞、傳播				
		天氣圖				
	科技	食品加工、生物科技				
		機械、熱機工作原理				
		電、運輸能源				
		水、陸、空運輸工具				
		建築結構、材料				六下二、熱和我們的生活 3.炎熱地區的房屋建築

第十四章　閱讀、寫作技能，類化在社會領域的學習

1.　社會領域學科知識總體基架表

社會領域學科知識，其實是人類生活事件模組的時間、空間組合。

由人類為著生存、生計、生活、追求精神生命，而從自我、群體、社會、世界的範圍，擴展開來。

一個很簡單的思維模式：把一群人，丟到一片荒野之地求生存，他們開始面對的問題是「生存問題」的水源地、食物來源、居住地點，他們必須合作共同生存。因此地理學、社會學、自然科學，對他們的生活實務顯得特別重要。許多移民、拓荒者均是如此。海權時代的探險新生地更是如此。

生存下來之後的「生計」打算，與群體生活規範，則有著經濟學、法律學。

由生計發展成熟後，而有「生活」的政治學。

「生活」豐富導致著精神「生命」美好的需求，道德、哲學、宗教、藝術的自我探索，到東西文化交流的衝擊、學習、同化、調適，而有歷史斷代的學科知識發展特徵。

這一些生活模組事件的紀錄成為歷史學。

閱讀社會領域學科知識，我們先玩「一個人」的生存思考開始，如「魯賓遜漂流記」的文本，一個人在一個荒島上，面對的所有問題開始。「一群人」共同組社的「生計」打算問題出發，一群人、社會群面對社會群，這所有的問題是什麼？經濟學的屯積、交易、損益計算和法律學的共同合約、共同規範保障社會群面對社會群的集體利益。

　　為著更好的物質生活水平，透過一個君王時代的政治學治理，人們把個人生活，寄託在一個國家發展之中。國家政策主導著一個時代的歷史任務。

　　歷史學成了君王借古鑑今的政治學應用，「借古」憑藉先人留下的生活案例思維，可以「鑑今」協助比較，如何作出一個更好的政治決定。

　　朝代命名也在彰顯國家的總體發展目標，例如：唐朝「貞觀」之治，語出易經「貞」者、「觀」者的語意思考。「政」者孔子思想「正」其身，表現內在修為與行動的以身作則思想。自此而為「文治時代」的大唐盛世，為中國歷史留下一個歷史美學範典。

　　因此，一位社會領域教學者，如何掌握整體性的學科知識，清楚社會領域學科知識的「**教材位階**」，再思索如何把「**閱讀、寫作技能，類化在社會學科的學習**」成為一個有計畫性的教學歷程？

　　這時「**閱讀、寫作技能**」當成是「**工具學科**」，協助學習社會領域知識的內容學習。

社會領域學科知識總體基架表

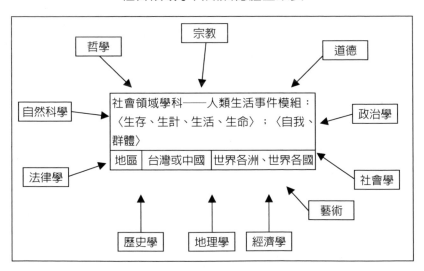

2.　五、六年級、國中社會領域學科知識架構表

翰林版本五年級社會領域學科知識架構表

社會學習領域性質		學科內容知識架構	主題軸	社會學科單元內容知識		
				自我	社區	台灣
社會學習領域是統整自我、人與人、人與環境間互動關係	生存 〈自然的物理環境〉	自然科學	山	第四軸意義與價值 第一軸人與空間 第二軸人與時間		五下 3.移民的新故鄉〈3-1.唐山過台灣。〉	五上 1.台灣在哪裡〈1-1.台灣在這裡。1-2.台灣島的形成。〉 五下1.追尋先民足跡〈1-2.台灣的史前文化。〉 五上 2.台灣的自然環境〈2-1.山海之歌。2-2.氣候變奏曲。2-3.生活的泉源。〉 五上 3.台灣的資源〈3-1.土地開發與生態保育。〉
			川			
		地理學	平原			
	生計	歷史學	農業社會	第八軸科學技術社會 第二軸人與時間 第九軸全球關連	五下 1.追尋先民足跡〈1-1.認識台灣的過去。〉 五下 2.國際勢力的競逐〈2-1.荷西時期的。2-2.鄭氏時期。〉 五下 3.移民的新故鄉〈3-2.移民的社會。〉 五下 4.現代化的開端〈4-2.清木的建設。〉 五下 5.日本統治下的台灣〈5-1.英勇的抗日事蹟。5-2.日本的殖民統治。〉		五上 3.台灣的資源〈3-2.豐富的物產。〉
			工業社會			
	〈人造的物質環境〉	經濟學	科學資訊社會	第七軸生產、分配、消費			
			貨幣		五下 4.現代化的開端〈4-1.大船入港。〉		
			交通工具		五下 5.日本統治下的台灣〈5-3.經濟、社會與文化發展。〉	五上 5.台灣的區域與交通〈5-1.區域的形成。5-2北中南東看台灣。5-3.寶島行透透。〉

	政治學	政治	第六軸權力、規則、人權 第二軸人與時間			五下 6.中華民國時期〈6-1.光復後的政治發展。〉
生活	法律學	法律			五下 6.中華民國時期〈6-2.我們的政府與人民。〉	
〈人造的社會環境〉	社會學	家庭組織 學校組織 社區組織 國家組織 教育制度	第五軸自我、人際、群己互動關係 第三軸演化與不變	五下 1.追尋先民足跡〈1-3.原住民文化。〉		五上 4.人口和聚落變遷〈4-1.人口知多少。4-2.聚落類型與生活差異。〉
生命〈人類的精神環境〉	哲學 道德 宗教 藝術		第九軸全球關連 第一軸人與空間			五上 6.關懷台灣〈6-1.台灣的環境災害。6-2.行動愛台灣。〉

翰林版本六年級社會領域學科知識架構表

社會學習領域性質		學科內容知識架構		主題軸	社會學科單元內容知識			
					自我	社區	台灣、中國	他國全球
社會學習領域是統整自我、人與人、人與環境間互動關係	生存	自然科學	山	第四軸意義與價值 第一軸人與空間 第二軸人與時間				
			川					
	〈自然的物理環境〉	地理學	平原					六下 4.永續經營地球村〈4-1.我們的生態環境、4-2.世界地球村、4-4.讓地球生生不息〉

生計〈人造的物質環境〉	歷史學	農業社會 工業社會	第八軸科學技術社會			六下 1.放眼世界看文化〈1-2.穿越時空看文化——古文明、文化發展〉。
		科學資訊社會	第二軸人與時間 第九軸全球關連			六下 1.放眼世界看文化〈1-3.今日世界文化〉。六下 3.人文科技新世界〈3-1.世界 e 起來、3-2.永續節能綠建築、3-3.科技危機與立法〉。
	經濟學	貨幣	第七軸生產、分配、消費			六上 1.消費與生產〈1-1.消費與生活、1-2.產業分工合作〉。
		交通工具				六上 2.投資理財與經濟活動〈2-1.投資與理財、2-2.經濟活動面面觀〉。
生活	政治學	政治	第六軸權力、規則、人權 第二軸人與時間		六上 4.法治你我他〈4-1.從道德到法律、4-2.只要我喜歡、4-3.法律就在你身邊〉。	六下 3.人文科技新世界〈3-3.科技危機與立法〉
	法律學	法律				
〈人造的社會環境〉	社會學	家庭組織 學校組織 社區組織 國家組織 教育制度	第五軸自我、人際、群己互動關係 第三軸演化與不變	六上 3.社會的變遷〈3-2.家庭兩性新關係〉。	六上 3.社會的變遷〈3-1.人口問題面面觀、3-2.家庭兩性新關係、3-3.舞出城鄉新活力〉。六上 6.文化的傳承與創新〈6-1.台灣的傳統文化、6-2.承先啟後的年代〉。	六上 5.多元的社會文化〈5-1.多元的文化、5-2.互動與調適〉。六下 1.放眼世界看文化〈1-1.宗教與人類生活、1-2.穿越時空看文化、1-3.今日世界文化〉。
生命〈人類的精神環境〉	哲學 道德 宗教 藝術		第九軸全球關連 第一軸人與空間		六上 3.社會的變遷〈3-1.人口問題面面觀〉。六下 1.放眼世界看文化〈1-1.宗教與人類生活〉。	六下 2.瞭望國際社會〈2-1.文化交流看世界、2-2.國際社會變化多、2-3.漫遊國際組織〉

國中社會領域學科知識架構表

整理自教育部民國 99 年國民中小學九年一貫課程綱要

社會學習領域性質		學科內容知識架構		主題軸	社會學科單元內容知識				
					自我	社區	台灣	中國	他國全球
社會學習領域是統整自我、人與人、人與環境間互動關係	生存〈自然的物理環境〉	自然科學	山川	第四軸意義與價值	地理環境〈地形、氣候〉、產業。台灣區域發展〈城鄉、東西、南北、離島〉			三代封建體制、帝制中國、近世中國、百年中國舊傳統與新文化	世界五大洲地理環境〈地形、氣候〉、產業。
		地理學	平原	第一軸人與空間　第二軸人與時間					
	生計〈人造的物質環境〉	歷史學	農業社會	第八軸科學技術社會　第二軸人與時間	社區型態、演變。家庭與社會變遷。		海權時代〈荷西統治〉。清朝統治、日本統治、戰後的台灣工業社會		古文明、文化發展、交流。
			工業社會						
			科學資訊社會		衝突與調適〈經濟、生態。生物科技、生命倫理。資訊公開、隱私權。智慧財產權、公眾分享。〉				
		經濟學	貨幣　交通工具	第七軸生產、分配、消費	家庭經濟、社會經濟分工合作、政府的經濟功能與角色				
	生活〈人造的社會環境〉	政治學	政治	第六軸權力、規則、人權			戰後的台灣二二八事件、戒嚴體制、民主體制		
		法律學	法律	第二軸人與時間	人權、國民義務。政府部門。民主與法治。法律內容、執行。				
		社會學	家庭組織	第五軸自我、人際、群己互動關係					
			學校組織				校園生活		
			社區組織						
			國家組織	第三軸演化與不變					
			教育制度						

生命〈人類的精神環境〉	哲學		第九軸全球關連		台灣人文環境〈人口、聚落、都市〉、台灣國際地位		國際生態、國際社會組成、活動、國際關係
	道德		球關連				
	宗教		第一軸人				
	藝術		與空間				

3.　社會領域學科知識的敘寫方式

　　社會領域學科知識的敘寫方式有一、呈現歷史學的敘寫。二、呈現歷史學斷代的敘寫。三、配合圖、表的編輯敘寫方式。四、呈現主題式（歷史、政治、經濟、人口……）的敘寫。茲分項撮述如次：

一、呈現歷史學的敘寫：

　　包括單一歷史事件的時代背景、原因、經過情形、結果的事件敘寫結構。例如翰林版五下教師手冊上的「霧社事件」P199-P200，即是以事件結構的寫法，敘寫了「霧社事件」的前因後果。

　　從文本資料中更可推論，人類的集體抗爭與統治者的政治關係。人類如何避免集體屠殺，避免社會菁英的損失。

　　可惜的是，礙於課本篇幅，這一些文字資料只能由重視此類內容知識的授課教師，影印發給學生閱讀。資源少的六至十二班編制的小學，這樣的大量影印資料幾乎是不常見的。

二、呈現歷史學斷代的敘寫：

　　例如，翰林版五下，台灣歷史發展的第一單元中的史前、原住民文化、第二單元中的荷西時期、鄭氏時期、第四單元中的清治時期、第五單元中的日治時期、第六單元中的中華民國時期。

　　這敘寫方式，大致可以以段落基模的架構，閱讀其書寫方式。

　　如第一單元追尋先民足跡活動 3「豐富多元的原住民文化」
──由活動「認識原住民」，活動「社會組織」，活動「文化特色」
的三個段落綱要安排。

　　每一個段落綱要的內容敘寫，則是按照段落基模書寫。如
p.22-23 活動「社會組織」。

段落基模架構：

主題句。	+	推展句 1。	+	結論句	。
		推展句 2。			
		推展句 3。			

　　「主題句」是原住民族群共有十四族，包括平埔族與高山族。
　　「推展句」分為三句，推展句 1 母系社會，舉出例子。推展句
2 父系社會，舉出例子。推展句 3 貴族社會，舉出例子。推展句 4
小孩命名方式，舉出例子。
　　「結論句」曾是破壞其系譜的日治、民國時期歷史，到傳統名
字的恢復。
　　注意其單元書寫方式之餘，教師更可鼓勵孩子，列出**單元綱要
式筆記**，如下：

第一單元「追尋先民足跡」綱要式筆記

活動 1 認識台灣的過去

(1)　台灣歷史的特色
　　①地理位置（西太平洋）與貿易
　　②16、17 世紀外來移民（配合西太平洋重要貿易據點圖 p.7）
(2)　了解歷史的資料（參考習作 p.4、5，1-1-1 圖片推測）
(3)　台灣歷史的分期
　　①歷史分期：「史前時代」、「歷史時代」

②「歷史時代」：
　　◎荷西時期：
　　◎鄭氏時期：
　　◎清治時期：
　　◎日治時期：
　　◎中華民國時期：

活動 2 台灣的史前文化

(1)　史前人類的生活與遺址
　　①史前時代遺址：長濱文化、圓山文化、卑南文化、十三行文化
(2)　台灣史前人類生活的演化（參考習作 p.6，1-2-1 資料儲備表）
　　①長濱文化：敲打製造石器、採集、漁獵生活、使用火
　　②圓山文化：貝塚、磨製石器、製陶、種植農作物
　　③卑南文化：使用磨製石器、製陶、農業生活
　　④十三行文化：煉鐵、使用銅鐵器具、與中國貿易瓷器、錢幣，
　　　農業為主、漁獵為輔的生活

活動 3 豐富多元的原住民文化

(1)　認識原住民：「平埔族」、「高山族」
(2)　社會組織
　　①母系社會：阿美族、卑南族、噶瑪蘭族、撒奇萊雅族
　　②父系社會：泰雅族、賽夏族、布農族、鄒族、太魯閣族、賽
　　　德克族、達悟族
　　③貴族社會：排灣族、魯凱族
(3)　文化特色
　　①生命禮儀：出生、成長、結婚
　　②各族文化：泰雅族花紋織布、賽夏族矮靈祭、阿美族歌謠、
　　　排灣族琉璃珠、達悟族拼板舟

第一單元「追尋先民足跡」意象圖式筆記：

配合翰林版本課本 p.7、p.15、p.22 台灣地圖，教師要求孩子以「**台灣地圖**」的意象，整理出第一單元的內容重點，並以口頭敘述或整單元文字敘述，表達第一單元內容。例如：畫出 p.7 說出 17 世紀的移民，使台灣成為西太平洋上重的貿易據點。畫出 p.15 說出台灣史前時代的文化遺址分布：長濱文化、圓山文化、卑南文化、十三行文化。畫出 p.22 說出原住民族群的分布及特色（如前述綱要內容重點）。

其實孩子們的學科內容學習，是需要一些讀書方法，來協助他們的學習。如：摘取內容重點、綱要式筆記、概念階層表、資料儲備表、意象圖筆記、發問技巧、理答技巧、PORST 讀書方法），來面對這樣的教學要求。

三、配合圖、表的編輯敘寫方式：

如翰林版本五下 p.82-83-84 的第五單元：日治時期下的台灣，活動 3——經濟、社會與文化發展的「產業的發展」、「社會與文化發展」。

其中的長條圖「蔗糖、稻米產量圖」、「男女性平均壽命圖」，圓形圖「工業結構圖」的閱讀與寫作方法，該如何進行？

教師在圖表中提問，將會影響孩子的深度閱讀取向。

有①是什麼？怎麼樣？結果？的問題。

有②比較性的問題？

有③推論性的問題？

有④預測性的問題？

有⑤綜合性的問題？

例如：

1. （知識題）長條圖中的橫向架構、縱向架構名詞是什麼？

2. （知識題）從長條圖中，可以得知那一些資料？（1903 年蔗糖產量 3 萬公噸。。1922 年蔗糖產量 35 萬公噸。1938 年蔗糖產量 100 萬公噸。1939 年蔗糖產量 142 萬公噸。）

3. （分析、推論題）從得知的一些資料中，我們可以推論出什麼訊息？（1930 年八田與一完成嘉南大圳灌溉嘉南平原。在「蔗糖、稻米產量圖」上，可以看出什麼？）

4. （分析、推論題）承上題，這樣的訊息，對於台灣的重要性如何？從年代的發展史上，你讀到些什麼？

5. （推論題）承上題，這樣的訊息，你可以預測 1940 年蔗糖產量嗎？為什麼是可以的？

6. （推論題）這樣的蔗糖產量和日本的政治、經濟、社會有什麼可能的影響？和 1930 年代後的日本對外戰爭有何關係？

7. （綜合題）自 1895 至 1945 年日本治理台灣 50 年之久。

　①1901 年實施土地徵用規則。

　②1901 年高雄橋仔頭現代化糖廠設立。

　③1905 年人口普查 310 萬人到日末時期的 600 萬人。

　④1930 年完成嘉南大圳。

　⑤1930 年日本對外戰爭在台灣發展工業。

　⑥1934 年完成日月潭水力發電廠。

　⑦1937 年中日戰爭實施皇民化運動。

(7.-1)　這一些歷史事紀和課本 p.82 蔗糖、稻米長條圖、p.83 工業結構圓形圖、p.84 男女平均壽命圖，綜合資料閱讀後，你發現了什麼？

(7.-2)　資料和資料之間有何關係？

　　　　（課本 p.82 蔗糖、稻米長條圖，知道經濟作物的數倍成長，是經濟條件的數倍提升，這成為國家財源基礎，將影響政治、

經濟建設、軍事發展，相關性的通商港口、交通、教育建設
將相對性的投入。這也是日後台灣國際化的基礎。我們又會
思索：為何那麼多的殖民國家，特別喜愛選擇台灣，成為它
們統治下的殖民地？日本來台的野心，和1624-1662年荷治
時期，把把米、糖、鹿皮賣給日本人有關係嗎？荷、西時期
促使台灣成為東亞國際貿易的重要地區，日本來台的野心有
關係嗎？我們知道全世界的歷史發展海權時代的航海技術
和歐洲國家的工業革命時代，牽動整個世界的歷史發展命
運。）

8.（分析、推論、綜合題）如果把台灣歷史的分期：荷西時期、鄭
氏時期、清治時期、日治時期、中華民國時期，條列出每一個時
期的重要發展建設，你能推想出每一個時期的統治者為什麼要這
麼做嗎？你能分析得出「前人種樹、後人乘涼」的歷史任務嗎？

9.（分析、推論、綜合題）如果現在你是台灣的領導人，你想要做
什麼？請說明你的想法。

　　每一個問答題都可以要求口頭敘述或文字敘述。文字敘述，即
成為寫作技能應用在此的「**理答技巧**」。

　　理答技巧的基本結構是：「**前言**（主題句）」、「**申論**（推展句
1、2、3）」、「**結論**（結論句）」。可以是敘述句句型，可以是說明
句句型。

　　而簡答題則主要文字敘述出重點即可，不需要以完整的理答結
構完成回答。

　　對於一個圖表的閱讀、寫作，往往建議教師或以綱要列出閱讀
訊息，或以文字敘述整理閱讀訊息。這是有經驗的資深教師，常要
求學生做的社會領域筆記本、社會領域作業單。

　　我從學校的社會領域，資深教師李綠梅老師身上，看到她在我
班上的社會領域科任教學，在此花了很多的時間進行教學，要求閱
讀圖表訊息、要求以概念階層圖，做出每個單元的社會領域學科知

識架構。她還加入「**時事教學**」，這也讓孩子們的社會領域學習，是發生在一個實際的日常社會生活中。

　　我也開始在下一年度，購買空白筆記本，要求學生作出語文領域、數學領域的上課筆記本。

四、呈現主題式（歷史、政治、經濟、人口──）的敘寫：

　　此敘寫方式以類目（歷史、政治、經濟、人口──）主題敘寫，常見的以歷史時間的朝代，理出主題類目書寫，偏重在比較閱讀或綜合閱讀的方式思考。例如：唐朝、明朝、清朝、民國的人口數敘寫。清朝、民國的經濟發展。台灣的抗日事件。這在坊間的參考書上，常以資料儲備表整理後呈現資料，方便學子閱讀複雜的文字敘寫資料。

　　編輯群的敘寫方式呈現多種樣式，孩子們也跟著學會閱讀不同的書寫方式。

　　目前國小社會領域的書寫方式，呈現主要概念後，其概念細節的書寫簡要得讓孩子們及授課教師無所適從，例如：翰林版本五下5.日本統治下的台灣〈5-1.英勇的抗日事蹟。5-2.日本的殖民統治。〉第 70-73 頁。

　　抗日事件的例舉苗栗事件、噍吧哖事件、霧社事件。社會及文化運動的林獻堂、蔣渭水成立「台灣文化協會」，是事件例舉的綱要式寫法。對於歷史事件背後的完整故事卻不書寫，將資料呈現在教師手冊中，由教師閱讀再口述每一段歷史事件。

　　孩子們由課本上閱讀的是一堆抽象概念資料，難以成為有意義的記憶學習，期末文字評量卷上也難保需要一些知識上的背誦題。這在社會領域的教學，教師即將面臨的是補充課外教學資料這一大挑戰。學生面臨的是一大堆補充性的文字資料閱讀，和上網查

詢資料，為自己建立社會領域學習的個人資料庫。而坊間社會領域教材編輯的思考，如何從教育觀點來思索教學、學習、發展更是一大挑戰。

難道台灣教育在追求精緻文化的過程中，民間版本生產不出一本利於孩子學習的教科書？還是台灣的教材編輯人力庫嚴重缺乏？

想著 1990 年在板橋教師研習會上，對教育部次長建言：發展好的社會科教材是一件好事，台灣的小學教師有能力運作這樣的教材嗎？行政政策上的想幫忙，卻是幫倒忙。我們該想的是：有計畫的師資培育，幾年後我們有能力駕輕就熟？

目前的國際閱讀教育測驗，更是在國內掀起閱讀教育反思，我們的教室教學真的是出了問題？

教師專業發展的方向是正確的，學者給出的量化類目，卻折損了教師教學熱忱。

什麼時候學者重新閱讀分析小學各領域教材，向孩子們學習當一位國小教師，教師專業的質性發展，才能讓集體小學教師，有感地站在小學教育現場，發出小學教師專業經驗分享的內在聲音。

教育部給出的小學閱讀教師，教學輔導教師，立意良好。卻在行政資源朋黨的運作下，走入另一條道路。教學輔導教師，如何令新進教師心服於教學經驗領袖氣質，是一大考驗。因為教師甄試競爭下的新進教師，對於教學專業術語的使用，已有能力形成教學共識。更有內心的一把尺，來看待教學輔導教師的專業經驗指導能力。

坊間各工作領域被肯定社會成就的，往往是實用性與精緻性的品質。

好的教學品質可以成為好的教學商譽，幾千年來沒有改變過的一條定則。

賈伯斯的蘋果商機策略，除了實用性與精緻性的品質外，他加入了美學與一個人的生命堅持。

那我們會自問：

我們小學教育要的是什麼？

我們要如何在教室中走動教學？

小學教室的教學現場，可以是一門美學藝術？

第十五章 全篇綱要、全篇大意教學

1. 全篇綱要、全篇大意教學：
概念階層圖，以事件基架爲例子

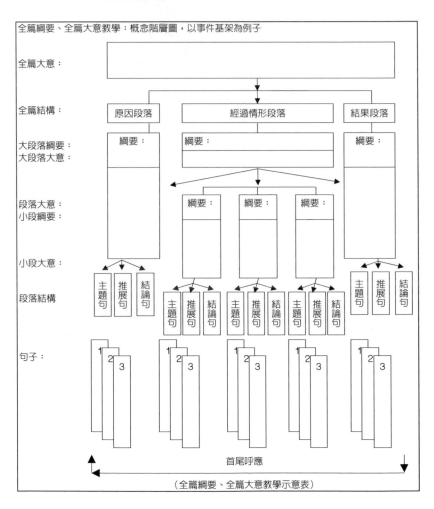

（全篇綱要、全篇大意教學示意表）

模仿貓

L1 有一隻黑貓，住在綠色山谷中的一個農場裡。他嫌自己的毛太黑，鼻子太小，尾巴太長，叫的聲音也不好聽。他一直羨慕別人，模仿別人，因此農場主人叫他「模仿貓」。

L2 他羨慕院子裡的大公雞，有漂亮的羽毛，鮮紅的冠子，驕傲的眼睛，尤其是好聽的金嗓子。他一心要學大公雞叫，可是他叫的聲音仍然是「喵嗚」、「喵嗚」。大公雞笑他是個大傻瓜，他很難為情的走開了。

L3 他經過羊欄，看見農人在剪羊毛。他決心向綿羊看齊，摸摸自己身上的黑毛，趴在農人膝前，等著替他剪。沒想到農人把他推開，拉過另一隻綿羊來繼續剪下去。他只好夾著尾巴走了。

L4 他走到池塘旁邊，看見大白鵝在水裡游來游去，輕鬆自在。他也學大白鵝一樣的伸長脖子，跳進水裡，沒想到直向水底下沉。要不是大白鵝趕來救他，可能就要送掉一條命。

L5 他聽見樹上很多小鳥兒在叫，好像譏笑他剛才做的那件傻事。他很不服氣，以為自己也能像小鳥一樣的飛，要表演給他們看。他爬到樹頂上，張開兩條前腿當翅膀，猛然向空中一跳，砰的一聲就摔在地上了。

L6 模仿貓覺得自己總是失敗。他做不成大公雞、綿羊，也做不成大白鵝、小鳥兒，只好躲起來。

L7 他傷心的走進森林，看見森林裡的大樹，強壯、瀟灑，一點憂愁也沒有，他又想學大樹。這一次更是吃盡了苦頭，因為他挺直的挺直的站了很久，簡直累得要死。

L8 他失望的走回家去，走著走著，來到池塘邊，聽見大白鵝說：「白羽毛容易髒，如果我有像模仿貓那樣的黑毛就好了。」他很驚奇，大白鵝居然羨慕他。他經過雞棚，聽見小雞正在唧唧的吵鬧，大公雞發脾氣說：「你們吵死了，為什麼不像模仿貓那樣

文雅？你們應該跟他學學好樣兒。」大公雞這樣誇讚他，他更驚奇了。

L9 他走進穀倉，又聽見農場主人自言自語的說：「老鼠偷吃我的玉蜀黍和稻穀，必須有貓來趕走他們才好。」

L10 模仿貓這時候才發現自己的優點，於是他的頭抬高了，鬍子也翹起了。從此他建立了自信心，善用自己的長處，不再隨便模仿別人了。

「故事體」文章綱要如下：以國立編譯館舊教材「模仿貓」為例子

一、原因大段落：嫌自己不好。L1

二、經過情形大段落（一、二、三、四、五；六、七）：

　　(1) 經過情形段落事件（一）：（經過一）模仿大公雞事件 L2

　　(2) 經過情形段落事件（二）：（經過二）模仿小綿羊事件 L3

　　(3) 經過情形段落事件（三）：（經過三）模仿大白鵝事件 L4

　　(4) 經過情形段落事件（四）：（經過四）模仿小鳥飛事件 L5、L6

　　(5) 經過情形段落事件（五）：（經過五）模仿大樹事件 L7

　　(6) 經過情形段落事件（六）：（經過六）大白鵝、大公雞的肯定 L8

　　(7) 經過情形段落事件（七）：（經過七）農場主人的肯定 L9

三、結果大段落：肯定自己。L10

　　上述是一個列出作者寫作綱要順序的筆記方式，是以步驟性語言列出。刪除大意的陳述性語言部分。

　　下述是以概念階層圖，列出作者寫作綱要順序的筆記方式，方便閱讀者做閱讀分析、閱讀提問。

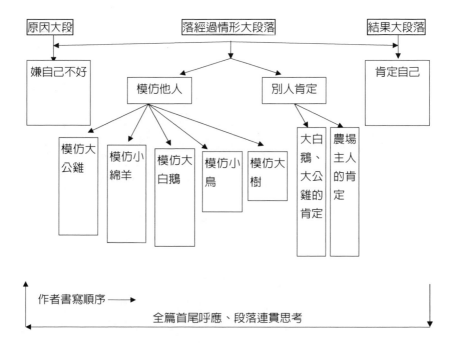

（概念階層圖，列出作者寫作綱要順序）

　　這是以資料儲備表，列出作者寫作綱要順序的筆記方式，方便閱讀者做閱讀分析、閱讀提問。

文章基架	原因段落	經過情形段落					別人肯定		結果段落
		模仿他人					別人肯定		
文章分段	第1段	第2段	第3段	第4段	第5、6段	第7段	第8段	第9段	第10段
文章形式　文章綱要	模仿貓認定自己　不好。	（經過一）模仿大公雞事件	（經過二）模仿小綿羊事件	（經過三）模仿大白鵝事件	（經過四）模仿小鳥飛事件、內心獨白OS	（經過五）模仿大樹事件	（經過六）大白鵝、大公雞肯定	（經過七）農場主人肯定	模仿貓肯定自己。

（資料儲備表，列出作者寫作綱要順序）

　　例如：全篇文章形式安排順序，由模仿貓認定自己不好；模仿他人；別人肯定；自我肯定。完成文本的作者構思。

　　（經過一）──（經過五）統括為模仿他人事件群。

　　（經過六）──（經過七）統括為別人肯定事件群。

　　這樣的歸納性統括能力，是屬高層次的運思能力。閱讀上亦能鳥瞰全局，我稱為鳥瞰式閱讀法。

　　而寫作思考，即是由上層結構統括下層結構的演繹式思考，我們要求寫作前先列出綱要，是屬取材、選材、剪裁的演繹式思考。

　　知識學習、生活學習，一是歸納式思考，一是演繹式思考，如此而已。

第十六章　發問技巧在閱讀、寫作上扮演的角色

1.　那麼，閱讀文本中的人生思想，該如何進行教學？

　　首先是一位教師於教材分析中，先能深度閱讀，分析出作者綱要順序安排的多種可能性用意。讀得出作者深層含意，才是開始談如何教導孩子們讀得出作者意含。

　　孩子們讀得出作者深層含意，寫作上的人生思想，才會出現在孩子的文本之中。最簡易的思考是把「人生」或「人生的」用詞，加在定題上，這就凸顯一篇文本的人生思想閱讀了。例如：「**模仿貓**」的定題加上「人生」或「人生的」用詞，定題成了「**人生的模仿貓**」、「**模仿貓的人生**」，這使讀者更會注意著作者的人生象徵。

　　例如：文本中 L1-L10 段落細節，其實和人生發展階段的自我追尋、自我放逐、自我肯定歷程一樣。

　　整個綱要順序，扣準安排此物件順序的用意，扣準安排此物件的內心情緒獨白，進行著心理戲碼。

依據文本綱要順序，鳥瞰式閱讀分析、閱讀提問：

　　L1 段落開始，「他嫌自己的毛太黑，鼻子太小，尾巴太長，叫的聲音也不好聽。」還真是寫真般的，符合人在討厭自己、討厭別人時的實況，嫌東嫌西。

　　一個不好，每一個都不好。要求完美主義者，莫不是如此責難自己。

　　作者把他放在「外表世界」看待的自己。

　　內心戲碼上演著「嫌自己」。

在此，我們禁不住要追問：

QL1-1（細節知識）：模仿貓嫌自己那裡不好？（外在的毛，鼻子，尾巴，叫聲不好。）

QL1-2（閱讀人生）：一個人在嫌自己不好時，會有那一些心理反應或那一些行為表現？

L2 段落開始，「大公雞，有漂亮的羽毛，鮮紅的冠子，驕傲的眼睛，尤其是好聽的金嗓子。」

模仿貓內心戲碼演著「很難為情的走開」。

QL2-1（細節推論）：作者為何在文章中，安排模仿貓模仿的第一事件是「模仿大公雞」？有何特別用意？（外在的羽毛，紅冠子，驕傲的眼睛，尤其是好聽的金嗓子。表示——羽毛象徵亮麗的外表；紅冠子代表王者之尊；驕傲的眼睛代表不可一世；尤其是好聽的金嗓子，代表大家都聽得見我。）

QL2-2（細節重點）：大公雞對模仿貓做了什麼事？（笑模仿貓是個大傻瓜。）

QL2-3（細節重點）：這時模仿貓的心理反應是什麼？（模仿貓很難為情的走開了。）

L3 段落開始，「他決心向綿羊看齊，摸摸自己身上的黑毛，趴在農人膝前，等著替他剪。」

模仿貓內心戲碼演著「只好夾著尾巴走了。」

QL3-1（細節重點）：模仿貓「趴在農人膝前，等著替他剪毛。」他的目是什麼？（想確定自己是有用處的，被農場主人重視的。）

QL3-2（細節重點）：模仿貓的行為，產生什麼結果？（沒想到農人把他推開。）

QL3-3（細節重點）：這時模仿貓的心理反應是什麼？（模仿貓只好夾著尾巴走了。）

綜合 QL2-3、QL3-3（綜合、推論）：模仿貓的「很難為情的走開了」，到「只好夾著尾巴走了。」心境上是如何的？（自己傻，

沒人理會我，我是個沒用、沒人注意、沒人看重，隨便就可以推開的人。符合自我認知：嫌自己不好，自我歸因為自己不好。）

L4 段落開始，「看見大白鵝在水裡游來游去，輕鬆自在。他也學大白鵝一樣的伸長脖子，跳進水裡，沒想到直向水底下沉。」

模仿貓內心戲碼演著「可能就要送掉一條命。」

QL4-1（細節重點）：模仿貓為何想模仿像「大白鵝一樣的伸長脖子」？（在水裡游來游去，輕鬆自在的。伸長脖子，很輕易地就可被看見、被注意到。）

QL4-2（細節重點）：模仿貓的行為有什麼結果？（險些送命）

QL4-3（細節重點）：模仿貓的心理反應，可能有那一些？（生死掙扎、驚魂未定、失魂落魄、不到黃河心不死、死亡之前的最後一句話：觀眾們，拜託看我一眼吧。）

綜合 QL2-3、QL3-3、QL4-3（綜合、推論）：模仿貓的「很難為情的走開了」，到「只好夾著尾巴走了。」到「可能就要送掉一條命。」的心境上是如何的？（這一路上雖然被說傻、雖然為尊嚴，雖然險些送命，我還是想和大家一樣：被注意、被重視、被認同、被肯定。）

L5 段落開始，「樹上很多小鳥兒在叫，好像譏笑他剛才做的那件傻事。他很不服氣，以為自己也能像小鳥一樣的飛，要表演給他們看。」

模仿貓內心戲碼演著「被譏笑、很不服氣、要表演給他們看。」、「砰的一聲就摔在地上了。」

QL5-1（細節重點）：模仿貓覺得「樹上很多小鳥兒在叫，好像譏笑他剛才做的那件傻事。」他會採取什麼行動？（他很不服氣，要表演給他們看。）

QL5-2（細節重點）：模仿貓得到什麼結果？（猛然向空中一跳，砰的一聲就摔在地上了。）

QL5-3（細節推論）：模仿貓的心理反應，可能是什麼？（生命歷程重重地，摔了一大跤。生命崩盤、生命要再度爬起來，面對人生還真的很難很難。我都這樣猛然勇敢了，砰的一聲夠快、夠大聲了吧？這下你們該看得見我了吧？）

L6　段落開始，「他做不成大公雞、綿羊，也做不成大白鵝、小鳥兒，只好躲起來。」

模仿貓內心戲碼演著「總是失敗。做不成事」、「只好躲起來。」

QL6-1（細節重點）：模仿貓怎樣反思自己的人生過程的？（他做不成大公雞、綿羊，也做不成大白鵝、小鳥兒。）

QL6-2（細節重點）：模仿貓的心理反應，是什麼？（做不成——也做不成——總是失敗。做不成事。）

QL6-3（細節推論）：模仿貓的心境，此時是如何的呢？（總是失敗，生命跌落谷底，自己什麼也做不成，真想放棄自己不願面對群眾，找一個地方自我關閉心門吧。）

綜合 QL2-3、QL3-3、QL4-3、QL5-3、QL6-3（綜合、推論）：模仿貓的「L2 很難為情的走開了」，到「L3 只好夾著尾巴走了。」到「L4 可能就要送掉一條命。」到「L5 砰的一聲就摔在地上了。」、到「L6 只好躲起來」的心境上是如何的？（這一路上雖然被說傻、雖然為尊嚴，雖然險些送命，我還是想和大家一樣：被注意、被重視、被認同、被肯定。我很不服氣，我要表演給他們看。我總是失敗，生命跌落谷底，自己什麼也做不成，真想放棄自己，不願再面對群眾。就找一個地方，關閉自我的心門吧。）

L7　段落開始，「大樹，強壯、瀟灑，一點憂愁也沒有，他又想學大樹。」

模仿貓內心戲碼演著「簡直累得要死。」

QL7-1（細節重點）：模仿貓為何又想學大樹？（他想自我解嘲，自我瀟灑地走出來，因為他無法放棄想要做出一點成就，尤其是心中的大事：有用的一隻貓。）

　　QL7-2（細節重點）：模仿貓的心理反應，是什麼？（簡直累得要死。）

　　QL7-3（綜合、推論）：作者之前安排模仿貓，模仿的人生經歷是屬於「動物」類別，而此段是「植物」類別，作者的用意可能是什麼？（像一種人生的自閉症狀、像植物人一樣活著，因為這一次他更是吃盡了苦頭；他不想再有人生追夢的憂愁了。）

　　綜合 QL2-3、QL3-3、QL4-3、QL5-3、QL6-3、QL7-3（綜合、推論）：模仿貓的「L2 很難為情的走開了」，到「L3 只好夾著尾巴走了。」到「L4 可能就要送掉一條命。」到「L5 砰的一聲就摔在地上了。」、到「L6 只好躲起來」、「L7 吃盡了苦頭、簡直累得要死。」的心境上是如何的？（這一路上雖然被說傻、雖然為尊嚴，雖然險些送命，我還是想和大家一樣：被注意、被重視、被認同、被肯定。我很不服氣，我要表演給他們看。我總是失敗，生命跌落谷底，自己什麼也做不成，真想放棄自己，不願再面對群眾。就找一個地方，關閉自我的心門吧。他好不容易地自我解嘲，自我瀟灑地走出來，因為他無法放棄想要做出一點成就，尤其是心中的大事：作為一隻有用的貓。但是，這一次他更是吃盡了苦頭；他不想再有人生追夢的憂愁了。）

　　L8 段落開始，「聽見大白鵝說像模仿貓那樣的黑毛就好了。聽見大公雞說他文雅，你們應該跟他學學好樣兒。」

　　內心戲碼演著「他很驚奇，大白鵝居然羨慕他。」、「大公雞誇讚他，他更驚奇了。」

　　L9 段落開始，農場主人自言自語的說：「老鼠偷吃我的玉蜀黍和稻穀，必須有貓來趕走他們才好。」

　　模仿貓內心戲碼演著「必須有貓來趕走他們才好。」

　　QL8-1（細節推論）：模仿貓「失望的走回家去，走著走著」，此時的心情如何？（槁木死灰一般的，對生命價值的自我追尋失

望。行屍走肉、自我放逐、隨波逐流、回天乏術、無可奈何花落去的感受。）

　　QL8-2、L9-1（細節推論）：模仿貓在回家路上，聽見了什麼？這對於他重要嗎？（大白鵝居然羨慕他的黑毛；大公雞誇讚他那樣文雅，要小雞跟模仿貓學學這好樣兒；農場主人需要他。這對於一個由 L1 的問題，到追求人生的 L7 歷程的模仿貓，是舉足輕重的。這彷若在人生跌落深淵之處的一線曙光，讓模仿貓再次觀照自己，發現自己。他們提供了一個正面的社會性情緒支持團體，讓一個人覺得自己的社會性角色扮演是有用處的。）

　　L10 段落開始，「模仿貓這時候才發現自己的優點，於是他的頭抬高了，鬍子也翹起了。」

　　模仿貓內心戲碼演著「建立了自信心，不再隨便模仿別人了。」

　　QL10-1（細節推論）：模仿貓的「頭抬高了，鬍子也翹起了。」是表達著什麼意義？（像一個有信心的人一樣，走在路上昂首闊步，充滿著希望的活力。）

　　QL10-2（細節推論）：模仿貓「從此他建立了自信心，善用自己的長處，不再隨便模仿別人了。」文章所指的意義是？（模仿貓對於自己的特點有信心，而且善用他的長處，可以模仿他人，但是不要隨便模仿他人。）

　　綜合 L2-L7 和 L8-L10（綜合、推論）：模仿貓的兩個人生經歷，有何不同？（一個是失敗的負面經歷，一個是成功的正面經歷，對比的世界。這讓我們反思自己的生活經驗。）

　　QL10-1（分析）：模仿貓「從此建立了自信心，不再隨便模仿別人了。」作者為何不寫「不再模仿別人了。」，而寫成「不再隨便模仿別人了。」？

　　QL10-2（評論、分析、推論）：作者的用字遣詞「隨便」兩個字，已影響了我們對於文章的探究，請問模仿貓認為「模仿」是好的嗎？

QL10-3（綜合、分析、推論）：如果從模仿貓「模仿的人生經歷來說」，他除了發現自己的優點和用處之外，還有可能是「模仿」到什麼？

這讓他相「信」、「自」己，建立了「自」「信」心？（自己生命探索歷程的體驗，產生推己及人的慈愛之心，從讚美別人、肯定他人是可以協助他人找到自我；這隨他人的成就而心生歡喜，可能是模仿貓人生經歷最大的收穫，他找到了人生信念。）

QL10-4（主旨推論）：作者文章定題「模仿貓」，有何更深的含意？（模仿讓我們見到模仿貓的行動意象，讓我們再次反思自己的生命追求過程，這是每一個人該面對的人生功課：走向自我認同、自我肯定。順即讓我們能想到推己及人的慈愛之心，關懷他人的心情，肯定他人的成就。）

Q1　文章之外主旨（推論）：作者文章的背後，在告訴我們什麼人生的道理？為什麼你這麼說？

Q2　作者書寫技巧（字詞）（分析）：作者此篇文章的用字遣詞，有那一些特別的地方？請舉文章中的例子詳細說明。

Q3　作者書寫技巧（全篇、段落、句子）（分析）：作者此篇文章，用了那一些修辭技巧？表現什麼效果？請舉文章中的例子詳細說明。

Q4　作者書寫技巧（段落）（評鑑）：作者此篇文章的段落物件，從選材到書寫，請評鑑段落書寫技巧如何？請舉文章中的例子詳細說明。

Q5　作者書寫技巧（全篇）（評鑑）：作者此篇文章的鋪陳好不好？請舉文章中的例子詳細說明。

Q6　作者書寫技巧（全篇）（評鑑）：作者此篇文章的書寫和人的自我認同歷程，有何相似之處？

Q7　閱讀自我（段落）（應用）：作者安排模仿貓的每一段人生探索，和你的生活經驗類似嗎？請舉出自己以前的生活經驗敘說。

Q8 閱讀自我（段落）（應用）：作者安排模仿貓的每一段人生探索，都有模仿貓的內心情緒世界描寫，這和你的生活經驗類似嗎？請舉出自己以前的生活經驗敘說。

Q9 閱讀自我（全篇）（分析、綜合）：從作者安排的綱要順序，來對照自己人生追求的人生順序，你讀到自己的那一些問題？你是如何面對的？

Q10 閱讀自我（全篇）（綜合）：一個人建立自信心的歷程，像模仿貓8、9、10段落那麼輕易嗎？你的看法呢？

Q11 閱讀自我（全篇）（綜合）：你是如何協助友伴建立自信心的？

Q12 寫作自我（全篇）（綜合）：請你模仿作者安排的綱要順序方式，寫下一篇自我追尋夢想的散文稿？（1200字以上）

Q13 閱讀技能（全篇）（綜合）：請問你是如何使用閱讀的技能，來整理這一篇文章的？

Q14 閱讀技能（生手、專家）（比較）：請問你閱讀一篇文章時，所使用的閱讀技能，和黃老師使用的閱讀技能，有什麼不一樣的地方？

Q15 閱讀情意（生手、專家）（比較）：說一說，閱讀這一篇文章，帶給你那一些轉變？（閱讀類別、寫作類別、人生思考類別、筆記方法類別──）

2.　「模仿貓」的閱讀心得書寫：

五下期末考前，陳可涓定題「人生信念」，寫下教學後的「模仿貓」閱讀心得。

「翻開牧夢第一章」最近老師幫我們上「牧夢」這本書。

一開始，我心裡出現一個聲音：「上這種東西有什麼用啊！成天到晚都在那邊米久，我又不認識他！真的很無聊耶！」（老師這

只是當時的 OS，千萬千萬不要放在心上）。但有一天的功課居然是：「牧夢第一章，畫金字塔簡圖。」我一看到心裡的聲音不斷的冒出來：「出這什麼鬼功課！誰會寫啊！」等的狠毒批評。

那天回家想都沒想的開始寫，寫完才發現其實這種方法，可以幫助我們把文章的「綱要順序」理解的更清楚！

隔天，老師居然用一篇「模仿貓」來考我們綱要順序，我一拿到文章既緊張又興奮，因為這篇文章排的真是太太太明顯了啦！我居然考一百分耶！

這篇文章主要是在說：「有一隻貓，他總是嫌自己不好，所以他總是模仿別人，他羨慕別的動、植物，但他從來沒有注意他自己，他想學公雞叫；也想學綿羊趴在主人腳上；也想像大白鵝在水裡輕鬆自在的游泳，但他從來沒有成功過。他聽見小鳥好像譏笑他，以為能像小鳥一樣飛。他爬到樹上一跳，卻重重摔到地上，最後，他想學大樹一樣，強壯瀟灑沒憂愁，但仍然失敗了。後來，他聽見白鵝公雞和農場主人誇讚他，他才發現自己的優點，建立了自信心，不再隨便模仿別人。」

但真的那麼容易建立自信心嗎？

這便是我一個不敢發問的問題。

直到老師講出來了，我才明白原來是因為「人生信念」。模仿貓是因為它經由白鵝、公雞和農場主人的誇讚，不只發現了自己的優點，知道自己是有用的，還找到了他一直沒發現的人生信念呢！

最近，老師常用活潑的方式教導我們，也是我上學的日子中最快樂的一段時間，老師使用既活潑又生動的方式來教導我們，對有些人而言有可能是搞笑，但對我而言卻在我心中的一字一句，可都烙印得清清楚楚。因為我認為「一個老師在大家的心目中的樣子，應該是手拿課本，站在講台上，來回走動才對；但我的老師不一樣，他是手拿自製資料，跳上講桌，激動的揣摩文章景色，希望我們能牢牢記住！」

　　這次能讓老師幫我們上「模仿貓」這篇文章，真是我們的幸運，不但好玩又生動，故事有趣，意義深遠。上完了這篇文章，收穫最多的也是我們，所以我要謝謝老師。

　　我知道人在面臨危機，最需要的是家人的陪伴和鼓勵，而和家人一樣重要的東西還有「人生信念」。

　　以前我常對自己的將來困擾許久，因為我想當一個能維持正義的律師，但如果我是幫一個做錯事的人辯解，我心裡會不好受，所以我想當一位光明正大的法官。想一想，萬一我被錯的一方的律師動搖，是不是又會有糾紛，同時也對不起自己的良心呢？我知道糾紛是因為不公平而產生的，所以我一直找不到一個方向，找不到我最厲害的一面。但經過媽媽的一番話，她說：「其實，你只要好好讀書，自然而然會有很多選擇的！」所以現在的我，有了新的方向，我長大一定要當一位幫助所有心理上碰到不愉快的事的心理醫師。可以聽著別人的不愉快，給他幫助，讓他人的人生得以轉彎，可以有好的念頭，也許就能夠讓更多人不用使用安眠藥入睡，讓更多人快樂。

　　最後我上完模仿貓所得到的心得和感觸是，人生遇到的挫折大多是像模仿貓一樣自己找來的。因為自己的不認同，才會覺得不開心地一波接著一波而來。但只要找到自己的人生信念，肯定自己的價值並發現自己的優點，相信自己是獨一無二的可貴。勇敢面對且並堅持好的信念，有一天一定能完成自己偉大的夢想的！

五下陳皓明的定題「讚美，為了誰？」寫著「模仿貓」閱讀心得。

　　某天早上，我像往常一樣，抱著既興奮又期待的心情上學去了。但今天可不一樣，黃老師要進行重要課程「模仿貓」主題教學。

　　當老師發下這篇文章時，我睜大了雙眼，努力地觀察他的寫作技巧，想知道為什麼老師將它列為「重要課程」之一。

　　所以我開始問我自己一些問題：

　　「他的內心獨白為什麼要放在第六段？」

　　「作者的人生思想是什麼？」

　　「模仿貓到底得到了什麼？學到了什麼？找了什麼？」

　　這些問題一直在我心中徘徊。

　　所以老師開了一場爭論會，讓我們了解這些問題。

　　一開始我和姚承中先和林品堯靜靜的爭論著。過了一會兒，我和姚承中的音量變得很大聲，態度顯然也變得不好。

　　直到老師問了我們一個問題：「比尊嚴還要堅強的是什麼？模仿貓不可能那麼快就找到自信心嘛！」

　　等老師說完這句話，全班鴉雀無聲，彷彿連一根針掉下去全班都聽得見。就當老師要繼續說下去時，頑皮的下課鐘聲響了起來，可能對於其他同學是開心的，但是對於我而言，卻是困擾的。

　　為什麼呢？因為老師在我心目中的社會地位是非常高的，我就把它看作是一個世界上的奇蹟。

　　老師曾說過一句話：「我的志願是想把我自己研發的教學秘密武器，傳授給每一個我所教過的小朋友。」

　　我覺得老師用模仿貓告訴我們「讚美」這個問題。

　　人，讚美是為了誰？是為了家人？為了身旁的同學？還是為了大家？

　　在模仿貓這篇文章，我們找到了人生答案。

　　我最近常常問自己一些問題：「只要是人，一定都要讚美，才能找回個人的自尊心、和自信心嗎？」

　　如果是的，那人是偉大的！

五下萬珊蕾的定題「肯定自己、相信自己」寫著「模仿貓」閱讀心得。

在每一個人的心中，肯定自己是很重要的。模仿貓就只會每天嫌棄自己，當自己開始嫌棄自己時是很嚴重的事情，就像模仿貓一直沒辦法成功。他遇到挫敗，準備放棄時，又聽到大公雞、大白鵝、農場主人對他的讚美與肯定，才發現自己的優點，也在他的心中建立了穩固的自信心，善用自己的長處，不再隨便模仿別人了。

當模仿貓被主人推開的心情，就像抓著一把垃圾給丟掉一樣，很難受的；牧夢小說中的主角，米久的媽媽不准米久出去看小羊的心情，也是一樣的。

我想那時模仿貓他心中的 OS 一定很多吧！小鳥的譏笑、大白鵝的輕鬆模仿，都讓模仿貓差點失去性命。有時候，我認為模仿貓為什麼要為了想模仿別人，連自己的性命都不要了，真是太亂來了！幸好有老師的解說讓我更加明白，明白當自己心裡有一顆沉重的大石頭，會什麼事都不管，就直接做了下去。

最後老師問了一個問題：「模仿貓到底學到什麼？得到什麼？找到什麼？」這時老師就舉辦了辯論大會，要我們小組討論。

首先林品堯是跟陳可涓對辯，漸漸的姚承中也跟著站了起來，他們的問題不斷的停在同一個地方，一直到下課老師才說：「我一直在等，等有一個人能夠出來澄清。」老師不免有些憤怒的說。

陳可涓提出的問題是：「這些動物的順序安排，為什麼是這樣？」而林品堯就一直文不對題的回答，連老師都起來爭辯。

看了這篇文章，我的問題是：「為什麼要把內心獨白放在中間，而不是尾段？」

是因為模仿貓失敗了許多次，想把自己心中的 OS 給釋放出來？

剛開始老師教了我們綱要順序的安排，讓我們更清楚知道內容，也可以方便我們閱讀分析、閱讀提問。

　　模仿貓模仿動、植物時，有什麼差別呢？

　　我覺得別人的肯定是很重要的，因為當你自己挫敗時，正需要別人的肯定和讚美，這時你心裡就會有一種特別的感覺。

　　當一個人對一個觀念深信不疑，就是人生信念。模仿貓應該要反省自己的行為。

第十七章　語文科教材分析與教學思考
——以朱自清「荷塘月色」為例子

現代文學則提出一套截然不同的理念，亦即浪漫主義的寫作觀，也就是將書寫視為一種媒介，讓獨一無二的性格在其中得到英雄式的展現。

摘自「土星座下」。蘇珊・桑塔格。p.29

1.　原型教材文本

「荷塘月色」——作者：朱自清

　　這幾天心裡不寧靜。今晚在院子裡乘涼，忽然想起日日走過的荷塘，在這滿月的光裡，總該另有一番樣子吧。月亮漸漸地升高了，牆外馬路上孩子們的歡笑，已經聽不見了；妻在房裡拍著閏兒，迷迷糊糊地哼著眠歌。我悄悄地披了大衫，帶上門出去。

　　沿著荷塘，是一條曲折的小煤屑路。這是一條幽僻的路，白天也少人走，夜晚更加寂寞。荷塘四面，長著許多樹，蓊蓊鬱鬱的。路的一旁，是些楊柳，和一些不知道名字的樹。沒有月光的晚上，這路上陰森森的，有些怕人，今晚卻很好，雖然月光也還是淡淡的。

　　路上只我一個人，背著手踱著，這一片天地好像是我的；我也像超出了平常的自己，到了另一世界裡。我愛熱鬧，也愛冷靜；愛群居，也愛獨處。像今晚上，一個人在這蒼茫的月下，什麼都可以想，什麼都可以不想，便覺得是個自由

的人，白天裡一定要做的事，一定要說的話，現在都可不理，這是獨處的妙處；我且受用這無邊的荷香月色好了。

　　曲曲折折的荷塘上面，彌望到的是田田的葉子，葉子出水很高，像亭亭的舞女的裙。層層的葉子中間，零星地點綴著白花，有嬝娜地開著的，有羞澀地打著朵兒的，正如一粒粒的明珠，又如碧天裡的星星，又如剛出浴的美人。微風過處，送來縷縷清香，彷彿遠處高樓上渺茫的歌聲似的。這時候葉子與花也有一絲的顫動，像閃電般，霎時傳過荷塘那邊去了。葉子本是肩並肩密密地挨著，這便宛然有了一道凝碧的波浪。葉子底下是脈脈的流水，遮住了，不能見一些顏色，而葉子卻更見風致了。

　　月光如流水一般，靜靜地瀉在這一片葉子和花上，薄薄的青霧浮起在荷塘裡，葉子和花彷彿在牛乳中洗過一樣；又像籠著輕紗的夢。雖然是滿月，天上卻有一層淡淡的雲，所以不能朗照；但我以為這恰是到了好處——甜眠固不可少，小睡也別有風味的。月光是隔了樹照過來的，高處叢生的灌木，落下參差的班駁的黑影，峭楞楞如鬼一般；彎彎的楊柳稀疏的倩影，卻又像是畫在荷葉上。塘中的月色並不均勻，但光與影有著和諧的旋律，如梵婀玲上奏著的名曲。

　　荷塘的四面，遠遠近近，高高低低都是樹，而楊柳最多，這些樹將一片荷塘重重圍住，只在小路一旁，漏著幾段空隙，像是特為月光留下的。樹色一列是陰陰的，乍看像一團煙霧；但楊柳的豐姿，便在煙霧裡也辨得出。樹梢上隱隱約約的是一帶遠山，只有些大意罷了。樹縫裡也漏著一兩點路燈光，沒精打采的似乎是渴睡人的眼，這時候最熱鬧，要算樹上的蟬聲與水裡的蛙聲；但熱鬧是牠們的，我什麼都沒有。

2. 「荷塘月色」文章綱要如下：

一、引言大段落：自然段落 1

我出門 1

二、景物中心描寫大段落景物（一）：自然段落 2、3

（1）沿著荷塘小路 2
（2）路上獨處 3

三、景物中心描寫大段落景物（二）：自然段落 4、5、6-1

（1）荷塘景色 4
（2）荷塘月光景色 5
（3）荷塘的四面樹景 6-1

四、感想大段落：自然段落 6-2

我什麼都沒有 6-2

3. 「荷塘月色」文章綱要概念階層圖如下：

以概念階層圖，列出作者寫作綱要順序的筆記方式，方便閱讀分析、提問：

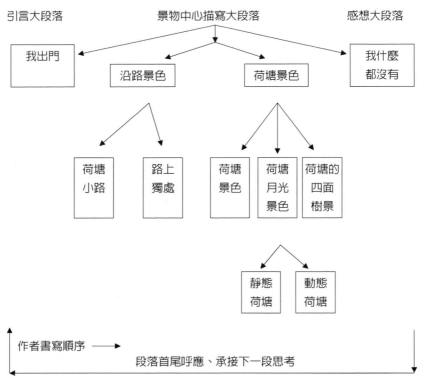

（概念階層圖，列出作者寫作綱要順序）

4. 「荷塘月色」文章綱要資料儲備表如下：

以資料儲備表，列出作者寫作綱要順序的筆記方式，方便閱讀分析、提問：

	文章基架	引言段落	景物中心描寫大段落					感想大段落
			沿路景色		荷塘景色			
文章形式	文章分段	第1段	第2段	第3段	第4段	第5段	第6-1段	第6-2段
	文章綱要	我出門	（景物一）荷塘小路	（景物二）路上獨處	（景物三）荷塘景色	（景物四）荷塘月光景色	（景物五）荷塘的四面樹景	我什麼都沒有

（資料儲備表，列出作者寫作綱要順序）

5. 「荷塘月色」全篇文章綱要、大意結構表 （金字塔）如下：

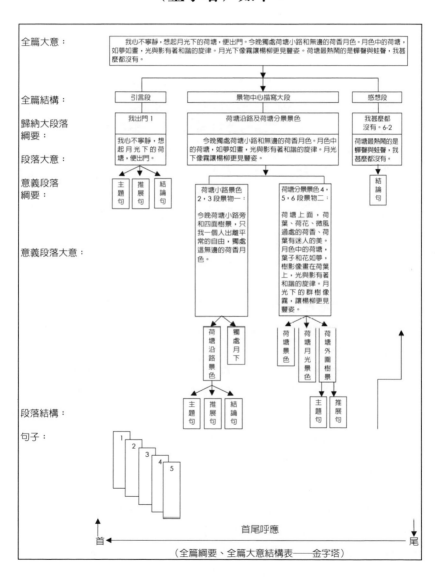

（全篇綱要、全篇大意結構表——金字塔）

　　由（全篇綱要、全篇大意結構表──金字塔）中，我們明顯地看到使用歸納法，從小段落大意統括成意義段落大意，從意義段落大意統括成文章基架的大段落大意。

　　這裡的文字敘述大意濃縮、長句縮短、文辭精簡，這有何判斷的依據？

　　當一個教師要區分出，那一個學生的大意寫得比較好時，往往是含混其詞地不明所以。只能對學生說：這樣都可以通過。

　　但是給分時，如何區別 95 分和 98 分的細微差距？

　　前述的「**段落大意書寫的評量標準**」是一個參考的類目。

一、**段落結構正確**：主題句、推展句、結論句。

二、**段落主題統一性**：主題（主詞、人稱）具有統括細節、分說的敘述。

三、**段落敘述完整性**：對於段落細節的敘述，能統括所有推展句。

四、**段落敘述連貫性**：對於連貫段落細節內容的關聯詞使用。

五、**段落敘述精準性**：對於大意細節中，關鍵性訊息與關鍵性字詞的判斷。

　　例如：「**荷塘月色**」的第 4，5，6 段歸納成荷塘分景景色的意義段落，由其分段綱要（荷塘景色、荷塘月光景色、荷塘外圍樹景）所歸納的。

　　學生如書寫意義段落大意，有如下三種，教師該如何判斷優劣？

　　這如國際咖啡杯測、國內茗茶競賽，評鑑師依據共通標準的品賞類目給分。但往往在第一名、第二名之間猶豫許久，停駐在特等茶、頭等茶的細微處精挑細選，他們在精緻化的精準度更能掌握關鍵性標準，做出最後決定。

　　教學判斷何嘗不是如此？

　　第一種：「荷塘月光下的景色，真是美麗。」

　　第二種：「荷塘上，荷葉像亭亭的舞女的裙，荷花像明珠、星星、剛出浴的美人。微風過處，荷香如渺茫的歌聲似的，荷葉如凝

碧的波浪，葉子底下是脈脈的流水（4段）。月光瀉下，葉子和花如在牛乳中洗過一樣，又像籠著輕紗的夢。月光隔樹照過來如鬼一般，楊柳的倩影像是畫在荷葉上。塘中月色光與影和諧的旋律，如梵婀玲上奏著的名曲（5段）。荷塘四面的樹色，像一團煙霧，讓楊柳更見豐姿，樹梢上是一帶遠山，樹縫裡漏著燈光像渴睡人的眼（6-1段）。」

第三種：「荷塘上面，荷葉、荷花、微風過處的荷香、荷葉有迷人的美（4段）。月色中的荷塘，葉子和花如夢，樹影像畫在荷葉上，光與影有著和諧的旋律（5段）。月光下的群樹像霧，讓楊柳更見豐姿（6-1段）。」

第一種為總說，**第二種**為詳說，**第三種**為略說。這都符合上述「二、段落主題統一性：主題（主詞、人稱）具有統括細節、分說的敘述。」因其統括著4，5，6段綱要（荷塘景色、荷塘月光景色、荷塘外圍樹景）。

而**第二種、第三種**較符合上述「三、段落敘述完整性：對於段落細節的敘述，能統括所有推展句。」至於詳說、略說的字數要求，依然要扣準概念階層圖的上、下概念階層的主概念、次概念敘述。

究竟大意書寫要不要思考文本特性？語文教育是為文學教育做準備，文學中的美透過修辭表達。這裡的譬喻修辭是為著凸顯摹寫技巧的具體化和美的感受。摘取大意的讀者往往把它視為重點，是因為文學的本質在引發美的感受和美的思想，所以在大意的書寫上常有此困境。

我在個人書寫大意和教導學生書寫大意時，常在這處爭論、區別、歸納，有時往往不得善終，因為當要求自己和學生說出「為什麼你這麼說？你根據什麼思考這麼判斷的？」此時方見教學實務的問題解決功力在於鉅觀歷程的知識分類架構，在於微觀歷程的精緻性判斷。

此時，我常回到「大段綱要」、「小段綱要」的統括性思考。

　　此意義段落的「大段綱要」（荷塘分景景色）必須統括「小段綱要」（荷塘景色、荷塘月光景色、荷塘外圍樹景）。

　　其內容細節可以統括，其文學美感可以統括。

　　因為段落大意的指導語庫是：「這一段都是在說什麼？」。

　　「都是在說」是歸納性的統括詞，統括意義段落的大主題（大主題句）、分段的次要主題為（大推展句）、意義段落的（大結論句）。這時可以換句話說的順敘或倒敘進行書寫。可以長句縮短的書寫，而不失其細節內容重要訊息。

　　自我監控時，我常以綱要架構（4荷塘景色、5荷塘月光景色、6-1荷塘外圍樹景）回頭要求學生，檢驗大意書寫的評量類目。

　　如：

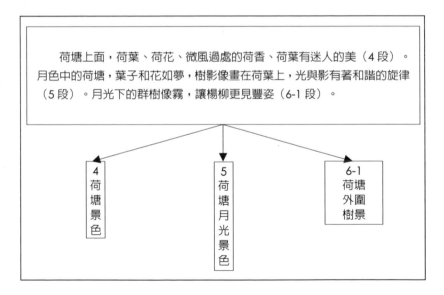

一、小段大意書寫：

　　第4小段（4荷塘景色——靜態荷塘、動態荷塘）**大意：**荷塘上，荷葉像亭亭的舞女的裙，荷花像明珠、星星、剛出浴的美人。

微風過處，荷香如渺茫的歌聲似的，荷葉如凝碧的波浪，葉子底下是脈脈的流水（4段）。

統括為：荷塘上面，荷葉、荷花、微風過處的荷香、荷葉群有迷人的美（4段）。

這第4小段的主題是**荷塘景色**。靜態荷塘次要主詞是荷葉、荷花形態。動態荷塘次要主詞是荷香、荷葉群、葉下流水。

我依據第4小段作者寫作綱要的統括**主詞**（**荷塘**）。統括次要主詞（荷葉、荷花、荷香、荷葉群）**怎麼樣**。統括次要主詞譬喻（像亭亭的舞女的裙。像明珠、星星、剛出浴的美人。如渺茫的歌聲似的。如凝碧的波浪。）成**結果**（迷人的美）。

以句子結構**主詞**、**怎麼樣**、**結果**，摘取統括的內容，寫成一**句**小段落大意。

二、意義段落大意書寫：

在統括荷塘分景景色4，5，6段，景物二意義段落大意，則是依據作者寫作綱要順序，思考此為一個大段落，重新分配段落結構的主題句為（荷塘上面，荷葉、荷花、微風過處的荷香、荷葉有迷人的美。）。推展句為（月色中的荷塘，葉子和花如夢，樹影像畫在荷葉上，光與影有著和諧的旋律。）。結論句為（月光下的群樹像霧，讓楊柳更見豐姿。）。摘取統括的內容，寫成一**段**意義段落大意。

三、結構大段大意書寫：

而景物一大意、景物二大意統括為景物中心描寫大段大意時，依是如上步驟進行著，統括景物中心描寫大段綱要，為「荷塘沿路景色」、「荷塘分景景色」之大意：

荷塘小路景色2，3段景物一大意：

　　今晚荷塘小路旁和四面樹景，只我一個人出離平常的自由，獨處這無邊的荷香月色。

　荷塘分景景色4，5，6段景物二大意：

　　荷塘上面，荷葉、荷花、微風過處的荷香、荷葉有迷人的美。月色中的荷塘，葉子和花如夢，樹影像畫在荷葉上，光與影有著和諧的旋律。月光下的群樹像霧，讓楊柳更見豐姿。

　統括第2，3，4，5，6段景物一、二的景物中心描寫大段大意：

　　今晚獨處荷塘小路和無邊的荷香月色。月色中的荷塘，如夢如畫，光與影有著和諧的旋律。月光下像霧讓楊柳更見豐姿。

四、全篇大意書寫：

　　當進入全篇大意書寫時，我則開始思考全篇文章基架，**引言段落**（我出門1）、**景物中心描寫大段落**（荷塘沿路及荷塘分景景色）、**感想段落**（我甚麼都沒有。6-2）的大綱要。

　　統括引言段落（我心不寧靜，想起月光下的荷塘，便出門。）。景物中心描寫段落（今晚獨處荷塘小路和無邊的荷香月色。月色中的荷塘，如夢如畫，光與影有著和諧的旋律。月光下像霧讓楊柳更見豐姿。）。感想段落（荷塘最熱鬧的是蟬聲與蛙聲，我甚麼都沒有。）摘取統括的內容，寫成一**全篇**文章大意。

　　全篇文章大意：我心不寧靜，想起月光下的荷塘，便出門（引言）。今晚獨處荷塘小路和無邊的荷香月色。月色中的荷塘，如夢如畫，光與影有著和諧的旋律。月光下像霧讓楊柳更見豐姿（景物中心描寫）。荷塘最熱鬧的是蟬聲與蛙聲，我什麼都沒有（感想）。

大意書寫統括性基架示意表

大意書寫	統括性基架
一、小段大意書寫：	句子結構：（主詞）＋（怎麼樣），＋（結果）。
二、意義段落大意書寫：	段落結構：（主題句）。＋（推展句）。＋（結論句）。
三、結構大段大意書寫：	段落結構：（主題句）。＋（推展句）。＋（結論句）。
四、全篇大意書寫：	全篇結構：（引言）。＋（景物中心描寫）。＋（感想）。

　　大意書寫是一個高層次的書寫技巧，依據作者書寫綱要演繹而下，依據作者書寫內容歸納而上，這符合概念階層的上概念、下概念結構。因此在訓練閱讀、寫作技能教學時，教師要求書寫綱要和書寫大意同時進行教學，其意在熟練整理知識的歸納法、演繹法。所有知識的整理亦是歸納法、演繹法，從知識中區分出大知識類目、小知識類目、細微知識類目而已，此為學者所說的鉅觀歷程、微觀歷程。我總是喜歡以「鳥瞰法」來統括鉅觀歷程、微觀歷程。更微觀歷程我則以「放大鏡」、「顯微鏡」稱之。

　　學生的閱讀、寫作，在學習像一隻在天空中翱翔的飛鳥一般，飛高、飛低影響著閱讀、寫作視點。

　　這也影響著身為一位閱讀者，日後閱讀思考的「清晰思考型學術工作者（見林毓生著。思想與人物，聯經出版社。）」、「閱讀文本替代性人生經驗」、「閱讀自我人生經驗」、「監控自我人生信念」。這也是文學家留下眾多文本的言教深意。

　　這也影響著身為一位寫作者，日後寫作思考的「意象」安排、「象徵」安排、「意境」安排。

6.　「荷塘月色」教材分析思考：

　　前述 1-5 均是「原型教材文本」整理成一教材內容知識表，方便教師、學生鳥瞰「荷塘月色」文本。

　　而「**教材分析**」是思考著，這「**荷塘月色——教材內容知識表**」，教師決定要「**教什麼？（教學重點）**」、「**怎麼教？（教學知識）**」、「**為什麼這麼教？**」的教學藍圖設計思考圖（從學科知識而下的學科課程知識，安排成九年一貫課程的橫向、縱向總體知識架構表，各年段教材知識位階，到單元目標、行為目標的知識結體，教學進行活動上的概念形成、概念辨認、概念統整、概念評量）。

　　教學活動流程設計，為教學施工的工序進度（單元目標、行為目標、教學活動工序、教學統整）、**工序品質要求**（教學評量）、**教學實用**（學生可以帶著走的能力）。如下列三個格式圖示，自上而下的演繹思考，配合一個文本的單元教學重點。

一、「為什麼這麼教？」的教學藍圖設計思考圖

九年一貫學習領域課程架構

領域 學科 教學	學科知識		教學知識 PCK		閱讀寫作技能類化學習	
	實用知識	過程、方法知識	一般教育學知識 PK	學科內容知識 CK	閱讀技能	寫作技能
語文領域	語文基本溝通、表達能力	聽、說讀、寫方法	1. 教師學科信念知識 2. 教育目標： 　認知類、 　技能類、 　情意類 3. 教學活動流程 4. 教學法 5. 教學表徵 6. 教學知識統整	全篇 段落 句子 字詞 形式探究、 內容探究	1. 學科敘寫方式 2. 摘要、做筆記 3. 瀏覽閱讀 4. 分析閱讀 5. 比較閱讀 6. 綜合閱讀 7. 發問技巧 8. 讀書方法。P、O、R、S、T	1. 大意書寫 2. 綱要書寫 3. 概念階層圖書寫 4. 簡答題理答書寫 5. 問答題理答書寫 6. 文章書寫 7. 學科報告書寫 8. 學科思考表白書寫 9. 學科學習心得書寫

類別 文本	文本之內、修辭學		文本之外（人生課題、主題教學）			技能發展層次 （聽、說、讀、寫）
	形式探究	內容探究	文本替代性 人生經驗	閱讀自我	閱讀他人	
全篇			荷塘月色	獨處資料	傳記人物	
段落						
句子						
字詞						

（單元文本資料儲備表如上圖）

簡易教學流程模組示意圖

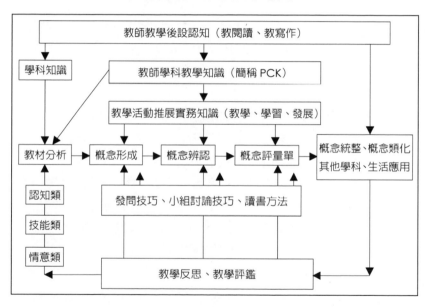

二、「荷塘月色」教什麼（學科內容知識CK）？

當思考「荷塘月色」教什麼？怎麼教？

這教學知識（PCK）的教學藍圖，源自於九年一貫學習領域課程架構，其學科知識橫向架構的實用知識（語文基本溝通、表達能力）與過程、方法知識（聽、說讀、寫方法）。

　　因此「荷塘月色」文本的教學重點，係由文本之內（形式探究、內容探究、修辭學），文本之外（人生課題、主題教學）、技能發展教學層次（聽、說、讀、寫）組成。其學科知識縱向架構，由文本的共同類目全篇、段落、句子、字詞所組成。以多個橫向、縱向架構組合成，一個語文科教什麼的資料儲備表，如下表示意圖。

　　教師是以此語文科教什麼的資料儲備表，理出在「荷塘月色」文本的教學重點，如：

一、文本之內：

　　　　全篇的形式探究內容探究教文本知識架構表：金字塔閱讀與書寫。全篇內容探究的教文本中的人生思想（有、無的人生景象觀察）。全篇修辭學的教文學的虛實相映、烘托安排（作者靜態、動態寫作順序安排）。

　　　　段落的形式探究教段落綱要閱讀與書寫。教空間順序安排。段落的內容探究教段落大意閱讀與書寫。教段落閱讀品嘗（朗讀）。段落修辭學教意象經營。

　　　　句子的形式探究教鏡頭視點（句子書寫）。句子修辭學的形式探究教文學中的映襯（句子本身、句子與句子）。句子修辭學的內容探究教譬喻法（明喻句型、譬喻具象選材來源分析）。

　　　　字詞的形式探究教疊字詞形式技巧。字詞的內容探究教疊字詞（二字、四字詞疊字：副詞、形容詞的重複情緒、節奏感）。

二、文本之外：以「獨處」課程作為一個主題課程設計。

　　　　文本替代性人生經驗，教作者品嘗獨處經驗（朱自清的獨處）。

　　　　文本與自我，教個人獨處經驗（蔣勳、海鷗岳納珊、陸小曼的獨處、晉朝陶淵明的獨處、自我獨處）。

　　　　文本與他人，教傳記人物獨處經驗分享（蘇東坡的放逐、影集韓國名醫許浚的放逐、影集笑傲江湖令狐沖的思過崖、梭羅的林中小屋湖濱散記、少年小說黑鳥湖畔的女巫漢娜、美國詩人艾蜜莉‧狄金生的獨居生活、少年小樹之歌爺爺、奶奶、柳樹約翰、主角小樹的秘密基地、日本俳句大師的清貧思想）。

三、技能發展教學層次：

　　　　傾聽、說話、閱讀、寫作層次，教師依其個別技能發展層次，列出教學重點。

　　　　如閱讀的分析閱讀、比較閱讀或綜合閱讀。

　　　　如寫作的散文書寫、新詩書寫、短篇小說書寫類別的書寫層次評量。

　　　　寫作評量要求規準，是否要結合文學教育的規準思考？

　　　　如文本氣氛、結構鬆緊、文學的虛實相映、意象經營的視覺效果、句型簡約或繁褥、長句短句節奏的急緩、詞藻華麗或樸實、文字張弛等。

語文科教什麼？（文本之內）

語文科教什麼？																			
荷塘月色文本 ——朱自清散文		文本之內																	
		形式探究				內容探究				修辭學									
										形式設計				內容設計			
	語文方法知識	聽	說	讀	寫	聽	說	讀	寫	聽	說	讀	寫	聽	說	讀	寫
類型	文本知識架構 金字塔	一、引言大段落： 我出門1 二、景物中心描寫大段落景物（一）： （1）沿著荷塘小路2 （2）路上獨處3 三、景物中心描寫大段落景物（二）： （1）荷塘景色4 （2）荷塘月光景色5 （3）荷塘的四面樹景6-1 四、感想大段落： 我甚麼都沒有6-2																
	全篇	1.教學文本知識架構表：金字塔 2.教文本中的人生思想（有、無的人生景象觀察）								1.教文學的虛實相映、烘托安排（作者靜態、動態寫作順序安排）							
	段落	1.教段落綱要 2.教空間順序安排				1.教段落大意 2.教段落閱讀品嘗（朗讀）								1.教意象經營			
	句子	1.教鏡頭視點（句子書寫）								1.教文學中的映襯（句子本身、句子與句子）				1.教譬喻法（明喻句型、譬喻具象選材來源分析）			
	字詞	1.教疊字詞形式技巧				1.教疊字詞（二字、四字詞疊字：副詞、形容詞的重複情緒、節奏感）											

語文科教什麼？（文本之外——人生課題、主題教學）

語文科教什麼？																		
荷塘月色文本 ——朱自清散文		文本之外（人生課題、主題教學）												技能發展 教學層次				
		文本替代性 人生經驗				文本與自我				文本與他人								
	語文方法知識	聽	說	讀	寫	聽	說	讀	寫	聽	說	讀	寫	聽	說	讀	寫
文體類型	文本知識架構 金字塔	一、引言大段落： 我出門 1 二、景物中心描寫大段落景物（一）： （1）沿著荷塘小路 2 （2）路上獨處 3 三、景物中心描寫大段落景物（二）： （1）荷塘景色 4 （2）荷塘月光景色 5 （3）荷塘的四面樹景 6-1 四、感想大段落： 我甚麼都沒有 6-2																
	全篇	作者品嘗獨處經驗（朱自清的獨處）	個人獨處經驗（蔣勳、海鷗岳納珊、陸小曼的獨處、晉朝陶淵明的獨處、自我獨處）			教傳記人物獨處經驗分享（蘇東坡的放逐、影集韓國名醫許浚的放逐、影集笑傲江湖令狐沖的思過崖、梭羅的湖濱散記、美國詩人艾蜜莉・狄金生、少年小說黑鳥湖畔的女巫漢娜、少年小樹之歌爺爺、奶奶、柳樹約翰、主角小樹的秘密基地）											
	段落																
	句子																
	字詞																

三、「荷塘月色」怎麼教（一般教育學知識 PK）？

依據文本知識架構，教師開始思索教什麼的教學重點後，在進入怎麼教的思考，包括：1.教師學科信念知識。2.教育目標：認知類、技能類、情意類。3.教學活動流程（準備活動、發展活動、綜合活動）。4.教學法（小組討論教學法、發問技巧教學法、蓋聶教學事件法、班都拉觀察學習法、歐斯伯前階組織法、歸因理論法、合作學習法）5.教學表徵。6.教學知識統整。

一個教師在閱讀文本時，讀出什麼？和讀出些什麼？將影響一個教師取決的教學重點，會放在那一個面向思考？

換言之，教師拿到任何一個文本，如果不考慮教學節次的限制。

教師窮盡一個文本，可拿來教導學生那一些教學內容重點？

這也是在逼近一位教師訓練的監控性思考能力。

自追朔東、西方文學思想，東、西方文學教育，現今的語文教育思考。讀出文本的諸多面向探討，再理出教學重點後，才是教材分析敘寫的開始。由此教學重點作為單元目標，細分出行為目標，再依行為目標編寫教學活動節次。

而教學活動之前的教材分析，當盡其完善地呈現文本知識架構概念階層表、教師閱讀時的閱讀思考、教師由原型教材轉入教學教材的教學設計思考、教學重點綱要。如此以方便教學觀摩學習者，鳥瞰整個教學藍圖，品嘗教學施工工序的生手教師、熟手教師、專家教師的教學實務操作經驗。

7. 「荷塘月色」教材分析：

在「荷塘月色」文本，一位教師想像可以教些什麼時？我依據自己的資料儲備表，列出可以進行教學的主要重點。

　　但在實際進行教學時，我需視學生的先備知識經驗、教學年級的課程思考，理出我最想要進行的教學目標項目：**「獨處」主題教學**。

　　以「獨處」主題教學，理出單元目標、行為目標。

　　因此，**教學教材的「教材分析」**係針對「一、文本之外：朱自清在荷塘月色文本中的獨處經驗探究」開始。配合課外教學補充資料文本，以比較閱讀、綜合閱讀的資料儲備表模式，進行**「獨處」主題教學的教材分析思考**（交待為什麼要這麼設計的教學思考？交待在荷塘月色文本中，我為什麼這樣讀的思考？交待「獨處」主題教學的課程架構藍圖？），最後才是**「教學活動設計」**書寫。

　　「獨處」主題教學的課程架構藍圖：

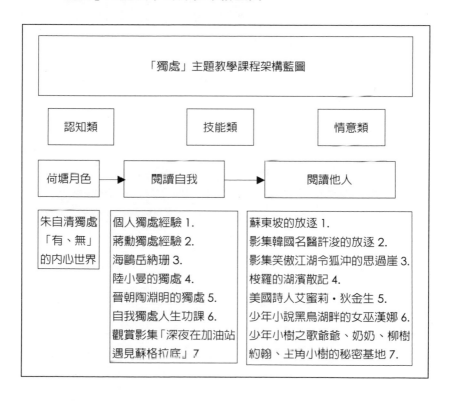

「獨處」主題教學課程架構藍圖

認知類　　技能類　　情意類

荷塘月色 → 閱讀自我 → 閱讀他人

| 朱自清獨處「有、無」的內心世界 | 個人獨處經驗 1.
蔣勳獨處經驗 2.
海鷗岳納珊 3.
陸小曼的獨處 4.
晉朝陶淵明的獨處 5.
自我獨處人生功課 6.
觀賞影集「深夜在加油站遇見蘇格拉底」7 | 蘇東坡的放逐 1.
影集韓國名醫許浚的放逐 2.
影集笑傲江湖令狐沖的思過崖 3.
梭羅的湖濱散記 4.
美國詩人艾蜜莉‧狄金生 5.
少年小說黑鳥湖畔的女巫漢娜 6.
少年小樹之歌爺爺、奶奶、柳樹約翰、主角小樹的秘密基地 7. |

　　朱自清獨處「荷塘月色」「有、無」的內心世界：

　　這是三十五年前，就讀中學的一篇文本，記得當時國文老師朗誦課文的陶醉神情和聲音。

　　他嘖嘖稱奇地說：「這篇文章很美。非常的美。」

　　我讀完了課文、背誦了字詞註釋、考完了試。

　　腦子裡能記得的一件事是，只要看見生活具象的荷花，就會想到「王冕的少年時代」，課文中的一大片荷花田插圖，這總令我心儀。就會想到周敦頤「愛蓮說」中的蓮花「出汙泥而不染」。就會想到有一個作家朱自清寫了「荷塘月色」、寫了「背影」、一個作家胡適寫了「我的母親」。

　　我的閱讀印象停留在人物，那肥胖的身軀買了橘子在月台、軌道的落差中，爬上、爬下。胡適母親舔了他的眼翳病，我想那流膿的黃顏色，讓我想著他母親的偉大。

　　農村子弟的孩子，第一次看見荷花是台南市公園的荷花池，那時小學三年級的鄉下人進入都市，只想著玩，搞不清楚大人走路為什麼這麼慢？眼珠子為什麼老是停在荷花池上？第二次看見荷花已是十七歲。我只好奇它怎麼能伸出水面這麼高？荷葉為什麼這麼大？

　　文學、文字無感覺的我，只能和漫畫書為伍，好小子林鋒、怪醫黑傑克是我的閱讀全貌。小學時，我想去海邊，因為海鷗岳納珊。沒想到台南縣馬沙溝海域，我看見群群的白鷺鷥，只想著怎麼捉一隻回家養著玩。

　　或許，因為全「無」、「貧乏」的文學印象，讓我想著：「無知，可以使人內心平靜。」

　　直到我當上一位國小老師，面對語文科教學，我站在講台上的不自在，讓我不停歇地抱著國語課本，問著：「這裡頭有什麼美？那位國中老師朗誦多次的聲音傳達著美麗，這裡頭一定有什麼東西？讓他如此愛不釋手。」

　　他也愛朗誦麥克阿瑟「為子祈禱文」，主啊——這呼告至今歷歷在目。至今遙想李老師在中年之中的「教師語文學科信念知識」，定是叩準著他自己的人生歷練而來的。

　　許多體驗往往是年齡到味了，才能自然到家。

　　二十歲時，常常笑話父親的老花眼：「看報紙一定要拿放大鏡？你表演得太離譜了吧？」母親穿針線的距離愈來愈遠，我在一旁逗趣後，她會交給我來完成這一粒沙中見世界的真功夫。那時，我不懂上天在身體上的輪迴設計。

　　現今五十歲了，拿起書本閱讀文字，驀然回首，身歷其境，只在目前。時間到了，該懂得的也懂了。

　　後來，為了教班上孩子們書寫童詩，我在 1990 年開始練習寫作。

　　一個從「無」到「有」的自我練習階段，我想從生活中的現場影像，轉換為文字敘述。我面臨的書寫困境，就是孩子們面臨的書寫困境。

　　身為一個教師，我觀察自己的書寫技能練習歷程，自我教學相長——「自我閱讀作家書寫技能——楊喚、泰戈爾、少年小說作家斯匹爾的黑鳥湖」類化在「自我寫作童詩、短篇教室小說」。

　　因為書寫，我開始愛上大自然，愛上文字之美。因為書寫，我開始愛上閱讀文本。因為書寫，我開始愛上自己的「教師語文學科信念知識」——透過「閱讀文本替代性人生經驗」、「閱讀自我」、「寫作自我」，讓自己這個人，是天地之間的一個藝術創作物，完成「人」這個作品。

　　而「荷塘月色」文本，作者的寫作綱要順序，是依一般性記敘文類別，以記景特殊性文章基架 **引言** 、 **景物中心描寫** 、 **感想** 三大段落架構的，步驟性綱要如次：

「荷塘月色」步驟性綱要：

一、引言大段落：

我出門 1

二、景物中心描寫大段落景物（一）：

　(1) 沿著荷塘小路 2

　(2) 路上獨處 3

三、景物中心描寫大段落景物（二）：

　(1) 荷塘景色 4

　(2) 荷塘月光景色 5

　(3) 荷塘的四面樹景 6-1

四、感想大段落：

我什麼都沒有 6-2

其段落大意、全篇大意，如前述文本基架表（金字塔）：

此文本令我想解析朱自清獨處「荷塘月色」，獨處「有、無」的內心世界，是因為首段的敘述（這幾天心裡不寧靜。──忽然想起日日走過的荷塘，──我悄悄地披了大衫，帶上門出去。）、尾段的敘述（這時候最熱鬧，要算樹上的蟬聲與水裡的蛙聲；但熱鬧是牠們的，我什麼都沒有。）

這「首、尾呼應」上令我沉思許久。

在文本的景物中心描寫，朱自清先生獨處「荷塘月色」之美（2、3 段）、（4、5、6-1 段），無論是靜態之美、動態之美、月光下的荷塘之美，可謂描寫細膩、情景交融的內心獨語之美。

人生至此，該是享受一種超乎人生現象之外，獨享大自然中的和諧意境，如文學上的「超乎象外、得其環中、得意忘言」、「欲辯已忘言」的人生心境。

奈何最後一句卻是下了：「但熱鬧是牠們的，我什麼都沒有。」

身外之物、身內之物的「外」在世界、「內」心世界的鮮明對比。

　　當人生發出一個內在聲音「我什麼都沒有。」時，是一種自我否定、蒼茫、比較後的寂寞、空虛、孤單、害怕、恐懼，自我評估未能立下內心社會地位的功課。依此，他沒了可依、可靠、可倚的內心世界。

　　如此不去注意景物中心描寫（一）、（二），只把尾段呼應首段的「這幾天心裡不寧靜。（首段）」、「我什麼都沒有。（尾段）」，這倒是說得過去。朱自清還是留在心裡不寧靜的牢籠裡，不得解脫，所以內心留不住荷塘月色的靜謐世界。

　　但是「我什麼都沒有。（尾段）」呼應「景物（一）、景物（二）」的大段描寫，卻是說不過去的。

　　例如：

　　二段：「今晚卻很好2」。

　　三段：「這一片天地好像是我的；我也像超出了平常的自己，到了另一世界裡。3」、「便覺得是個自由的人，3」、「這是獨處的妙處；我且受用這無邊的荷香月色好了。3」。

　　四段：「葉子出水很高，像亭亭的舞女的裙。4」、「有嬝娜地開著的，有羞澀地打著朵兒的，正如一粒粒的明珠，又如碧天裡的星星，又如剛出浴的美人。4」、「微風過處，送來縷縷清香，彷彿遠處高樓上渺茫的歌聲似的。4」、「這便宛然有了一道凝碧的波浪。4」。

　　五段：「薄薄的青霧浮起在荷塘裡，葉子和花彷彿在牛乳中洗過一樣；又像籠著輕紗的夢。5」、「但光與影有著和諧的旋律，如梵婀玲上奏著的名曲。5」。

　　文本由「起（1）、承（2、3、4、5）」到第6-1自然段落的「轉（6-1）」：「這些樹將一片荷塘重重圍住，6-1」、「樹色一列是陰陰的，乍看像一團煙霧；6-1」、「樹梢上隱隱約約的是一帶遠山，只有些大意罷了。6-1」、「樹縫裡也漏著一兩點路燈光，沒精打采的似乎是渴睡人的眼，6-1」扣緊著「合（6-2）」：「我什麼都沒有。

6-2」，凸顯著「承」陽性的靜謐和諧、「轉」陰性重圍無力感的心境對比。

處在人生逆境上的跌落處「重重圍住」、「陰陰的」、「隱隱約約的——只有些大意罷了」、「沒精打采的似乎是渴睡人的眼」是一危機，也是一轉機。

如「這時候最熱鬧，要算樹上的蟬聲與水裡的蛙聲；6-2」，寂靜空間中的「蟬聲」、「蛙聲」可謂是一一棒喝人生思維的時機。

「一語驚醒夢中人」、「一棒了卻人間事」、「一聲令下，主客分明」、「立竿見影」、「一粒沙中見世界」、「落葉黃花均是菩提」、「竹影掃街塵不動，月輪穿海水無痕（大顛和尚注心經）」這等的生命觀照需親見、親證、自肯的「對己反照，窮究見聞，先取見性，次弟入頓，決無凝滯，終到牢關設或（大顛和尚注心經）」、「所以灌溪道，十方無壁落，四面亦無門，大道無邊際，虛空難度量（大顛和尚注心經）」，由是非「落花難上枝頭」的輕嘆，轉入「化作春泥更護花」的內心意境。

但若是另外一解，詮釋「這幾天心裡不寧靜。（首段）」、「我什麼都沒有。（尾段）」，首、尾段呼應朱自清刻意留下的，未說出的語句為文學留白：「我什麼都沒有——」，這「——」可以填上什麼句子，將左右閱讀者的所有思索。

A 句例如：「我什麼都沒有，**沒有不寧靜。**」

B 句例如：「我什麼都沒有，**沒有熱鬧的心情，只有荷塘月色。**」

C 句例如：「我什麼都沒有，**悄悄地另一番樣子。**」

D 句例如：「我什麼都沒有**留下。**」

如果，朱自清定題「荷塘月色」是要凸顯 A 句，例如：「我什麼都沒有，**沒有不寧靜。**」那他的心情終而獲得平靜。

或定題是要凸顯 B 句，例如：「我什麼都沒有，**沒有熱鬧的心情，只有荷塘月色。**」那他的心情終而獲得**荷塘之美、月色之美。**

　　或定題是要凸顯 C 句，例如：「我什麼都沒有，**悄悄地另一番樣子。**」那他的心情終而獨享自我對話，獨處一人月下散步的沉思。

　　如果，朱自清定題「荷塘月色」是要凸顯 D 句，例如：「我什麼都沒有**留下。**」那他的心境，沒有了「荷塘月色」，沒有了不寧靜。

　　如次詮釋，則原文的「我什麼都沒有。」會比 D 句「我什麼都沒有**留下。**」來得更令人遐想。

　　只下個定題「荷塘月色」統括「我什麼都沒有。」留給所有的讀者自由反應。

　　物歸物，人歸人，獨留客體是這個樣子的現象幻變，彼此經過，船過水無痕。

　　「我、荷塘月色」都是身外之物的客體。主體根本無立錐之地的全「捨」、全「得」，直至「無一法可得」的「無我」之境地，這又是另外一番詮釋。

　　這更需引用佛教的「成唯識論」，由「空性」的體悟來詮釋最後一句的「我什麼都沒有。」並對照朱自情全集中的散文作品，是否有引證支持閱讀者的這一思考。

　　因此，我為「荷塘月色」定題加入了「荷塘月色的人生」或是「人生的荷塘月色」。把文學作品中的重要任務──「人生」課題，加入閱讀、思考課程。以此來閱讀朱自清獨處「荷塘月色」，獨處「有、無」的內心世界，是個如何的人生景況？

　　由此教學歷程，亦可引導孩子敏感「寫作定題」、「首尾呼應」、「文學留白」的思考樣式。一篇好的散文是環環相扣的，「末句呼應首句」、「末句扣準定題」、「末句成為各個段落的伏筆、象徵」、「末句凸顯定題的意象思維」。

　　最終，文學閱讀是為著「啟迪人生」。

　　朱自清有他的人生課題「心裡不寧靜。」

　　這並不是我，這並不是閱讀者的自己。

　　我們可共感、共鳴作者的有情世界，但畢竟受用時，「他是他，我是我，兩無交涉。」

　　我們可由朱自清「荷塘月色」文本中的替代性人生經驗，擴展自己要的人生。

　　亦可由其它文本的替代性人生經驗閱讀、實踐、反思，以擴展自己的人生。

　　例如：觀賞影集「深夜在加油站遇見蘇格拉底」其主角的替代性人生經驗，是由「心裡不寧靜。」轉入師父的人生課程訓練，那種「未經舉起，已見分明（大顛禪師注心經語句）」的「直下」每一秒、每一刻，都在瞬間變化的「專注」覺知經驗，讓主角再次回到雙環體操訓練上，找到人生最重要的在於路途中的內心世界，而親證自肯自己的內心世界無窮無盡。

8.　人生功課教學類目

人生功課	
教學目標	一、身體的覺知與健康。
	二、認知心理的內省智慧。
	三、人際平衡的社會化人際智慧。
教學主題	一、認知目標，技能目標，情意目標。
	二、看見自己的什麼？（價值觀？想法？行為？）。
	三、看見自我的生命歷史（生活經驗在個人生命史中的意義是什麼？）
	四、看見自我的人生功課。
	五、這輩子我認為最重要的是什麼？（我想要過什麼樣的生活？）。
教學類目	一、覺察內在感覺是什麼？為什麼有這樣的感覺和情緒？
	二、覺察個人探索的經驗內容有那一些？舉出完整的具體事件並說出來？
	三、對經驗內容的了解或詮釋出意義來？（價值觀？想法？行為？）儘量用一句話說出來。（語言統整與語言導引行為）
	四、再看一次這一些經驗，你發現了自己的什麼？或看見什麼？說出對自己認識的樣貌？（後設認知的生命意義）

五、在生活中，你會如何表現自己的生活和行為？（生活應用？）。
六、你給自己的人生功課是什麼？（在生活中以行動實踐人生？）
七、在生活事件中，我把什麼看得最為重要？
八、我把自己看成什麼？
九、我把別人看成什麼？
十、我這樣完成我自己？自己覺得滿意嗎？

9. 為什麼我選擇「獨處」作為一個主題教學設計：

　　1986 年我服完常備兵役，第一年在南投縣仁愛鄉親愛國小的泰雅族、布農族部落，進行小學教育行動的第一年。

　　我自己一個人住在部落。

　　民國 75 年的山區夜間是平靜地與外界隔離的。

　　接外線電話需由是村裡的貨物集散地，透過廣播器，廣播：「親愛國小黃連從老師，等一下請來商店接電話。」

　　這裡的部落經濟資源是香菇、梅子、紅肉梨。相思木栽培的分級香菇，一公斤賣價新台幣 1200、800、600、400 元不等。梅子、紅肉梨一公斤賣價新台幣 5 元，合作農場統一收購 6 元。

　　冬季是滿山的梅花放開自己的思維，雪白這裡的一切簡淨。山櫻花紅得滿樹，站在教室前廊十五公尺處，沒幾分鐘就落櫻繽紛一回鮮情。冬季的升旗典禮，不知是看國旗，還是看櫻花？

　　四、五月的教室窗外，滿山坡的野百合花，怒放青春。

　　萬大發電廠分校旁的碧湖，是我離開山區的必經之地，我常在這處冥想：「一處青翠的山靈，圍起一個翠綠的湖泊，靜謐地躲在這裡，靜靜的。」

　　這裡無處消費，騎摩托車到埔里鎮尚需費時一個半小時。我懶得出門。

下了班，回到部落平房，繞過我的萬大溪，在屋前百公尺處晝夜徹響。

剛進進入夜晚七點鐘，沒了路燈，散了幾處的部落木造屋，只一盞小燈炮，此起彼落的，讓人知道那兒有個山居人家。

夜間拿著手電筒外出，山居人家的階梯如梯田般散落，聞得到屋內燒木材取暖的煙燒味、酒味、醉酒後的泰雅族歌聲，如桃花源記裡的「陶淵明」。

我通常從晚間七點夜讀直至凌晨一、二點，躺在床上靜聽溪水川流，這成了我的生活習慣。如果晨間五點就醒來，是為了拜訪晨霧瀰漫整個村莊、小路的神仙生活，人是在霧裡行走的，仙人啊。

也因為在這一年的語言不通，我在「獨處」中，穩定了自己的工作習慣、工作態度。漫漫長夜，我需要自己想、自己來點什麼事做、自己生活在自我決定的小世界、大宇宙中，沉思、默想。

從人生「歸零」開始，我精讀了一些教育書籍。我喜愛「0」這個數字，新的開始。

當我還是小學生時，「魯賓遜漂流記」教材讓我印象深刻。或許小時候的內心情感挫折時，一直想著離家出走。所以這一課文本吸引著我的潛意識，像一種和內心深處的自己對話一般，一種享受內心獨白的幸福感，自己說話給自己聽，和大自然生活在一起，自己渺小著許多。現在閱讀「魯賓遜漂流記」卻失去我要的那種「內心獨處」的感覺，「獨自與自我相處」的課程，沒能在「魯賓遜漂流記」中找得到。

1988 年下學期，開始為四年級的孩子，上國中教材「背影（朱自清）」、「荷塘月色（朱自清）」、「黃河結冰記（劉鶚）」、「記張自忠將軍（梁實秋）」、「再別康橋（徐志摩）」、「桃花源記（陶淵明）」以建立典型的文章基架和分析作者思考。

上從報紙副刊上剪下來的文本「看不見（袁瓊瓊）」、「初旅（東年）」。

1987-1988 年我開始閱讀老子道德經、六祖壇經、般若波羅蜜多心經、新約聖經，開始學習禪坐、靜心實務。

這時發現「獨自一人的生活型態」所要面對的內心孤寂、意志，實是不易。

「獨處一人與自我相處」更是不易，嘗試面對價值觀的自我誘惑、自我交戰、自我對話，雖是精采倒也是最深刻的面對自我。受過教育的文化集體潛意識，會一不留神的在禪坐中流出來，像水流不知流向何處的孤單。早年的生活經驗歷歷在目，要求你再度的逼近自己，再閱讀自己。

此時，必須有你自己的語彙、自己的詮釋統括生活中的一切概念，你才能暫時性的安置自己一段時間，暫時性的內心平靜。時間一久，探究內心世界的「獨處」課程，便成為一個人文課程。身為一個人，有必要把「了解自我」當成是自己的人生課題。

「獨處」的經驗，亦是一個人生的重要經驗資產。此「支援意識」亦是面對如艾瑞克森所提的人生發展八階段的成長任務。青年時期的自我放逐與追尋、中年期自我認同的中年危機、老年期的孤獨與慈悲。

學校教育課程，強調群體性的「與他人相處」，卻忽略了個人性的「與自我相處」的「獨處」教育課程。東方儒家思想文化設計在群體思維，西方思想文化設計在個體思維。這「群體」、「個體」的文化思維方式，亦是日後文化交流的衝擊點。

1989-1991 年，我選調高雄縣任教。自己租一個三合院平房，自己一人。

在這裡三年，我固定的生活工序，讓我喜愛一個人在書房閱讀、泡茶、學習寫作、學習自我禪坐、靜心實務。

連續假日，我會帶著一個羽毛睡袋，騎著摩托車外出。獨自一人獨處曠野的深夜，看眼前的滿天星斗與我如此接近。

　　在溪頭孟宗竹林裡獨坐三、四小時，剛開始清晰的溪水聲潺潺流動，竹莖輕輕搖動的嘎響在竹林中迴盪，綠色的竹葉稀稀疏疏的往天際纍疊，幾萬粒光線掉落在竹林中，光影群舞視覺的立體感。人呆坐在這裏頭，如岩石旁的一片枯葉，深黃色的葉脈鑲嵌在深黃色的葉面底，從葉梗拉到葉尖收筆的葉脈紋路，彷若剛進竹林時，我踩在鋪在泥上落葉的窸窸窣窣。輕輕的聲音和沒有留下腳痕的腳步如一紋路，你不會特別注意。倒是立在竹林中的一些岩石會吸引對比視覺的你。

　　在藤枝森林遊樂區閒憩，森林中的氣息爽涼地，讓你忘記外面的世界，你直往森林深處行走，這裡有自然的語言，似有聲似無聲，一丁點的聲音都會迴在耳蝸邊緣繞上幾回，你感覺到了山風拂動的耳語，極其清悄。入夜，晚蟲合鳴，你的禪坐與牠們合成一處不停震動的鳴，如八月暑夏蟬聲震動後的餘波盪漾。

　　有次在佛光山觀音殿，瞬時的嚎啕大哭一回，如急驟雨，大殿上的其他參訪者和我都不明所以。找到了荖濃溪旁的廣欽老和尚寺院，他多年前已往生淨土。看著他的法照，清清楚楚的一個行者，一串星月菩提子念珠雙環頸間。

　　如此簡淨的生活實務，我開始閱讀「弘一大師傳」、「密勒日巴尊者傳」、「指月錄」。為兩屆的畢業班上「看不見」、「初旅」、「老鼠變老虎」、「模仿貓」、「天地一沙鷗」、「小子難纏（一）、（二）、（三）集電影導賞」、「站在我這邊影集」、「李冰治水──都江堰工程美學」。為他們說導師時間故事「密勒日巴尊者傳」。

　　這段周六、周日時間，我常回家陪在父、母親身邊開扯。

　　兩把竹椅子，在鄉下 10 坪大的店面前和柏油路邊，說了四、五個小時的話。每次都是我主動邀她聊天，母親是個善語者，串門子是她的專長，我愛聽她。

　　我愛讓她牽著手，現在是她愛讓我牽著手，逛台南市友愛街、遠東百貨公司。

　　白天，我是父親的寸步不離，依樣畫葫蘆閒扯生活。父親是個人文生活者，我愛聽他。

　　我開始注意著，如何介入他們的中年危機、老年危機？

　　「回憶」、「給回憶經驗重新下定義」、「統整價值觀」，我們都私下分享著「內心的戀人」、「人的尊嚴」，靦腆的神情在一個有皺紋的人臉上，是一種難得的美感；容光煥發的神采在一個老花眼的人臉上，是一種難得的美麗。

　　1990 年，父親往生淨土。我選擇了「往」、「生」的生命概念。

　　回憶中父親臨終前一年，對我說的話猶言在耳，父親那時溜下晶瑩感性的淚水，說著：「從啊，阿爸這一生，沒有遺憾。」我們都是一種「新生」。

　　能如此，是因為我在自我「獨處」中，「閱讀自我」。

　　「閱讀自我的早年生活歷程」看著自己的童年事件，被壓抑的情緒、感受、對人事的價值觀，我一一為這一些自我意識賦予新的意義、詮釋。

　　從這處找到新的泉源，仿佛是一種自我受洗的經驗資源。以自己的新經驗為寶血，為舊經驗的許多面貌一一受洗。

　　看著我在教學中，鼓勵孩子，讓「獨處」的內心經驗浮上教學檯面，我們全班一起來面對祂。如同父親陪著我，在小學教室進行教學一般。

　　「教學即輔導」也漸次地被發展成「閱讀自我」、「情感教育」、「獨處」課程。

　　1991 年 5 月，我的大女兒出生，我學著「做一個父親」。母親學著「新的育嬰語庫。」她常對孫女說：「阿妹，妳爸爸瘋了。什麼都讓妳玩。」

　　六祖壇經：「有情來下種，因地果還生。無情亦無種，無性亦無生。」

　　因著有情，我們向父母親借了這個肉身寄居，當善用每一次因緣，在教育中為孩子啟發一些人性善良的因緣種子，讓這個世界多一些樂趣。

　　像金庸武俠小說笑傲江湖中的主角令狐沖，雖是行不由徑的真性情，卻是一路為他人喜樂的內心慈悲力，讓自己獨處於天地之間。

　　許多人物任我行、左冷禪、岳不群、方證大師、沖虛道長——都令我們能在人世間找到無明、清明的人生圖譜，一一對照。

　　每一棵樹，每一天做的功課，都比人類多出許多，自然地演化一切生滅。

　　真不知人類在思考著什麼？

　　1992-1994 年，我選調台南縣任教。特地向學校要了一班「二年級」進行教學，這教學語庫的落差，讓我重新學習。我的「教學表徵」必需「具體教學生活實務操作」。

　　證明看不見的「空氣」佔據看得見的空間；「小動物」，實際把一隻小鴨子，扶養長大成人；像「伯勞鳥」一樣飛翔、遷徙，在操場上飛了兩節課。這時的「獨做」課程，獨立作業。強調的是「生活操作上的專注、操作工序分享」，這成為「獨處」課程的先備經驗「專注」、「作業工序」，這也成為生活世界「有」的依靠點，從對父母親的「依賴」漸次走向「獨立」。這個班級帶了二、三、四上學期。為孩子上「蘇斯博士繪本」、「宮崎駿影集」、晨間導師時間講「牧夢（水牛出版社）」、「爸爸真棒（純文學出版社）」。

　　每日的靜坐課題，也成了我的固定生活工序。閱讀「克里希那穆提」、「聖典博伽瓦談」、「奧修」、「傳習錄」、「月溪大師著作」、「金剛經」、「達摩祖師論集」。親證「達摩祖師論集」中的部分文本資料。

　　1995-2004 年，我選調花蓮縣任教。一種想隱居的內心優先需求，在光復鄉學校落腳。

　　玩台灣烏龍綠茶、玩台灣 30-40 年老烏龍茶、玩濕地、玩散步鄉間小路、玩富源森林遊樂區、玩家門前約 50 公尺的小溪流。

　　玩「靜坐」依然是每天的固定工序。皈依懺雲老和尚，閱讀虛雲老和尚開示錄。皈依密教體驗氣脈明點的理論基礎，密教的長時間閉關特別吸引著我。舉凡一些大成就者，均經驗著獨自一人的行腳修行。也只有在此地，方能成為一個明白人。

　　閱讀「阿含經」，探索宗教人物的「獨處」是在完成什麼重要課程？

　　帶著讀幼稚園的孩子，玩耍童年生活。二女兒五歲回到我們身邊，當大女兒三、四年級的導師，教「少年小樹之歌（小知堂出版社）」中的人生秘密基地「獨處」課程、「牧夢」耐心的等候，直至能力儲備好了時，說出「現在該我了——米久」、講「黑鳥湖」少年小說中，女巫漢娜獨處的大草原。

　　2001-2012 年，甄選調任國立台東大學附設實驗國民小學。

　　因為汪履維校長的協助，我獨自一個人住在宿舍。每天約有八個小時的時間和自己相處，我給自己規定，這是自己的私人上班時間。

　　夜的靜謐，極為漫長。這脫離人群的默劇，不好演。「獨處」地走入內在世界，小心翼翼地摸黑前進，直到一片光明，森羅萬象，如人飲水冷暖自知。

　　蔡志忠漫畫中的「老子說」有一篇畫著：「那邊在戰爭，很危險。」漫畫旁邊畫著一位老頑童，在外頭走來走去，閒晃人生，說著：「你不要進去，就不會有危險。」我學著。

　　有一段時間，硬著來上一回，醒著便「禪坐」，累了便「睡覺」，我稱它為「集訓」課程。像球隊的集訓訓練，不假造作。每天操練自己一回合、二回合、三回合……。

　　虛雲老和尚說的直接訓練是實在的，密教說的「自上而下，自地而起」也是紮實的功夫。

在附小，我常把「獨處」、「兩性教育（生理學、心理學、社會學）」、「閱讀人物」當成是一個主題課程，給孩子一個自我體驗的操作課程。

給孩子一個意見：「人的一輩子，都需要經過這一個關卡，才是了解自我、穩定自我的基石。寧靜──致遠。」

生命流轉的記錄器中，有個暗室的小盒子，彷若進入暗房沖洗照片一般暗黑。

進入這小盒子中，許多個密密麻麻的小格子，有順序地疊合成資料庫，如一倉儲。

每一個小格子，都是某一世的秘密檔案。

進入檔案格，個人某一世的生活紀錄影集，再次被觀看、被閱讀。真實的幻影述說個人的過去時光，點點滴滴。

你可以由服裝文化辨認地球上的國度，你可以由前後文化辨認朝代上的先後順序，你會確認那個歷史上的你，如臨現場。

他不再是現在的你，是融入在你現在某個人生時間的位置，再現一次真實性的假合。

許多影集擷取的片段，剪輯成我們的這一輩子。每一個發生的生活事件都非偶然，是一次次因緣和合的必然性複製。

複製在「身、口、意」的「貪、嗔、癡、慢、疑」，複製在「眼、耳、鼻、舌、身、意」，搭配「色、聲、香、味、觸、法」，在內心最寧靜的時刻，自然亂序播放人生戲碼。

因此，心理分析理論、現象學、腦科學研究取得的「切片」樣本，同樣成為困惑的學說。我們都走在迷宮之中，「獨處」、「靜心」的功夫會讓人的臨終關懷得以實證：這是一種安排，像走出電影院後的所有心情。你會正式為自己的每一個時刻觀看。

看看就好，我們繼續往前走，直下每一個腳印的時刻，做個最佳角色配合演出，走玩這一世的影集。像地藏菩薩本願經中，覺林

菩薩讚嘆地藏菩薩的偈語：「心中無彩畫，彩畫中無心。然不離於心，彼心恆不住，微妙難思議。」

所以蔣揚欽哲仁波切寫了一本書——「人間是劇場」。

10.　「獨處」課程實務操作階段：

（參閱教學河戀——教室小說工房。第七章獨處　p.147-194。台北，秀威出版社，2010.5.）

第十八章　主題教學

1.

　　1966 年以「反詮釋」一書成為大學校院經典的蘇珊・桑塔格在「土星座下」一書中寫「走進亞陶」這位提出「殘酷劇場」理論影響二十世紀前衛劇場的法國劇作家、劇場理論家、詩人、演員和導演。亞陶青少年時期即開始閱讀韓波、波特萊爾、艾倫・坡。其中的文句：

> **「根據浪漫主義派的感性觀點，藝術家或哲學家所生產的東西，做為一種具有規制性的內部結構，包含了對於主體性勞動的描述。作品的憑證是來自於它在某個獨一無二的存在經驗中所佔有的位置。摘自麥田出版社 P.30」**

　　我開始追根自己在教學上的內部思考，究竟是一個怎樣的內在需求，讓我在許多主題教學中，符應著我的內在敘述線索？

　　因為從小學三年級開始就服侍著雙腿殘廢的父親。我深愛著他，愛他的人文素養、藝術觀點、待人處世、一種二年級生世代所具有的社會集體潛意識：在土地中所衍生的生活意志。

　　但是內心的衝突往往令我走在「反叛」生命、「挑戰」生命之間游移。

　　我極需面對的是自我內心世界，這股莫名所以的意識能量。

　　我當上了小學老師，我該如何把自我當成一個課題，在小學課堂教學中以一個「公共領域」，帶著我和孩子們走出一個新的生活面相？

　　從小學三年級開始，就跟著母親勞動，遊走在社會圈的人際互動，我是個觀察學習者，看著母親為著一個正義原則而不讓鬚眉，

談判對談的觀點不是在人身上，而是在一個理路的內在思考表白與敘述。

她是一個活在是非分明的價值觀中。我深愛著母親，愛她的正義素養、人生信念、待人處世乾淨俐落、也是一種二年級生世代所具有的社會集體潛意識：在土地中所衍生的生活意志，認同宿命與甘願。為身為一個女性發出該有的聲音。

但是這內心的衝突往往令我走在「建立人際關係系統」、「破壞人際關係系統」、「向生命妥協」、「堅持走完人生全程」之間游移。

我極需面對的是自我內心世界，這股隱隱約約的意識衝突能量。

我當上了小學老師，我該如何把人際互動當成一個課題，在小學課堂教學中以一個「公共領域」，帶著我和孩子們走出一個新的生活面相？

一直尋求著父母親這心中「重要他人」的認同，到做為一個小學老師的教學自我認同，直到反思該是以輔導理論回過頭來，協助自己的父母親走出內心的諸多早年陰影成為臨終關懷，陪伴的哲思讓每一步都有看見自己的時刻。

父母親認定一個孩子真的長大了，才是他們放心的開始，這才是祝福的開端。

做好自己的生活成為基本功課，每一天的行、住、坐、臥開始有慢工出細活，開始有見、聞、覺、知，開始有色、聲、香、味、觸、法，體驗每一個時刻供養我們的所有內容無一不是菩薩之心，直至佛教空觀的熟練度訓練，成為一個自由的意識狀態。

最後宣稱：我做了一個這樣的小學老師。我只是在面對自我課題，許多孩子陪伴著我走過這一段路，讓我更加愛己、愛人。

2.　「第一次經驗」主題教學

小學教育是啟蒙教育階段，我們該給出什麼？

經驗的啟蒙（舊經驗與新經驗的體驗、同化、調適）、內容知識的啟蒙（各學科知識的認知、技能、情意目標啟蒙）、學習工具方法的啟蒙（讀書方法的層次啟蒙、整理知識的方法啟蒙、記錄或敘述學習的啟蒙、發問的智慧啟蒙、討論教學法的啟蒙、思想方法論的啟蒙）、情緒學習的啟蒙（身體的、心理的、社會的覺知啟蒙）、自我創作物的啟蒙（藝術創作、表現的啟蒙）、發展自我生活語庫的啟蒙（自我內在語言的啟蒙、與人相處語言的啟蒙）、工作態度啟蒙、生活態度信念啟蒙、看見什麼的啟蒙（外在現象、內在現象的啟蒙）、行為實踐者的啟蒙。

這一些是我常思索的類目。

我常把一些「可類化性的工具學科」當成學生學習的基本動作訓練，或是利用聯絡簿上的空白欄位每天固定書寫、每天固定指導，像手球球隊訓練的例行性工作，運球練習、傳接球練習、六公尺、九公尺射門練習。或是固定的在每一個學科中練習，重複性的呈現相同的學習技能，有必要時還要加上工具學習集訓訓練、學習工具監控技能測驗。

以此在各學科培育具備的基本能力（工具學科的學習方法）來貫穿我的主題教學。

有時一個文本可依照教學需求不同，而讀出、理出不同重點，應用在不同的主題教學中。

或是同一個主題教學，選擇不同的文本以滿足主題完整的歷程。

例如：伊索寓言中的文本「**說葡萄酸的狐狸**」，我會拿來上自我面對、自我解嘲、自我語言、被嘲諷的情緒發展、社會面對、集體意識；配合袁瓊瓊的「**看不見**」文本上內心世界沒被看見的歷程、溝通的語言、了解與尊重的內心需求、群體（救生員、泳池玩的親子、情侶）漠視個人的內在需求、看不見的情緒發展；「**馬兒的愛情**」文本上男女情感教育、能力與了解、自我需求、人際溝通分析PAC 理論、歸因理論、自我面對歷程；東年「**初旅**」文本上人生第

一次經驗的情緒歷程、人生方向感；電影**「站在我這邊」**上不被了解的青少年內心世界、自我認同、群體認同、內心的冒險與勇者、陪伴者的角色。卡通**「蠟筆小新」**文本上肇事者、語言使用分析。朱自清**「背影」**文本上早年陰影、領悟親情、眼淚的意義。

　　「說葡萄酸的狐狸」、「看不見」、「馬兒的愛情」、「站在我這邊」、「蠟筆小新」、「背影」六個文本均是先做過教材分析，理出概念階層圖（金字塔文章架構分析表），或理出文本綱要重點。這在語文領域的單一文本教學，除了滿足文本之內內容學科教學的形式探究、內容探究之外，還可以訓練孩子們學習方法的工具學科能力、監控技能能力。一是教導內容知識，一是教導如何學習、如何整理知識方法的工具知識。

　　再思索如果是單一個文本內容，我還可以拿來上哪一些教學主題重點？

　　完成原型教材轉化為教學教材，而進行重新組織材料的教學準備階段，在教學推展中如何呈現教學材料？如何根據文本內容訊息提列問題？

　　是以單篇文本「分析閱讀」的方式進行的？例如：以「模仿貓」單篇文本分析，上生命的自我追尋與自我肯定，以模仿貓個人的生命認定到生命追求歷程，類化到閱讀自我：我個人的問題思考。

　　是以雙篇、多篇文本「比較閱讀」的方式進行的？例如：以「李冰治水」、「八田與一」比較其工程施工思考、做為一個人的人文生命信念、眾人之心的菩薩行為實踐。

　　或是以一個主題為主軸，而收集整理資料「綜合閱讀」的方式進行的？例如：以「第一次經驗為主軸」收集資料，「第一次上街」繪本、「東年——初旅」第一次出遠門、「廖玉蕙——有女懷春」第一次的戀愛、「月經」上帝的第一次成長禮物、「跑道」第一次失去人生最重要的第四棒、「牧夢」第一次的人生夢想，趕著羊群上聖

可陀山，在樹上刻下自己的名字，自證自己在社會中被認可，成為一個大人的成長儀式。

舉凡人類來到人間，都是帶著自己的生命學習課題。

為什麼把「第一次經驗」做為教學主軸？

無非是把私人領域經驗，放在教室中的公共領域經驗，讓群體看見大家都是一樣的喜怒哀樂、悲歡離合、生老病死、苦集滅道。

當面對別人的第一次經驗會更加同理心的珍視每一次不同。第一次偷竊、第一次說謊、第一次拗脾氣、第一次反叛、第一次說不、第一次離家出走、第一次說出我長大了、第一次建立人際關係、第一次破壞人際關係、第一次上學、第一次放學、第一次真誠的說抱歉、第一次當班長、第一次第一名、第一次跌落谷底、第一次當壞、第一次當好、第一次面對死亡、第一次面對分開、第一次獨處面對自我──畢竟人類面對自我的第一次、面對孩子們的第一次，是如此地匆匆一瞥，浪費這一次重要的人生課題。

把人類的第一次經驗重新賦予意義，是一種試煉、是一種新的覺知、是經驗庫的容量擴充、是一種增能、是一種對自我的了解、是一種對他人的尊重、是人類私有領域走出公共領域的開端、是一種再生的經驗。當我們成為牧羊人之時，我們會知道量著孩子的能力行走，那是一種智慧與慈悲雙運雙行的修為。

當我第一次成為孩子的父親之時，我面對大女兒許多的第一次經驗，包括她們兩個孩子第一次面對父母親離婚的經驗，從完全的信任到人生的質疑，我又是孩子小學三、四年級的導師，我們一起學習小心翼翼的面對這個經歷。想想真是捏了一把冷汗。直到她在台北教育大學修研教育學分之時，回頭對我說著：

「爸爸，你以前小學教我的方法，我現在都用得上了。看你寫的小學教室小說，你的書寫得真好，你真的很偉大。」看她眼神中的晶亮光彩，彷彿回到她的小時候。

「謝謝妳這麼認為。我只是完成這一輩子我想做的事而已。我把這個人生作品完成了，像是我和這個世界的一種關係、一種聯繫。我的人生經驗正正負負，沒有是非對錯，只是認同業的流轉，看見自己的累世輪迴，無怨無悔，唯識空觀。像釋迦牟尼佛說的偈語：今付無法時，法法何曾法。」我和她坐在茶語工房夜談一個小時。如果還以音聲，求我、見我，皆不得見如來。這是金剛經說的經句，我們在佛陀的不立文字中受用，無窮無盡。

把自己放在小學教室的公共領域，行、住、坐、臥人生主題教學，每一點滴都是甘露法水，淨化著自己的人生意識。

3.

這是一些三十年來曾做過的主題教學，或可做為一些喜愛小學教育的老師們參究，共同尋找我們還可以做些什麼？共同建立一些主題教學教材，為少年集體潛意識文化而努力。

(1) 自我追尋主題教學（模仿貓、跑道、天地一沙鷗、老鼠變老虎、題王許威武）

(2) 獨處主題教學

(3) 評論式主題教學

(4) 電影欣賞主題教學（小子難纏一二三集、站在我這邊、宮崎駿卡通、心靈捕手、哈利波特、魯冰花、英雄）

(5) 少年小說主題教學（牧夢、少年小樹之歌、爸爸真棒、黑鳥湖、美國紐伯瑞文學獎）

(6) 傳記人物主題教學（史懷哲、甘地傳、弘一大師、德蕾莎修女、密勒日巴尊者傳、蓮花生大士傳、賈伯斯傳、大長今、神醫許浚、蘇東坡、梵谷傳）

(7) 藝術鑑賞主題教學（踏雪尋梅、拾穗、學步、朱銘美術博物館、雲門舞集、國際教育日本博物館）

(8) 歷史人物主題教學（李冰治水、劉銘傳、八田與一）

(9) 臨終關懷主題教學（好走）

(10)商標主題教學（日本、德國、法國、義大利）

(11)大自然主題教學（台東天國之門森林教育、台東知本森林遊樂區水土保持教育、台東大南溯溪教育、花蓮磯碕海洋教育）

(12)生活主題教學（清貧思想、日本阿保美代漫畫、日本家栽之人漫畫、這時候我可以做什麼？）

(13)生命認同主題教學（蝙蝠與飛象、沈芯菱、傳統市場勞動者）

(14)人生視點主題教學（荒漠甘泉、私人之心、眾人之心）

(15)收藏品主題教學

(16)深度旅遊主題教學

(17)集體意識主題教學（東方思想、西方思想）

(18)個人主義、資本主義、共產主義主題教學（湖濱散記、桃花源記、社區總體營造、人類的理想國思考）

(19)禪坐主題教學（八段錦、太極拳、六祖壇經、聖經）

(20)人際互動主題教學（人際溝通分析 PAC 理論、阿德勒、羅吉斯）

(21)情感教育主題教學（動物、植物、人、依賴、自力）

(22)兩性教育主題教學（兩性教育生理學、心理學、社會學）

(23)以下資料儲備表，這是 2004 年思考過的閱讀寫作工作坊課程：

　　由閱讀文本、閱讀主題、閱讀技能、文章類別、寫作技能目標、作者與讀者交流、課外閱讀資料，橫向架構對照資料。

閱讀		
閱讀文本	閱讀主題	閱讀技能
一、在夢裡愛說童話故事的星星	繪本的夢想	事件基模；五感提問；外在描寫；內在描寫
二、說葡萄酸的狐狸	天空的眼睛；閱讀人性與意圖——伊索寓言	人物觀照；自我觀照
三、楊喚——夏夜	大自然的醒與人的夢想	閱讀文本中的修辭技巧；形容詞；動詞；比喻；疊字；文章情緒基調；文章氣氛
四、不知足的小老鼠（童話故事）	大自然的醒與人的夢想	閱讀文本中的修辭技巧；形容詞；動詞；比喻；疊字；文章情緒基調；文章氣氛
五、偷睡眠的人（泰戈爾）	親情之愛	文章中的生活體會與哲思
六、背影（朱自清）	親情之愛	意象；人物動作；對話
七、第一次上街買東西（故事繪本）	人生探索	人物生命經驗中的情緒學習
八、擁抱（繪本）；馬兒的愛情（短文）	人際互動	閱讀預測的解決問題歷程
九、我的家在鄉下（林良）；我所知道的康橋（徐志摩）	回憶的盒子	閱讀人自然的空間；閱讀景物描寫
十、看不見（袁瓊瓊）	看不見的內心世界	閱讀自我生命經驗

寫作		
文章類別	寫作技能目標	作者與讀者交流； 課外閱讀資料
一、故事基架	事件基模；	延伸閱讀——你好！老包（遠流）； 老鼠娶新娘（遠流）
二、短篇童話故事	事件基模；五感提問； 外在描寫；內在描寫	延伸閱讀——模仿貓（短篇童話故 事）
三、童詩	造句基模；五感提問； 外在描寫；內在描寫	延伸閱讀——春天來了（童詩—— 楊喚）；爸爸缺席的童年（童詩 ——墨明）；法國童詩選
四、自己的想像兒童 畫	想像世界的描繪圖	延伸閱讀——三隻小豬（童話故 事）；責備（泰戈爾）；在夢裡愛 說童話故事的星星（童詩——墨明）
五、兒童畫的故事寫 作或童詩寫作	修辭技巧；形容詞；動 詞；比喻；外在描寫； 內在描寫	延伸閱讀——母親的教誨（朱自 清）；摘星（童詩——西牛車）
六、兒童畫的故事寫 作或童詩寫作	寫作思考	延伸閱讀——紙船印象（洪醒夫）； 我會啦（童詩——西牛車）；小媽 媽（童詩——西牛車）
七、記敘文（記事； 敘述）	自我生命經驗記敘；事 件描寫技能	延伸閱讀——想生金蛋的母雞（故 事繪本）；海邊的老鼠（愛諾.洛貝 爾）
八、記敘文（記事； 敘述）	寫作思考	延伸閱讀——想生金蛋的母雞（故 事繪本）；海邊的老鼠（愛諾.洛貝 爾）
九、記敘文（寫景）	寫景文章描寫技能；時 間、空間安排技能	延伸閱讀——山上看風景（林良）； 阿里山上看日出（林良）；五月月 娘（金毛菊）
十、記敘文（寫景）	寫作思考	延伸閱讀——壓扁的康乃馨（廖玉 惠）；哼！我好氣

第十九章　詩的教學

1.

偉大的抒情詩值得再三玩味。而在放下這首詩的時候，我們
對這首詩所有的體會，可能更超過我們的認知。

MortimerJ・Adler 如何閱讀一本書。

商務出版社，2003.初版，P.242

詩經「六義」提及「風」各國民歌；「雅」大雅是朝會樂歌，小雅
是宴會樂歌；「頌」祭神、祭祀祖先的樂歌，這為詩經創作內容的分類。

「賦」、「比」、「興」為詩經內容的創作技巧。

「賦」：為韻文形式的敘述、描寫的「直陳敘述」技巧。如主
詞、述詞。

「比」：為找出 A、B 相同點的「譬喻技巧」。或同時呈現 A、
B 描寫的比較。

「興」：為先言他物，以引起所詠的詞，是一種托物起興的技
巧。或為「托物」興發感受、「托物」象徵提升精神體悟。

因此「托物」需拿出藉助內容的「名詞」、「形容詞」、「動詞」、
「受詞」來興發；需隱藏藉助的形式「時間安排」、「空間安排」、「邏
輯安排」、「層遞法」、「類疊法」、「俳句法」，來興發節奏感的情緒
意涵等等；以便傳達作者或顯露、或隱藏的人生情感、人生思想、
人生體悟。

其技巧上常有「轉化法（擬人法、擬物法、擬形象化法）」、「映
襯法」、「鑲嵌法」、「設問」、「呼告」、「伏筆」、「意象」、「意象群經
營」、「象徵」、「留白」──其目的為扣緊文學要旨的表情達意；扣緊

文學情感的情景交融；扣緊文學藝術美學的象外之象、弦外之音、餘韻深遠、點化人生。

例如：詩經第一篇「關雎」內容的創作技巧，以「賦」、「比」、「興」的技巧，同時在作品中表現民間詩歌。

「賦」的技巧為雎鳩、荇菜、淑女三個名詞意象的直陳敘述。

「比」的技巧為「雎鳩、淑女」、「荇菜、淑女」的譬喻。

「興」的技巧為「托物（關關雎鳩，在河之洲）」的雎鳩、及畫面意象，「起興」著「窈窕淑女，君子好逑。」。

「托物（荇菜）」的畫面意象，「起興對（淑女）」追求的行動意象。

「層遞法」為追求淑女的行動層遞「好逑」、「求之」、「思服」、「友之」、「樂之」安排，亦是「時間順序安排」的原因、經過情形、結果安排。

「空間順序」安排的「關關雎鳩，在河之洲」、「窈窕淑女，君子好逑。」的「雎鳩」彼岸、「雎鳩」此岸相隔。而「淑女」居其水中。

這「空間安排」也把「雎鳩」、「君子」的左右心情做一伏筆。

把「雎鳩」、「淑女」的左右心情做一伏筆。

把「淑女」、「君子」的左右心情做一伏筆。

君子的「輾轉反側」也是左右心情上，忽左忽右的跌宕，做一伏筆。

水中「荇菜」、「淑女」與「君子」為靠近的兩個空間鏡頭，似為以此空間轉換，暗示男、女靠近的心跳聲。或男、女碰面左、右難以從容自處的，如水流動意象，如「荇菜」的「參差」意象。

如此其字詞「左右」的排比節奏，更顯情詩的情緒張力。

其「類疊法」的「寤寐」、「悠哉悠哉」更強化了「左右」的排比情緒「流之」、「採之」、「芼之」的每一個行動意象，均是令人「悠哉悠哉」的不知如何是好。也使「求之」、「友之」、「樂之」的每一個行動意象，令人「輾轉反側」。

「關關雎鳩」的「關關」類疊著伴侶的情歌對唱，情話綿綿，閒話家常。

「押韻」也透過語助詞「之」字，傳達詩歌的韻律。

如此一首中國古詩，將男生追求女生的人生事件，由君子的「見」、「思」、「行」表現出對追求過程的細膩描寫。

「象徵」技巧更是把中國女性的被動含蓄文化，由「荇菜」、「流之」來表現其文化內涵的「柔順」、「水之清澈、水之利於萬物、上善若水」。中國男性的主動文化，由「琴瑟」、「鐘鼓」來表現「友之」、「樂之」的謙謙君子之風。

「首尾呼應」技巧由「鐘鼓樂之」呼應「關關雎鳩」對待愛戀的人，要讓她快樂，像「關關」對唱的「雎鳩」，如此百年好合、琴瑟合鳴。

「關關」雖是水鳥的和鳴之聲，亦是男、女對語。亦可推想為相戀之人，會由兩人自我中心似地，忘記外面的世界。只「關」心兩人世界的專一情感，對外「關」起心窗，與伴侶終其一生。這也是魚鷹水鳥的特性。

整首詩，在閱讀者心中，留下一幅「關關雎鳩，在河之洲」的中國水墨畫，鶼鰈情深的水鳥，動感地在沙洲上嬉戲情意。

此唯美意象由中國人善長。

2.

人都想傳播自己的感動，與人共有，這就需要看同樣的東西，談同樣的東西，從中產生情感共鳴。——使快樂共有，便好似古老的狂歡。

〈竹久夢二的世界。李長聲序文。P.10
台北 INK 出版社，2012.6.〉

「關雎」

關關雎鳩，在河之洲。
窈窕淑女，君子好逑。
參差荇菜，左右流之。
窈窕淑女，寤寐求之。
求之不得，寤寐思服。
悠哉悠哉，輾轉反側。
參差荇菜，左右采之。
窈窕淑女，琴瑟友之。
參差荇菜，左右芼之。
窈窕淑女，鐘鼓樂之。

關雎翻譯：

咕咕對唱的雎鳩，在那黃河中的小洲。
美麗善良的好姑娘，是小伙子心中的好配偶。
長長短短的荇菜，左手右手一起採。
美麗善良的好姑娘，夢裡也在把她追。
追求她呀追不上，夢裡也在把她想。
想念啊，想念啊，翻來覆去睡不安。
長長短短的荇菜，左手右手一起採。
美麗善良的好姑娘，我要彈琴奏瑟和她親近。
長長短短的荇菜，左手右手一起摘。
美麗善良的好姑娘，我要敲鐘擊鼓讓她高興。

〈詩經文本資料來源：詩經讀本上冊 p.2-4，
2011.07.二版五刷，三民書局。〉

此詩為一個男、女情感追求的生活事件，作為創作素材。

其內在情感是如何透過詩歌的經營技巧，來表現詩之美學的意象、意境、象徵、節奏的？

當我們嘗試著還原作者的寫作現場，我們更能由閱讀作者的創作思考歷程，如何經營意象？如何安排詩歌架構？如何以修辭學技巧表情達意？

在兒童詩的教學上，以孩子有感的「生活事件」為素材，嘗試教導孩子經營一首詩。

我擬出兒童新詩教學階段（一）、（二）、（三）、（四），從散文詩的閱讀開始，閱讀散文詩的書寫技巧，類化在兒童散文詩的創作。

因為孩子接觸的散文文本較多，且寫作散文句子的經驗較多，我會開始建議由孩子的短篇散文，六百字左右的文稿中，挑選出一些有感的句子，「分行」成為一首詩的初稿，再以經營技巧修稿，讓作品成為自己的第一篇「創作物」。

當孩子一邊創作、一邊閱讀課外補充資料（楊喚、阿保美代漫畫詩、少年小樹之歌、泰戈爾、西牛車、法國十九世紀詩選），教師把課外補充資料也當成教學文本進行「閱讀分析」、進行「比較閱讀分析」。

文本「閱讀分析」例如：詩經第一篇「關雎」的文本閱讀分析，孩子閱讀作者的創作思考，這一些可能性的還原推論，有助於孩子由其作者創作技巧的美學，類化在「閱讀一首詩」、「寫作一首詩」的經營技巧。

文本「比較閱讀分析」例如：比較「關雎」、楊喚「家」的二種文本，其創作技巧的經營，有何相同點？有何不同點？

文本「比較閱讀分析」例如：比較墨明「爸爸缺席的童年」、楊喚「夏夜」的二種文本，其創作技巧的經營，有何相同點？有何不同點？

　　比較閱讀有助於凸顯不同作家的「創作風格」思考，孩子亦能感受修辭學技巧，如何引發閱讀者，進入有感的詩作中逗留情感。

　　一段教學時段後，孩子已在「經營技巧」上，進行類化的工作。

　　這階段，師、生是在「寫作詩」、「閱讀詩」、「創作詩（以經營詩的技巧修改詩作，定稿成為一篇創作物）」。

　　因此在兒童新詩教學階段（一）。我希望孩子監控在這資料儲備表中的教學概念，「閱讀」、「寫作」、「創作」，作為初階歷程的基本能力訓練。

　　每一天在聯絡簿上的空白處，現場觀察大自然景、大自然物，寫下一句詩句。我希望孩子注意著時間順序、空間順序的鏡頭轉換書寫。

　　這是慢工出細活的工作，每日行之。加上老師監控的概念和歡欣鼓舞的讚美，一個個有感的句子，會豐富著教室中的生活。

兒童新詩教學階段一

		形式探究				內容探究	經營技巧		
		起	承	轉	合	意象式語言	詩的張力		修辭學
散文詩	定題	情感共鳴、迴盪							摹寫
	全篇	時間、空間順序安排				單一主旨	意境內容張力		明喻、暗喻
	段落	生活意象順序				全圖意象鮮明	情景交融		轉化
	句子	長句、短句情緒搭配				敘述句、描寫句	外形、功用譬喻張力		類疊
	字詞	形容詞、名詞、動詞				字義	形容詞、動詞		層遞
例子：		楊喚、阿保美代漫畫詩、少年小樹之歌、泰戈爾、西牛車、法國十九世紀詩選							
		北島、宗白華、葉維廉、海涅、沃茲華斯、惠特曼、雪萊、拜倫、葉慈、濟慈、普希金、波特萊爾……							

3.

閱讀抒情詩時，提出問題來思考，這是理解之鑰。抒情詩的問題通常是修辭的問題，或是句法的問題。抒情詩中都存在著一些衝突，通常衝突是隱藏在其中，沒有說出口的。

文句整理自 MortimerJ・Adler 如何閱讀一本書。

商務出版社，2003.初版，P.238

六上，9 月 10 日。接近中秋，白晝的陽光依然刺眼難耐，子夜卻是可以感受到秋涼的氣氛。空氣中些微潮潤，

深夜一點的下弦月有些笑容。我還在台東市立游泳池外的冷泉溝道泡涼，星月滿空。

整個人浸入湧泉的明亮領域，安靜的角落可以享受冷冽的泉水，從肌膚外側滲入細胞的冷敷，獨思「月輪穿海不留痕」的偈語，別是一番滋味。

直接以身體當成「荇菜」，在水中流動身軀。體驗「詩經」中的「參差荇菜，左右流之。」我當是一種玩耍。

想到 2012 年 9 月 10 日，這個星期一派發的家庭作業，下星期一收 E-mail 作文題目：**我是如何閱讀「關雎」這首詩的？**

孩子能應用五年級的語文閱讀技能，完成這項作業嗎？我跟孩子們交換：

一、這一篇作文是平時測驗考試。

二、我是如何閱讀「關雎」這首詩的？

收完 E-mail，我才為班上進行詩經教學，「關雎」的作者寫作思考（鏡頭順序安排？修辭學技巧？段落節奏感？意象經營？寫作技能思考？作者人生意境？）。

三、上完課，我會發下黃老師對「關雎」的閱讀分析資料。

　　身為教學者，我也寫想了解「關雎」的「教學前閱讀」和「教學後閱讀」的變化。

　　讓孩子和我都慢步下來，讀一讀一個作者的創作思考，是如何進行的？

　　詩經第一篇「關雎」的教學安排，共分為七幕進行教學。

　　第一幕：教學前（9/10-9/24），兒童自我閱讀「關雎」作業。

　　第二幕（9/26 早上）：教學中，同時進行教導孩子寫作「關雎」教學的教室小說記錄稿。

　　第三幕（A9/27 早上）：教學中，實際進行「關雎」閱讀教學。

　　第四幕（B9/27 下午）：教學中，實際進行「關雎」閱讀教學。

　　第五幕（C9/28 早上）：教學中，實際進行「關雎」閱讀教學。

　　第六幕：教學中，畫出每一段的「關雎」意象圖。

　　第七幕：教學中，「關雎」的戲劇化表演。（趕正式課程進度，未進行小組排演。）

第一幕：教學前（9/10-9/24），兒童自我閱讀「關雎」作業。陳傳貴的我如何閱讀詩經「關雎」這一首詩的？

（1）〈實際的閱讀品嚐行動〉

　　我先將「關雎」閱讀一遍，並且閉上雙眼，想想為什麼要用「雎鳩」呢？窈窕淑女是誰？等等許多問題，接著畫出意象圖。

　　我的意象圖是窈窕淑女在採荇菜，作者目不轉睛的看著她，而兩隻水鳥停在小洲上。早上醒來，我馬上走到庭院前，庭院前的樹上停了兩三隻麻雀，我將牠們想像成詩裡的雎鳩，牠們一會兒飛走，一會兒又飛回來，一隻飛到上面，另一隻也跟著飛到上面，這個畫面讓我對「關雎」有了不同的想法！因為我原本認為這只是個平凡簡單的愛情故事，但是看到麻雀互相玩耍的模樣，讓我知道人生的另一半其實是很重要的！

（2）〈字詞解釋〉

「關關雎鳩，在河之洲」中「關關」代表的是雎鳩（魚鷹）的叫聲。在河之洲是在黃河中的小洲。君子好逑，君子就是指配偶。參差荇菜指的是長短不齊的金蓮子。寤寐求之代表夢裡也把她追著。求之不得指的是追不上。寤寐思服是在夢裡也把她想著。悠哉悠哉指的是想念。輾轉反側是翻來覆去睡不安的意思。琴瑟友之是想要彈琴奏瑟與她接近。左右芼之的芼指的是摘下。鐘鼓樂之代表敲鐘擊鼓讓她快樂。我發現其實只要把字詞解釋後，個人對詩就會了解的更多，在還原作者現場時也比較會容易。

（3）〈作者的空間安排〉

遠	在河之洲、關關雎鳩
近	參差荇菜、左右流之、左右采之、左右芼之
內	寤寐思服、寤寐求之、悠哉悠哉、君子好逑、求之不得、輾轉反側
外	琴瑟友之、鐘鼓樂之、窈窕淑女
廣角鏡頭	在河之洲、關關雎鳩、
特寫鏡頭	參差荇菜、左右流之、左右采之、左右芼之、琴瑟友之、鐘鼓樂之、窈窕淑女

作者運用各種不同的空間安排，讓這篇詩更有「立體感」，讓讀者在閱讀、歌頌時，彷彿深入其境中。

（4）〈作者的八感摹寫技巧〉

看	在河之洲、參差荇菜、窈窕淑女
聽	關關雎鳩、
做	左右流之、左右采之、左右芼之、琴瑟友之、鐘鼓樂之
觸	
嗅	
味	
感	輾轉反側、君子好逑
想	悠哉悠哉、寤寐思服、寤寐求之

作者運用八感摹寫技巧，來表示他和窈窕淑女的表情動作，以及對事物的各種感受，讓讀者在閱讀時，將「心」與作者的腳步一起移動。

（5）〈關雎的修辭學、賦比興〉

通常作者會用修辭學增加表情達意，所以「關雎」一定也有使用修辭學。關雎用了類疊、象徵、映襯、首尾呼應、示現等等。像是「關關雎鳩」和「悠哉悠哉」就有用到類疊。而作者有可能把「雎鳩」象徵成男主角和女主角，所以我認為作者有用到象徵。

原本第一句是在說雎鳩，但是第二句就突然講到窈窕淑女，所以我認為作者運用「雎鳩」來映襯男主角和女主角的愛情。

「關關雎鳩」，代表男生要討女生開心。「窈窕淑女，鐘鼓樂之」的意思也是男生要討女生開心，所以我認為關雎用了首尾呼應。

在四、五段就是用了示現，因為作者想像的窈窕淑女，就好像在我們的眼前。關雎這首詩用到了「賦、比、興」裡的「興」，「興」代表的是從某件事聯想到另一件事。例如：作者聽到「關關」的鳥叫聲，就聯想到了窈窕淑女。

「修辭學」和「賦、比、興」都是我們常用的手法，它們都可以增加詩中表情達意，讓讀者對作者所用的字詞有無限的想像。

（6）〈還原作者寫作現場〉

做完了以上的分析後，就可以還原作者的寫作現場了。

我覺得作者絕對不是旁觀者，因為旁觀者根本不能了解當事者的心裡，所以窈窕淑女當時在採荇菜，是作者看著她，才對那位窈窕淑女產生愛情。

「關關雎鳩，在河之洲。窈窕淑女，君子好逑」：她正在採荇菜，而我聽到了「關關、關關」的鳥叫聲，我在想我是不是也有愛的人。

「參差荇菜，左右流之。窈窕淑女，寤寐求之」：我一邊看著長短不齊左右流動的荇菜，一邊看著窈窕淑女，甚至睡醒、睡著時都想著她。

「求之不得，寤寐思服。悠哉悠哉，輾轉反側」：我追求不到窈窕淑女，想念想念，不能入眠。

「參差荇菜，左右采之。窈窕淑女，琴瑟友之」：她採著荇菜，我心想如果可以追求到她，我一定彈琴奏瑟，陪妳一起生活。

「參差荇菜，左右芼之。窈窕淑女，鐘鼓樂之」：荇菜在我的左右漂著，她左右手一起摘，如果我追求到妳，我一定敲鐘擊鼓讓你高興。

還原作者現場是一個非常好的讀詩方式，因為是用比較白話的方式，所以就會知道作者當時在想什麼了，而且也比較懂這篇詩的涵義。

我相信「關雎」這首詩任何人讀都會有不同的感覺，像是從相遇—了解—相愛—生活，一直到幸福、分手，而你的感覺是什麼呢？

林育諺的我如何閱讀「關雎」這首詩？

今天的功課是我的噩夢，老師居然要我們閱讀一首詩經，它叫做「關雎」。他好像還說什麼如果這篇打得沒有很生動，不退稿也不修理人，不過就是會不上這篇詩經；但如果寫的好的話，還有機會拿到他童詩的簽名呢！

我們分析一點它的摹寫技巧之後，剛好打下課鐘了。「噹！噹！噹！」同時老師問我們會不會寫，我們異口同聲說會，其實我沒有半點頭緒，也不知道該從那裡起頭和結尾，也只能無奈的回家了……

我做在電腦卓前，嘆了一個長聲的氣。問題來了，我如何閱讀它？

　　我先畫意象圖，也就是心靈圖片。再開始找它的修辭，然後還要提問題再自己找答案。

　　我在自己的空白紙張畫了一些話，但不是亂畫。單純要畫意像圖，我第一段畫了兩隻咕咕叫來叫去的水鳥，在河的兩旁。在河之中有一個美麗善良的姑娘，讓君子想追求她。

　　一個姑娘在水裡拔長短不同的荇菜（金蓮子），君子把她的美妙夢到夢裡，連做夢也都夢到她，但卻思念過度，而無法入眠。

　　君子想藉著音樂靠近她，好讓她開心。要找出修辭，有點難，我找出的修辭並不多。我找到的有：八感摹寫技巧、頂真〈在第三段和第四段之間〉。感官摹寫有「聽、看、做、想」。

　　再來自己提問題和找答案。

　　為什麼第一句要用「雎鳩」，而不要用「鸚鵡」？

　　為什麼君子不要帶她去吃飯，而要用音樂親近她？

　　那位君子求的淑女已經有心上人了嗎？

　　最後那位君子有追求成功嗎？

　　為什麼那位君子，只愛那位美麗又善良的淑女呢？為什麼？為什麼？

　　為什麼第一句要用「雎鳩」，而不要用「鸚鵡」？因為雎鳩他是咕、咕、咕的唱，而鸚鵡只會像人那樣講話，而沒有自己的語言。「雎鳩」的聲音優雅，像是在談情說愛一樣。

　　為什麼君子不要帶他去吃飯，而要用音樂親近他？用音樂親近他，是最幽默的方式，帶她吃飯，好像是有錢的花花公子般。

　　那位君子求的淑女已經有心上人了嗎？不知道，有可能有，又有可能沒有，為啥？如果那位君子有把這一點做好，那位淑女就會喜歡他。相對的，如果君子半途而廢，他追的每個淑女都會一樣，還會棄他而去。

最後那位君子有追求成功嗎？如果雙方各自喜歡著對方，就會成功。但如果對方喜歡著另一方，但另一方又不喜歡著這一方，要成功的機率幾乎是 0%。

為什麼君子只喜歡那為淑女呢？一個人會被喜歡，常常是因為她的外表、內涵和性格，君子喜歡她可能是喜歡她的外表和個性。外表好看，脾氣卻不好，會討人厭；長的不好看，脾氣好，相處得還好，但如果同時具備兩個性質，就可以祝福他們。

這是一首男女愛情的詩，這可能是現場寫作，作者把「關關雎鳩」譬喻談情說愛的淑女和君子。君子像「雎鳩」一樣，跟著那位淑女，所以詩名才用「關雎」。愛別人之前，要知道愛是什麼？愛是什麼?愛是比喜歡更高級的東西，愛不單單是喜歡，還能要有體諒之心，才是無價的愛。

陳可涓我如何閱讀詩經「關雎」這一首詩的？

詩，是意象的語言，可藉由短短五、六個字，「enjoy」享受在當時的情境中，倒帶到當時作者作詩的情境。

一首詩其實就像一篇文章，一樣有「起、承、轉、合」或「原因、經過、結果」等基本架構。但通常能流傳到現在的詩，不可能只有單層基本架構，一定有至少二、三層，甚至四層文章結構的都有！

我一開始先找出解開這首詩的所屬結構，我選擇使用「起、承、轉、合」的結構，發現它只有開頭用相親相愛的雎鳩，然後就開始講窈窕的淑女了，這代表著有可能是作者先看到雎鳩，再想到淑女，或則他是兩者同時在同一個時間、地點進行。只是作者以雎鳩開頭，可以幫助讀者更快進入意象。因為可快速想到的是在河的周圍，並不會想到別的地方。

接著把詩倒帶，回到當時的**意象圖**中，好方便我快速進入當時的情境。再來我開始比對，為什麼要使用這樣的排列順序？為什麼不把雎鳩調到尾段？……等等的問題，從一開始就不斷的問為什麼？為什麼的問題，這樣才能幫助我進入詩的最中心，不在詩的圈圈外徘徊！

起：「關關雎鳩，在河之洲。窈窕淑女，君子好逑。」

查閱資料後，發現雎鳩，是一種水鳥，這種鳥兒雌雄相愛，形影不離，情真意專，如果一隻先死，另一隻便憂傷不食，憔悴而死，這裡運用了詩經其中一種常用的手法——興，詩首以在河中關關叫著的雎鳩使讀者直接聯想到愛情專一之類的情意。因此一開始會是用雎鳩開頭是為了表達，作者無限的情感，想到那位美麗窈窕的淑女，正是自己理想的對象！至於說「窈窕淑女」是誰，我認為她就是作者在河邊看到的那位正採集著水草的美麗佳人，她那時一見鍾情，而偷偷思念著，默默的追求！

承一：「參差荇菜，左右流之。窈窕淑女，寤寐求之。」

以纏綿悱惻的愛情，映襯出作者追求愛慕得知心少女與相思之苦。「參差荇菜，左右流之」，也許是暗示著淑女正在河邊採著荇菜（水草），她的美妙姿態，她的窈窕身影，點點滴滴，深深的烙印在作者的心裡，難以消失。也許是左右浮動的荇菜，就像她不可捉摸的心，註定這條感情是要走得艱辛難熬才能使對方接受，或是代表他們之間的感情，像荇菜伴著水的流動，一種柔中帶著曲折的意思。於是早上思念夜裡也想著她。白天裡心不在焉、無心做事，腦袋只容得下她，而漫長的夜又只能躺在床上翻來覆去的思念想著不能成眠，心中反覆叨念著切割著愛人的名字，愛人的影子，這種「為愛而不得其愛，又不忘其愛」的痴心想念，只是一個愁字而已吧！

承二：「求之不得，寤寐思服。悠哉悠哉，輾轉反側。」

　　那種想要，但不能得到的感覺，讓人就像身上有成千上萬隻螞蟻爬著似的，除了痛苦、掙扎還是痛苦、掙扎，無法在入睡求之不得而焦躁不安的情緒。

　　作者接著用「悠哉悠哉」來開頭，我認為他是使用相反意思的字，表達相反的意思，悠哉的相反則是繁忙不安的情緒，推論到輾轉反側時，發現果真如此，他用相反的字詞，來表示他的激情！

轉：「參差荇菜，左右采之。窈窕淑女，琴瑟友之。」

　　此段開頭又使用參差荇菜，主要是在再度強調他們之間的感情，像荇菜伴著水的流動，一種柔中帶著曲折的意思，然後選擇用琴來做樂器，至於為什麼是用**瑟**這個字，發現它是「指樂器名，形狀似琴，長八尺，約有五十弦，後來改為二十五弦，弦各有柱，可以上下移動。」由此可知作者選用「琴」、「瑟」兩個名詞做為樂器的代表。明顯在四、五段時作者想像求得淑女的歡愉。

合：「參差荇菜，左右芼之。窈窕淑女，鐘鼓樂之。」

　　此段開頭又再次使用參差荇菜，主要是要再度強調他們之間的感情，像荇菜伴著水的流動，一種柔中帶著曲折、不平順的意思。最後以「鐘」、「鼓」做結尾。前段所說的情色他不再使用而改用鐘鼓，則暗示出女人貪心的一面，因為可能第一次所使用的方法她不喜歡，所以才會用鐘鼓。

　　細讀這首詩時，若最後只是像童話故事中的幸福大結局，從此王子和公主過著幸福快樂的日子，那麼這首詩就無法流傳到現在，愛的渴求能導致愛升級，陷入情網不能自拔的作者，並沒有傷心到吐血病倒，也沒有絕望的自殺，而是給自己的感情找到一條出路，架構起一座美麗的夢幻城堡，幻想著有情人終成眷屬。

在一剎那間他滿足了，他和他的愛人美滿和諧的相處了！於是一場虛構的熱鬧的結婚場面快快樂樂的展開，讓我們不禁陶醉在其中為其祝福。但幻想畢竟不是事實，一轉念後，男子又會想到什麼？是更深的相思與想念，還是——就在虛幻的世界裡……

此詩帶給世人短短的八十字，細心讀，它一定會帶給你無限的感動喔！

因為以前有很多人在寫情詩，但就只有留下一些並沒有全部，以這首詩舉例子，是因為你仔細讀且慢慢一步一步的推理，會發現表面上雖然他把兩人的愛情寫的如詩如畫那麼美好，但其實這個作者是用一個失戀單身的身分，與當時存在的感受來完成這首詩的。

這首詩老實說真的很有意思，不但讓你可以體會愛情的激烈與幸福的滋味，都能讓你彷彿置身在河旁，看到兩隻雎鳩正在那頭親親我我，讓人開始想像，如果自己的另外一半，現在也在身旁那有多好啊！

4.

作品的憑證是來自於它在某個獨一無二的存在經驗中所佔有的位置。

摘自「土星座下」。蘇珊・桑塔格。p.30

第二幕（9/26 早上）：教學中，同時進行教導孩子寫作「關雎」教學的教室小說記錄稿。

陳可涓的「第二幕教學記錄稿」：

二天前，黃老師指著窗外，要我們摹寫正下著的斜雨，我寫下：「稀哩嘩啦，稀哩嘩啦，雷、雨九月在說話，他放鬆的飄在空中，叫我放下，輕鬆的睡一覺！」。

接近中秋的天氣時陰、時雨、時晴。

這天,中央山脈的陰森和籠罩的烏雲,已被雨洗刷的乾淨晴朗。忽強忽弱的南風,輕輕侵蝕著我的皮膚,使我感到涼爽。

黃老師正站在講台上為我們灑下「關雎」的詩經教學種子。

我期待著種子經過細心照顧發芽茁壯。同學認真的抄寫筆記,散發出沸騰的活力。

這時,林育諺突然對著講台小小聲的說:「我在吃檳榔!」。真不湊巧黃老師剛好聽到,他便大聲的學吐檳榔的聲音:「哇卡配。」

教室突然從一片寂靜到充滿歡笑聲。

因為老師派的紀錄,林品堯又接著問:「『哇卡配』要怎麼寫?」全班又笑了起來。

接著老師走下講台,朝我這邊走過來,並在我眼前比著花朵綻放的動作。

然後陳傳貴便得意的說:「那樣她是不會有反應的!」

他對著董國偉的腋下,比著一樣的動作。董國偉跳了一大跳,便開始和陳傳貴玩了起來。

「看我的螳螂手,再來個詠春拳,最後董國偉使出致命的一擊『如來神掌』!」。

全班的笑穴像關不起來似的,嘻嘻哈哈的嬉鬧、逗趣聲音,再度把六年六班的教室,灌滿了踏雪尋梅一般快樂的滋味。

林育諺的「第二幕教學記錄稿」:

兩天前,黃老師指著窗外,要我們摹寫著正下著的傾盆斜雨。我寫下:

凝視著窗外,只看到雨斜著下,離我不到二百公尺的前方,雨像是在空中的銀白色波浪,一陣一陣的流動。

接近中秋的天氣時陰、時雨、時晴。

這天,中央山脈的陰森籠罩著烏雲,使我感到十分詭異,已被洗刷的中央山脈和之前有著明顯的差異。忽強忽弱的南風舒爽。

黃老師正站上講台，為我們撒下「關雎」的詩經教學種子。

萬珊雷期待著樹上葉子輕盈飛舞。

同學認真的抄寫筆記，散發出沸騰的活力。

我對著氣氛僵硬的教室，半玩笑的心情，對著全班說：「我想吃池上便當。」

黃老師模仿著布袋戲的聲音，說：「哇喀呸！」班上的氣氛不再僵硬，一下子充滿了全班的歡笑聲。

正沉入睡眠的賴育達依然毫無動靜，他今天的功課想必無法完成了吧！

老師對著陳可涓比出花兒綻放的動作，我依然還在講台桌下抄寫筆記。

這時林品堯說：「『哇喀配』要怎麼寫？」我們又再次發出歡笑聲。

我小聲讓全班都無法聽到的聲音，說：「當然是用手寫，要不然勒？」

當我說完這句時，湊巧的打了放學鐘，陳富貴要我幫他拍攝，因為這樣他就可以不用抄寫令人手酸的筆記了。

好了，我也要下樓去找我爸爸了。

5.

第三幕（A9/27 早上）：教學中，實際進行「關雎」閱讀教學。
林育諺的「第三幕教學記錄稿」：

隔天上老師的第一節課，老師要我們排好隊形，排四排、一排四個，我滿腹狐疑的想：「老師幹嘛請我們做這種事啊？他腦子在構思什麼計畫？」

　　而且，老師要我們將手放到眉梢下方，遮住視覺的上半身，我們都看不出什麼，只看到雜亂不一的隊形。我想：「我們剛走秀時，是否也是這樣的姿態？」

　　回教室時，我依然是第一個，我的寶座誰也沒動過，我照常對教室的無人桌椅大喊：「我是第一名！」

　　在全班到齊時，老師請我們閉上眼睛，回想剛剛的意象，並且要我們說出來。

　　我說：「長短不同。」

　　陳富貴：「一層一層的黑色，一層一層的白色。」

　　陳可涓：「雜亂不一。」

　　莊育舜：「有人跨左腳，有人跨右腳。有人跨大步，有人跨小步。有節奏的感覺。」

　　姚丞中：「像許多匹馬。」

　　張冠豐：「有快、有慢的不整齊。」

　　巫敬恩：「腳的粗細不同。像許多顆蘿蔔。」」

　　陳浩明：「像忙碌的上班族。感覺很零亂。」

　　老師又說：「如果只能以一個字形容這個場面，你們會說這是什麼字呢？」

　　我們大聲的說：「亂！」

　　「對！就是亂！」老師肯定的說。

　　這時廣播突然響起，「報告，報告，學務處報告，現在全部的綜合球場禁止打球，以免妨礙到正在施工的操場，操場要做最後階段了，所以請大家多加配合，報告完畢！」

　　老師說：「這個廣播很吵，『左右播之』、『左右吵之』，一個字，吵。」

　　這時我們全班都笑了出來。

　　老師回到關雎詩經海報，說：「好！回來這裡，咳！你們看這裡。『**參差荇菜，左右流之。參差荇菜，左右采之。參差荇菜，左**

右流之。』這個作者幹嘛用那麼多的『**左右**』？他帶來的有什麼樣的效果？『**左右**』、『**左右**』是在表達那個君子心中的心情。他的心情是緊張的，像是跳動的心率，快速的高低起伏。當見到他心目中的窈窕淑女時，心跳又像是已經發完心臟病的病人，心率從高山變平坦的山丘，心臟快跳出連接的血管一樣。」

黃老師問我們：「為什麼作者一定要用『**窈窕淑女**』，不要用聰明的淑女、精明能幹的淑女……？」

黃老師又說：「為什麼他要用摹聲詞『**關關、關關**』？」

我也在下面偷偷的摹聲，沒人聽到我奇怪的叫聲。

「『**關**』，是摹聲字，作者可能用『**關**』來比喻，他把他和淑女『**關在心裡**』，誰也不想理會。」班長張冠豐跟我是這樣說的。

老師突然問我們：「那個君子去看那位淑女多久？」

林品堯和陳浩明異口同聲的說：「四個月！」

老師的「追問到底」症又發作了，他問：「你從那裡推論出的？」

他們不慌不忙的說：「因為有四次『**窈窕淑女**』，所以我們認為是四個月。」

「嗯……，雖然這樣有點說不通，但還是說得過去。」老師沉思的說。

老師還為了我們的問題「為什麼是四個月？」，他還特地跑進他的導師休息室，進進出出的表演呢！

「現在了解為什麼是四個月了嗎？」老師問。

「了解！」我們大聲的說。

「好！第二幕結束！明天第三幕。還有，要抄第四課馬可‧波羅遊中國的同學，寫在聯絡簿上，明天交。你們最近給我小心一點。」老師的話，讓我有點畏懼，反正，把老師交代的事情做好就好了。

孩子每一天的文字速記，能把這教學過程串連起來，完成一篇自己寫的「教學小說」？

6.

第四幕（B9/27 下午）：教學中，實際進行「關雎」閱讀教學。

（實際教學稿在第二十章陳處毅同學的稿件中）

7.

第五幕（C9/28 早上）：教學中，實際進行「關雎」閱讀教學。林育諺的「第五幕教學記錄稿」：

今天的我，依舊昏沉，我一進到教室，就看到我們的班級在走廊上排好，我始終摸不清。原來今天是「教師節」，我還記的上禮拜是「九二一大地震紀念日」呢！

我們一到禮堂就坐下來了，郭群明還帶數位相機勒，原本調皮的郭群明，今天卻對老師說：「教師節快樂。」

老師也對郭群明笑嘻嘻的說：「孩子，你長大了。」

但在唱「老師我愛你」時，全都搞砸了。你一定會問為什麼呢？他在唱歌時，還把原來的歌詞改成另一種歌詞。

活動結束，我們回了教室，繼續完成我們的第三幕。在這之前，老師要追回昨天的帳，說：「昨天抄馬可‧波羅的，過來找我，讓我看看。」

「這可真好！我半張紙都沒動過，還有旁邊的人偷偷的跟我說：『抄兩遍喔！』我看今天的校安也不用去了⋯⋯。」我唉聲嘆氣的想。

我只能低聲下氣的說：「我沒寫，因為我昨天在寫教學紀錄⋯⋯。」

「今天都不准下課，除非你已經抄完了！」老師大聲的說。

　　我還有做伴的好友呢！那就一定非郭群明莫屬嘛！他今天完蛋了，一大筆帳要還。

　　「郭群明，你過來！你在唱歌時，是不是說了什麼？你夠成熟了！回去！」老師氣憤的說。

　　我們第一節課，老師說：「那個君子的心情是什麼？」

　　他又問了：「什麼是心情？」

　　我說：「心情就是心中的表情。」直見老師猛搖頭。

　　老師問：「情可以造什麼詞？」

　　林品堯反應有如蒼蠅神速的說：「感情。」

　　還有人說：「情緒。」

　　老師說：「就這樣？那心呢？心可就不一樣了。」

　　「為什麼題目不定作『雎鳩』，而定作『關雎』呢？下一節課討論，下課！」老師說。

　　第二節上課，老師說：「回來這裡，為什麼不定作『雎鳩』，而定作『關雎』？

　　老師又說：「因為用『雎鳩』的話，不能完全表達意象，但如果用『關雎』，可以讓讀者感到意象的語言。而『關』，像把那個淑女和那個君子關在一起，在自己的小世界生活，與世隔絕。還用了摹聲字，『關』。而『雎』就是在談情說愛的那兩隻魚鷹。」

　　「談情說愛有那幾種？」老師問。

　　陳富貴說：「約會。」

　　其他人都有說。

　　「能不能把第一段，放到最後一段？為什麼？請小組討論。」老師說。

　　我們直接戰敗，因為沒找到答案。

　　換第二組，他們說「不行，因為不能很快讓讀者快速進入情境。」他們自信的說。

　　每組答案分別不一樣，老師也贊同我們的說法。

「這裡重覆最多的地方是在那裡？有什麼用途？小組討論。」
老師問。

「我們覺得用最多次的地方是窈窕淑女。」我說。

「對呀，啊……效果勒？」老師問。

「他的效果是要重複那位君子的心中人選，我們這組只討論這
樣。」我說。

等我們都說完之後，老師說：「他重複的不只這樣，還重複『**左
右和愛意**』，這些都是重複的。」

再看這裡，這首詩也有表達淑女的心情。這個君子都去看他，
所以那個淑女在拔『**荇菜**』時，因為有點緊張所以手像河流在顫抖；
第二次因為緊張度又多了一點，所以就拔多了一點；但當淑女的緊
張極限爆發時，就抓了一大把。他的聲符、韻符就表達了『情緒』
──『**流之──采之── 芼之**』。」

「好！第三幕正式上完！」老師說。

我也鬆了口氣，不過這作者也很厲害。讓我想和他學習。

8.

第六幕：教學中，畫出每一段的「關雎」意象圖。

（實際教學稿在第二十章陳處毅同學的稿件中）

第七幕：教學中，「關雎」的戲劇化表演。

（接近考試未進行戲劇教學）

9. 短篇散文「分行」經營成為一首詩

我選取許地山先生的一篇散文稿，挑選出一些有感的句子，將其「分行」成為一首詩。

「蟬」（作者：許地山。1988.6.金安出版社。）

急雨之後，蟬翼濕得不能再飛了。那可憐的小蟲在地面慢慢地爬，好容易爬到不老的松根上頭。松針穿不牢底雨珠從千丈高處脫下來，正滴在蟬翼上，蟬嘶了一聲，又從樹底露根摔到地上了。

雨珠，你和他開玩笑麼？你看，螞蟻來了！野鳥也快要看見他了！

「蟬」（散文修改，分行為現代詩）

急雨之後，
蟬翼濕得不能再飛了。

那可憐的小蟲在地面
慢慢地爬，
好容易爬到不老的松根上頭。

松針穿不牢底雨珠
從千丈高處脫下來，
正滴在蟬翼上，
蟬嘶了一聲，
又從樹底露根摔到地上了。

雨珠，
你和他開玩笑麼？
你看，螞蟻來了！

　　野鳥也快要看見他了！

　　我也選取五上陳雲苓的一篇散文稿，挑選出一些有感的句子，以新細明體，將其「分行」成為一首詩。

　　〈**下雨的感覺和滋味**〉五上陳雲苓

　　在安靜的教室裡，聽到外面嘩啦嘩啦的下雨聲。雨和風的合作，雨下著，風吹著，雨打在我的皮膚上，舒服極了。外面的樹，享受著雨打到它們全身的感覺，當時我也聽到雨打在地板上的聲音淅哩淅哩的，雨也打在屋簷上發出滴滴答答的聲音。那種聲音，讓雨像個音樂創作大師。

　　雨下著，操場溼了，騎樓也積水 s 了，雨也輕輕的打在我的臉上。從外面遠遠的看著那小小的人，有的穿著黃色的雨衣，有的是在路上等著趕快開車走的駕駛。路上已經塞車了，每個人都心想：「快一點！」

　　下午時，雨還是不停、不停的下，雖然車輛不像早上一樣多，但是雨一直下，風一直吹。燕子也不停叫，不知道在訴說什麼？是叫其他燕子趕快走嗎？還是在說：「這裡很棒，趕快來！趕快來！」呢？

　　在外面的花雖然沒有被雨淋到，但是他趁風和雨一起合作時，去享受到涼爽的滋味與快樂，讓他能快快長大，成為一株美麗的花。

　　漸漸的，天色也慢慢的暗了起來，讓人們可以看見前面。路上一盞盞的路燈也亮了起來，車子開過去時，我也聽到車子輾過一灘一灘水的聲音。晚上的車子只有少數幾輛而已，幾乎都是狗在叫，是因為晚上天氣太冷，不想出來嗎？還是有其他原因呢？

　　雖然車輛有多、有少。雨一直下，風一直吹，這一天聽了雨創造的奇特音樂，我也在這一天感受到，什麼叫下雨的滋味和雨打在皮膚上的感覺。雨可以讓樹及小花慢慢的成長，動物們在訴說什

麼？他們也在雨中體會了許許多多的東西，看到、聽到許多奇特的
東西。

　　在雨中過了一天，我很開心。

　　〈下雨的感覺和滋味〉作者：五上陳雲苓

　　安靜的教室，聽到外面
　　嘩啦嘩啦的，下雨聲。

　　雨下著，風吹著，
　　雨打在我的皮膚上，舒服極了。
　　當時我也聽到
　　雨打在地板上的聲音淅哩淅哩的，
　　雨像個音樂創作大師。

　　雨下著，雨也輕輕的打在我的臉上。
　　外面的花，享受到涼爽的滋味與快樂，
　　讓他能快快長大，成為一株美麗的花。

　　雨一直下，風一直吹，
　　他們在訴說什麼？

　　這當成一種教學的教師示範，也是一個「鷹架」作用。

　　孩子也可以依照此「鷹架」，把自己的散文稿，轉化為一首詩
的初稿。

　　經過「關雎」的閱讀分析教學後，孩子由教學中，品評「**修辭
學**」技巧的美感，品評詩的語言是「**意象的語言**」。

　　這閱讀分析過程中，統整的詩經寫作技巧，將是類化在孩子針
對散文詩初稿的「修稿思考」產生效用。

　　例如：完成的散文初稿約 600 字左右，我請他們先挑選出一些
句子，以分行的樣式，完成一首詩的初稿。

詩的初稿到修稿的思考歷程，我請孩子逐一記錄下來。

（兒童詩的教學請參閱：教學河戀——教室小說工房，第四章一個九歲孩童的兒童詩 p.47-73；第六章美麗的秋天 p.119-146。白佛言閱讀寫作教室下冊——第十九章如何閱讀作者思考 p.86-134。台北，秀威出版社，2010-2012。）

10.　詩比較閱讀

比較閱讀「夏夜」、「爸爸缺席的童年」兩首詩作的「作者寫作思考」？

「夏夜」（作者：楊喚）

1. 蝴蝶和蜜蜂們帶著花朵的蜜糖回來了，

2. 羊隊和牛群告別了田野回家了，

3. 火紅的太陽也滾著火輪子回家了，

4. 當街燈亮起來向村莊道過晚安，

5. 夏天的夜就輕輕地來了。

6. 來了！來了！

7. 從山坡上輕輕地爬下來了。

8. 來了！來了！

9. 從椰子樹梢輕輕地爬下來了。

10. 撒了滿天的珍珠和一枚又大又亮的銀幣。

11. 美麗的夏夜呀！

12. 涼爽的夏夜呀！

13. 小雞和小鴨們關在欄裡睡了。

14. 聽完了老祖母的故事，

15. 小弟弟和小妹妹也闔上眼睛走向夢鄉了。

16.（小妹妹夢見她變成蝴蝶在大花園裡忽東忽西地飛，小
　　弟弟夢見

17. 他變做一條魚在藍色的大海裡游水。）

18. 睡了，都睡了，

19. 朦朧地，山巒靜靜地睡了！

20. 朦朧地，田野靜靜地睡了！

21. 只有窗外瓜架上的南瓜還醒著，

22. 伸長了藤蔓輕輕地往屋頂上爬。

23. 只有綠色的小河還醒著，

24. 低聲地歌唱著溜過彎彎的小橋。

25. 只有夜風還醒著，

26. 從竹林裡跑出來，

27. 跟著提燈的螢火蟲，

28. 在美麗的夏夜裡愉快地旅行。

「爸爸缺席的童年」（作者：墨明。1999。4.3.台灣時報副刊）

1. 我親自打電話和朋友約好了，

2. 我將到噴灌區的田埂，

3. 玩耍。這個童年該知道的事。

4. 小螳螂、小蜘蛛、小鵪鶉，

5. 經過了一個春天，

6. 我們就可以

7. 到處走走、到處看看，

8. 一幅可愛的模樣向大自然乞食。

9. 我們大家就在春天的風裡，

10. 成了新朋友。

11. 這些爸爸都不知道，

12. 他忙著！

13. 央鶴媽媽帶著黑絨絨的孩子上學了，

14. 媽媽永遠是牠們的好老師，

15. 牠在田野處教導孩子們，

16. 覓食生活、學習快樂，

17. 這些孩子提起顛顛倒倒的步伐，

18. 隨著老師心底響著的小鼓和銅鈴，

19. 四處逛逛、四處交談、隨地起舞，

20. 功課也自然地寫完了。

21. 老師在孩童的作業上，

22. 畫上紅紅的蘋果，

23. 紅紅的蘋果浮印在孩提時代，

24. 天真的臉龐。

25. 沒有劃記的點名簿是

26. 原野的森林小學。

27. 這些爸爸都不曉得，

28. 他累了！睡了！

29. 爸爸一定不知道，

30. 央鶴寶寶有著一雙黑長腳、

31. 一對黑眼睛，

32. 黑得有如黑絨布一般的羽衣，

33. 把晰白發亮的大地，

34. 都比下去了。

35. 爸爸像唐三藏一樣，

36. 不知道孫悟空的厲害，

37. 還沒有弄明白的事，

38. 就劈哩啪啦地，

39. 罵了我們一頓。

40. 媽媽！媽媽！

41. 這已經很多次了。

42. 我們已經決定，

43. 這次不再原諒爸爸了。

44. 他不明白我和朋友約會的事，

45. 他常常搞不懂，

46. 和小動物做朋友。

47. 他常常弄巧成拙，

48. 不愛玩卡通，只愛新聞報導。

49. 媽媽！媽媽！

50. 爸爸有一點像央鶴一個模樣，

51. 他的黑夜像極了牠的黑絨毛，

52. 讓人搞不懂他的忙！

53. 讓人搞不懂我這小小的年紀，

54. 會在春天缺席。

　　新詩教學的比較閱讀，是為著凸顯不同作者的創作風格。

　　如詰問作者的思考之不同特徵、作者的書寫技巧著墨處、作者意象經營的掌鏡技巧、作者造句及用字遣詞之特長、作者在分行的閱讀情緒技巧、作者的節奏感、作者的人生思考——這一些均

可以使用資料儲備表的樣式，讓孩子區分出想探究的類目進行閱讀教學與實務創作。

實務創作中，亦可讓孩子先思索，文學表達著人生在生活中的課題，諸如：生、老、病、死；喜、怒、哀、樂；悲、歡、離、合；苦、集、滅、道的課題。

其範圍有自我的、他人的、家族的、社會的、國家的、世界的、宇宙的。

其選材有生物、無生物的動物、植物、礦物；士、農、工、商；勞動階級、資本階級；陽光、空氣、水；白天、黑夜；時間、空間；嬰幼兒、兒童、少年、青年、中年、老年年齡階層。

其寫作焦點有色、聲、香、味、觸、法；眼、耳、鼻、舌、身、意。

其人生視點有第一人稱、第三人稱、全知觀點、主觀視點、客觀視點、出離視點。

兒童創作的思考分享與小老師的創作陪伴，將會影響孩子們的集體成長曲線和班級文化的成型。

而現場寫作的實在感將影響一個孩子的生命有感，畢竟孩子會因著寫作，而愛上觀察、體認大自然的一切生滅變化。

孩子因著寫作所需，而愛上閱讀不同作家的思考，這一些都將帶入孩子的實際生活中發生效力。

人文素養的深度是這樣逐漸形成的。例如：主題教學的體驗活動記錄，將會讓孩子完整地留下自己的文字印記，我們也在孩子的文稿中再見其內在思維的樣貌，師生這樣分享著教學即人生的可能現場，而彼此滿足於這個人生。

諸將兒童新詩教學階段（一）、（二）、（三）、（四）資料儲備表，概列如次：

兒童新詩教學階段〈一〉

		形式探究				內容探究	經營技巧	
		起	承	轉	合	意象式語言	詩的張力	修辭學
散文詩	定題	情感共鳴、迴盪						摹寫
	全篇	時間、空間順序安排				單一主旨	意境內容張力	明喻、暗喻
	段落	生活意象順序				全圖意象鮮明	情景交融	轉化
	句子	長句、短句情緒搭配				敘述句、描寫句	外形、功用譬喻張力	類疊
	字詞	形容詞、名詞、動詞				字義	形容詞、動詞	層遞
例子：		楊喚、阿保美代漫畫詩、少年小樹之歌、泰戈爾、西牛車、法國十九世紀詩選						
		北島、宗白華、葉維廉、海涅、沃茲華斯、惠特曼、雪萊、拜倫、葉慈、濟慈、普希金、波特萊爾						

兒童新詩教學階段〈二〉

		形式探究				內容探究	經營技巧	
		起	承	轉	合	意象式語言	詩的張力	修辭學
新詩	定題	象外之象、得其環中的哲思						略喻、借喻
	全篇	複雜層次結構安排				多義、歧義主旨	象徵、伏筆、留白張力	呼告、設問
	段落	意識流動順序				意象切割、併貼	A、B、C 意象並置張力	映襯
	句子	鏡頭文字素描、轉換、並置				複染意象句	內涵譬喻張力	對偶
	字詞	意識、潛意識字詞				字音、字義	文字精煉、生動張力	字數
例子：		宋詞、林徽音、陳育虹、濟慈、艾略特、普希金、萊蒙托夫、波赫士、艾蜜莉‧狄金生、里爾克、北島						

兒童新詩教學階段〈三〉

		形式探究				內容探究	經營技巧		
		起	承	轉	合	意象式語言	詩的張力		修辭學
短詩	定題	單純、單一性速寫							押韻
	全篇	單一順序安排				有、無人生觀	留白張力		轉品、倒裝
	段落	段落結構留白				意象與人生象徵	轉結構的意象張力		轉折句型
	句子	鏡頭切換短句				速寫動態、靜態	人生思想譬喻張力		語境
	字詞	現場意象字詞				日常生活字詞	轉品、倒裝字詞張力		
例子：		唐詩、黛青塔娜寂靜的天空、遷徙歌詞、廢名、宗白華、荷爾德林、							

兒童新詩教學階段〈四〉

		形式探究				內容探究	經營技巧		
		起	承	轉	合	意象式語言	詩的張力		修辭學
俳句	定題	直接、直下的直觀速寫							押韻
	全篇	調動單一順序結構安排				心的人生觀	頓悟、瞬間張力		直敘
	段落	結構順序調換、留白				直下的心境	意境張力		語境
	句子	5、7、5 字形式				速寫動態、靜態	A、B 意象的精神譬喻		
	字詞	直感字詞				直觀字詞	直感字詞張力		
例子：		日本俳句、禪詩偈語							

　　若是在教學中以小組討論的方式進行教學，從被整理過的小組討論經驗，使之成為師、生之間的共同經驗模組，這經驗模組中，有內容目標導向的推展，有工作程序的一連串工作序列和施工品質，有面對困境的問題解決，有人際互動的學習經驗。

　　這一些統合式的經驗歷程，是能使一個孩子有效地成為專家的經驗圖庫，這亦是孩子能快速直覺解決問題的直接敏銳度。所以說經驗愈豐富的老手，是因為其掌握的實務經驗愈多，而且這些經驗是常在實務工作應用之中體認的。

　　成為專家必須不停的反思、整理，經過同化、調適，而成為監控式的經驗模組，以此模組的不斷擴充而有別於生手的解決問題經驗。

　　我們常藉助小組討論的教學模式，一對一的小老師帶領小徒弟的教學經驗，是教師有意識地在發展、訓練專家式班級的教學文化。

　　任何一個技能學習的集體熟練性文化，都可以是怎樣發展成型的。就像蓋房子的工人，綁鋼筋、釘模版、灌漿、拆模的所有施工工序要求成熟之後，他就有能力把這些熟練監控的基模，應用在蓋二樓、蓋三樓……

　　我們希望各學科的不同技能基模訓練，是有計劃性的在教學中進行的。

　　更希望在各學科的教學、學習、發展上，能找到一個共同性的技能基模，可以依次類化在其他學科的學習上。

　　例如：閱讀教學技能層次發展類化、發問技巧學習類化、小組討論技能學習類化、讀書方法技巧類化、作筆記技能類化、摘取重點做綱要技能類化、書寫技能類化、學習歷程文字敘述技能類化、讀書心得書寫技能類化、技能類化。

　　而這一些技能發展，都可以以閱讀、寫作做為基礎目標，而逐漸擴展工具學科技能、內容學科技能，兩條教學線互為獨立訓練、互為轉換訓練、互為監控訓練，成為可類化性的學習技能目標，做為學習類化、生活應用的共同基模模組。

第二十章　詩經「關雎」教學記

六上／陳楚毅

「關雎」

關關雎鳩，在河之洲。
窈窕淑女，君子好逑。
參差荇菜，左右流之。
窈窕淑女，寤寐求之。
求之不得，寤寐思服。
悠哉悠哉，輾轉反側。
參差荇菜，左右采之。
窈窕淑女，琴瑟友之。
參差荇菜，左右芼之。
窈窕淑女，鐘鼓樂之。

（詩經文本資料來源：詩經讀本上冊 p.2-4，
2011.07.二版五刷，三民書局。）

我如何閱讀詩經「關雎」這一首詩的？

（1）〈實際的閱讀品嚐行動〉

　　我先將「關雎」閱讀一遍，並且閉上雙眼，想想為什麼要用「雎鳩」呢？窈窕淑女是誰？等等許多問題，接著畫出意象圖。

　　我的意象圖是窈窕淑女在採荇菜，作者目不轉睛的看著她，而兩隻水鳥停在小洲上。早上醒來，我馬上走到庭院前，庭院前的樹上停了兩三隻麻雀，我將牠們想像成詩裡的雎鳩，牠們一會兒飛

走，一會兒又飛回來，一隻飛到上面，另一隻也跟著飛到上面，這個畫面讓我對「關雎」有了不同的想法！因為我原本認為這只是個平凡簡單的愛情故事，但是看到麻雀互相玩耍的模樣，讓我知道人生的另一半其實是很重要的！

（2）〈字詞解釋〉

「關關雎鳩，在河之洲」中「關關」代表的是雎鳩（魚鷹）的叫聲。在河之洲是在黃河中的小洲。君子好逑，君子就是指配偶。參差荇菜指的是長短不齊的金蓮子。寤寐求之代表夢裡也把她追著。求之不得指的是追不上。寤寐思服是在夢裡也把她想著。悠哉悠哉指的是想念。輾轉反側是翻來覆去睡不安的意思。琴瑟友之是想要彈琴奏瑟與她接近。左右芼之的芼指的是摘下。鐘鼓樂之代表敲鐘擊鼓讓她快樂。我發現其實只要把字詞解釋後，個人對詩就會了解的更多，在還原作者現場時也比較會容易。

（3）〈作者的空間安排〉

遠	在河之洲、關關雎鳩
近	參差荇菜、左右流之、左右采之、左右芼之
內	寤寐思服、寤寐求之、悠哉悠哉、君子好逑、求之不得、輾轉反側
外	琴瑟友之、鐘鼓樂之、窈窕淑女
廣角鏡頭	在河之洲、關關雎鳩、
特寫鏡頭	參差荇菜、左右流之、左右采之、左右芼之、琴瑟友之、鐘鼓樂之、窈窕淑女

作者運用各種不同的空間安排，讓這篇詩更有「立體感」，讓讀者在閱讀、歌頌時，彷彿深入其境中。

（4）〈作者的八感摹寫技巧〉

看	在河之洲、參差荇菜、窈窕淑女
聽	關關雎鳩、
做	左右流之、左右采之、左右芼之、琴瑟友之、鐘鼓樂之
觸	
嗅	
味	
感	輾轉反側、君子好逑
想	悠哉悠哉、寤寐思服、寤寐求之

　　作者運用八感摹寫技巧，來表示他和窈窕淑女的表情動作，以及對事物的各種感受，讓讀者在閱讀時，將「心」與作者的腳步一起移動。

（5）〈關雎的修辭學、賦比興〉

　　通常作者會用修辭學增加表情達意，所以「關雎」一定也有使用修辭學。關雎用了類疊、象徵、映襯、首尾呼應、示現等等。像是「關關雎鳩」和「悠哉悠哉」就有用到類疊。而作者有可能把「雎鳩」象徵成男主角和女主角，所以我認為作者有用到象徵。

　　原本第一句是在說雎鳩，但是第二句就突然講到窈窕淑女，所以我認為作者運用「雎鳩」來映襯男主角和女主角的愛情。

　　「關關雎鳩」，代表男生要討女生開心。「窈窕淑女，鐘鼓樂之」的意思也是男生要討女生開心，所以我認為關雎用了首尾呼應。

　　在四、五段就是用了示現，因為作者想像的窈窕淑女，就好像在我們的眼前。關雎這首詩用到了「賦、比、興」裡的「興」，「興」代表的是從某件事聯想到另一件事。例如：作者聽到「關關」的鳥叫聲，就聯想到了窈窕淑女。

　　「修辭學」和「賦、比、興」都是我們常用的手法，它們都可以增加詩中表情達意，讓讀者對作者所用的字詞有無限的想像。

（6）〈還原作者寫作現場〉

做完了以上的分析後，就可以還原作者的寫作現場了。

我覺得作者絕對不是旁觀者，因為旁觀者根本不能了解當事者的心裡，所以窈窕淑女當時在採荇菜，是作者看著她，才對那位窈窕淑女產生愛情。

「關關雎鳩，在河之洲。窈窕淑女，君子好逑」：她正在採荇菜，而我聽到了「關關、關關」的鳥叫聲，我在想我是不是也有愛的人。

「參差荇菜，左右流之。窈窕淑女，寤寐求之」：我一邊看著長短不齊左右流動的荇菜，一邊看著窈窕淑女，甚至睡醒、睡著時都想著她。

「求之不得，寤寐思服。悠哉悠哉，輾轉反側」：我追求不到窈窕淑女，想念想念，不能入眠。

「參差荇菜，左右采之。窈窕淑女，琴瑟友之」：她採著荇菜，我心想如果可以追求到妳，我一定彈琴奏瑟，陪妳一起生活。

「參差荇菜，左右芼之。窈窕淑女，鐘鼓樂之」：荇菜在我的左右漂著，她左右手一起摘，如果我追求到妳，我一定敲鐘擊鼓讓妳高興。

還原作者現場是一個非常好的讀詩方式，因為是用比較白話的方式，所以就會知道作者當時在想什麼了，而且也比較懂這篇詩的涵義。

我相信「關雎」這首詩任何人讀都會有不同的感覺，像是從相遇—了解—相愛—生活，一直到幸福、分手，而你的感覺是什麼呢？

兩天前，黃老師指著窗外，要我們摹寫正下著的斜雨，我寫下：**「下雨的時候，大地的一舉一動，是九月在說故事！」**。

接近中秋的天氣，時晴、時雨、時陰，月亮似乎還躲在烏雲後，和我們一起等待中秋的來臨。

這天，台東市的陰森和籠罩的烏雲，已被雨洗刷的乾淨清朗。

時強，時弱的南風，輕輕擁抱著我，使我感到青春的活力——涼爽。

黃老師正站在台上，為我們灑下「關雎」的教學種子，認真的在黑板寫出範例。

看著同學認真的在抄筆記，讓自己也激起了「努力」的鬥志。

星期三早上。黃老師正專注的在黑板上寫出「關雎教學紀錄」的範例。黃老師說：「想！不講我就剪片喔！」

黃老師指著萬珊蕾說：「萬珊蕾你講！你馬上講，我馬上寫！」。萬珊蕾小小聲的說：「同學認真的抄筆記，散發出沸騰的活力。」，黃老師馬上寫在黑板上。

黃老師像是千里眼般的看來看去說：「再想想看！」，林育諺朝著講台小小聲的說：「我在吃檳榔！」。

黃老師剛好聽到！他便大聲的學吐檳榔的聲音：「哇卡配！」。

教室突然充滿了一片笑聲：「哈～～哈哈～～哈」。林品堯正認真的在抄筆記，他便問老師：「『哇卡配』要怎麼寫？」全班又笑了起來！

黃老師走下講台，朝著陳可涓比出花朵綻放的動作，我便得意的說：「那樣她是不會有反應的！」我對著董國偉的腋下比了一樣的動作。

董國偉嚇了一大跳！便開始和我玩起來。董國偉激動地說：「看我的螳螂手！」

我也激動的說：「看我的詠春拳！」。最後董國偉使出致命的一擊，便大聲的說：「如來神掌！」，打中了我的肚子！

「幼稚！」陳可涓邊笑邊看著我們說。

老師就像是我們的開心果，逗著全班笑！嘻嘻哈哈的聲音、吵吵鬧鬧的快樂，全班彷彿坐著時光機，又回到低年級天真活潑的世界。

天空正綻放著燦爛的陽光。星期四的第一節課，黃老師對著全班說：「我現在說什麼就做什麼！懂嗎？」，全班異口同聲的說：「懂！」。

黃老師便帶我們到籃球場旁的草皮，黃老師指著草皮：「男生到草皮上排四排。」，於是班上的男生都排成四排。黃老師說：「往前走！」，所有男生就往前走。

女生把手握成一個空心的拳頭，用特寫鏡頭專心的看著我們的腳走路的動作。

黃老師把手做成一個「大聲公」的形狀放在嘴巴前，大聲的說：「換女生去草皮！」我們男生則是把兩隻手重疊，類似遮陽的動作，把女生的上半部遮起來。黃老師也做著一樣的動作：「往前走！」，我們便開始觀察腳的一舉一動。

黃老師把我們帶回教室，問我們：「剛剛在看腳的時候，有什麼感覺？」。

我舉手說：「一層一層的黑色，一層一的白色。」

「長短不同。」林育諺翹著兩腳椅傻笑的說著。

「雜亂不一。」陳可涓專注的看著黃老師說。

莊育舜輕聲說：「有人跨左腳，有人跨右腳。有人跨大步，有人跨小步。有節奏的感覺。」

「像許多匹馬。」姚承中便積極的回答。

張冠峰扯著自己的手錶，以緊張的語氣說著：「有快有慢的，不整齊。」

「腳的粗細不同。像很多顆蘿蔔。」巫敬恩輕鬆的答覆。

「像忙碌的上班族感覺很零亂。」陳浩明說笑地向黃老師說。

黃老師把這些話記錄在黑板。

「咚～～咚～～～咚～～～」下課了。

低年級的笑聲已離去。星期四下午，正式進入「關雎」這首詩的教學。

黃老師正解釋「左右」的意思。

他用食指用力的指向黑板說：「作者的心情是亂的！」。

黃老師用兩隻手拍動自己的大腿說：「忽左忽右，忽左忽右。忽左忽右，忽左忽右。」黃老師用手做出表白的動作：「喜歡一個女生要去跟她告白，要去接近她的時候，心情是不是亂的？對不對！是不是！」

幾個人零零散散的說：「是！」

他激情的說：「回家的時候一直想，想——想——，想到晚上他都睡不著覺。」

黃老師拿了一塊木頭，放在手掌上，把木頭翻來翻去的說：「轉轉反側，轉來轉去。是不是跟左邊的心情，右邊的心情，是不是那個字『亂』！」。

黃老師用疑惑的語氣問我們：「是嗎？是嗎？」

全班一起說：「是！」

老師走到貼著「關雎」海報的白板那邊說：「這之間為什麼要用修辭學的技巧？這裡把左右做成俳句。左右的四字詞有那些？」

「忽左忽右、左右為難、上下左右、前後左右。」。黃老師又肯定地說：「國小的時候喜歡一個男生或女生，你的心臟看不到嘛！如果把這裏連接一個電腦，然後心電圖本來是很慢的，但是如果你看到你喜歡的那個人，心電圖就會『砰！砰！砰！砰！砰！』。」，黃老師像是「智障」般的甩動自己的右手。全班又笑了。

「對於從你的經驗開始，來注意這首詩的時候，『左右』兩個字幾乎被忘記了，看到喜歡的人走過來『砰、砰、砰、砰、砰！』」，黃老師模仿著「窒息」的樣子「ㄜ～～～ㄜ～～ㄜ」，全班笑得嘻嘻哈哈。

他馬上又正經的說：「左右流之、左右采之、左右芼之，跟你今天早上看到的，為什麼今天早上要你的視覺鏡頭切開，然後看左腳或右腳一起走！」

「亂！」黃老師用木頭敲了一下桌子。

他總是陶醉在自己的教學中，在適當的時候，由他帶給全班一片快樂。

微風正輕撫著高大的茄苳樹。

今天是禮拜五，黃老師一樣拿著他的木頭，走到白板前：「君子好『逑』的逑跟寤寐『求』之的求，意思是不一樣的。君子好『逑』的逑是直接告訴他。寤寐『求』之的求是沒有時間告訴他。」

黃老師用木頭把「關雎」的「雎」遮住，伸長脖子說：「為什麼他的題目不訂做『雎鳩』，而要訂做『關雎』？這個「關」是摹聲字，請問模仿牠的聲音有什麼意思？作者要說什麼？請舉手發表！」

「玩耍、戲鬧。」林育諺傻笑著說：「談情說愛。」

黃老師慢慢的走向前，接著問：「談情說愛，在說什麼？」

「甜言蜜語、咕咕對唱！」林育諺答著。

黃老師的手正準備數數，又接著問：「那為什麼題目要把「摹聲字」放上來？為什麼？」

「代表親密、相伴過一生、白頭偕老。」同學們爭相答話。

「那為什麼他要用『關』起來的關，不要用『觀』察的觀？」

「因為一對情侶在談戀愛，兩人『關』在他們自己的世界，與外界無關，過兩人最美麗的生活！」

「這個最美麗生活的首尾呼應。『關關雎鳩，在河之洲。窈窕淑女，君子好逑』對鍾鼓樂之的『樂』，人生又取得了一個樂趣，在你檢查的時候！你就會發現作者在定題目是有意思的。」

「我們在第二幕的時候有講到，君子要去追求淑女的時候彈琴奏瑟、鍾鼓樂之，這裡的動作、音樂從弱到強，對不對？」

「對！」全班正說

黃老師回想起早上的上課情形並說：「像你今天早上聽的，彈琴奏瑟比較弱。」黃老師拿著木頭拍著白板說：「弱、強，弱、強。」

黃老師接著問：「那請問君子這個地方，有沒有表現出強弱？第一段到第三段這裡，有沒有表現出強弱？我們說心情是兩個，一個是頭腦裡的『心思』；情是『情感、情緒』。君子產生的情感是左右不定、左右為難、忽左忽右，那我這裡有沒有一、二、三段表現這種左右的心情呢？」

「有！」全班看著激動的老師答著。

黃老師笑笑的說：「有在那裡？請找出證據。有表現出左右的心情嗎？有表現出強弱的心情嗎？空間安排，外面、裡面。空間安排有沒有強弱，有嗎？」

「有！」全班正拿這相機說著。

黃老師以懷疑的口氣說：「你說有？在那裡？我問你有沒有，你就直接告訴我說：『有』！」

「有？在那裡？」

黃老師無奈的說：「唉！你們現在是在上拍攝課喔！不回答我的提問，一直拍有什麼用！這裡有強弱嗎？」

「有！」只有幾個人答著，黃老師自己回答：「輾轉反側就有了啦！」。

他問：「這首詩有那些修辭學的技巧？」

有一個人答覆黃老師：「層遞」，黃老師就問：「層遞是不是在左右流之、左右採之、左右芼之？」

「對！」全班不約而同的說。

黃老師就誠懇的說：「那表示這個女生的心情也是上下左右！」

他把身體縮成像小女孩一樣，害羞的說：「唉呦！那個男生喜歡我！不好意思啦！」黃老師表演著女生害羞的動作，正起勁。

「哈──哈──哈──哈哈」全班突然一陣大笑。

黃老師馬上回到海報前問我們：「我可不可以，把第一段和最後一段調換？」

「可以！」我們看著黃老師說著。

黃老師拿著木頭指著黑板問：「『關關雎鳩，在河之洲。窈窕淑女，居子好逑』放第一段比較好，還是最後一段？請討論！」

「我們這組覺得，如果把關關雎鳩調到後面的話，不能馬上進入當時的情境。」第二組的陳可涓拉著衣服朝著老師說著。

第三組的莊育舜揉著筆記本說：「我們覺得如果放在最前面的話，可以吸引讀者想要繼續看下去。」

黃老師把雙手交插在胸前說：「漂亮！吸引讀者想要繼續看下去！」

第四組的張冠峰把手放在背後，扭扭捏捏地說：「如果放在後面的話，就沒有留白了！」

黃老師慢慢的走向他，說：「有沒有聽到！他把它放在後面，就沒有留白了！」

黃老師教給我們的就像是「白佛言閱讀與寫作教室」書中所敘述的教室小說一樣。

「這一本書是和一群孩子共同走過來的教學紀錄」。

2013 年的第一天。第一道陽光正照耀著臺東市。「關雎」教完了，若你覺得已經結束，我只能說你真得很蠢。若再將「關雎」重新閱讀的話，我想收穫會比憑空想像來的多。

一、〈我的分析回想〉

上完關雎後，其實我有太多東西處在不了解的情況下了。像我很少注意作者的情緒、重複、語末助詞……。

數字	技巧	是否　　有／無注意
1.	作者情緒	無
2.	重複	無
3.	語末助詞	無
4.	心中人選	無
5.	女生情緒	無

以上這幾點都是我沒注意到的。而這幾點在「詩經」中也扮演著重要角色。

二、〈重新閱讀關雎〉

當我重新閱讀關雎時，我直接針對以上幾點沒注意到的來做分析。

1.〈作者情緒〉

很多人都有屬於自己的愛情，理所當然！感受當然不同。像上次我說的「從相遇—了解—相愛—生活，一直到幸福、分手」等都屬於大多數人的情況、感受。我認為作者還沒追到淑女，還存在著國、高中生的熱血，是屬於相遇—了解這個階段的男女。看到喜歡的人男生都是用鬧的方式，而女生則是不敢面對或是靦腆的一笑。在讀關雎後再畫意象圖，我感受作者不是一般的男生，是會懂得尊重她的人，愛她也只是在旁邊觀看、想，女生在採荇菜時發現有人在看她，則是由害羞所轉化為靦腆的一笑而已。

2.〈重複〉

當你在讀關雎這首詩時，會有種意外的節奏感，這都是重複所造成。而作者重複了四個窈窕淑女、三個參差荇菜、三個左右，表格如下：

	重複次數
窈窕淑女	四個
參差荇菜	三個
左右	三個

作者使用了重複一方面是節奏感,而另一方面你有沒有想過是為了象徵什麼?有沒有發現作者把窈窕淑女重覆最多次,代表淑女在他的心中,就像是回憶一樣,慢慢的浮現出來。

3.〈語末助詞〉

我想「語末助詞」就像是「無題」一樣,並不完整、嚴肅,卻在背後象徵著某種意義,象徵的是所謂的純粹愛情?想法?

1.植物方面	流之、采之、芼之
2.人物方面	求之、友之、樂之

我想並不是!「植物」的語末助詞和「人物」的語末助詞一樣多,那也代表淑女在作者的眼中像是荇菜的柔軟、優雅。

4.〈心中人選〉

心中人選是大家所擁有的,他也可能是你的崇拜者,是宗教?父母?祖先?每個都有可能,因為以上在每個人的心中地位不同,方向也是絕對不同的。愛情是很奇妙的!依賴著對方,被呵護,我想那是很好的感覺吧!愛情是可互相依靠、分享,那宗教、父母、祖先當然也可以,增加彼此的感情,不一定是愛情,友情、親情……等。

5.〈女生情緒〉

沒有任何事是比被喜歡更來的新鮮、討喜的。看到班上的女生被喜歡總是非常的害羞靦腆,看到對方就把頭低下,微微的一笑。那如果是女生喜歡對方呢?在班上,她可能會故意生氣打那個男生或默默的看著對方,不過這都是正常的表現,並沒什麼奇怪之處了。

　　愛情沒什麼對錯，就像是「白佛言閱讀與寫作教室 Be-tween 這樣幸福」的書名一樣，尤其是那個字詞，「幸福」。跟黃老師相處就是這樣——幸福。

第二十一章 詩經「關雎」教學記

六上／陳建宇

「關雎」

關關雎鳩，在河之洲。
窈窕淑女，君子好逑。
參差荇菜，左右流之。
窈窕淑女，寤寐求之。
求之不得，寤寐思服。
悠哉悠哉，輾轉反側。
參差荇菜，左右采之。
窈窕淑女，琴瑟友之。
參差荇菜，左右芼之。
窈窕淑女，鐘鼓樂之。

（詩經文本資料來源：詩經讀本上冊 p.2-4，
2011.07.二版五刷，三民書局。）

我如何閱讀詩經「關雎」這一首詩的？

我把這首詩分成五段，每兩句分成一段，我覺得第一段的「關關雎鳩，在河之洲」的「關關」是隻雎鳩叫的聲音，然後有兩隻水鳥在河裡親親我我的。在下一句「窈窕淑女，君子好逑」是再把第一句的水鳥當做一位淑女和君子。

第二段的「荇菜」是指水草或金蓮子，是說那位窈窕的淑女來河水邊採水草，接下來的「左右流之」是指水裡的水草，從左漂到

右，再從右漂回左。然而那位淑女卻不理會君子，所以君子才「寤寐求之」來譬喻，而「寤」是指睡著，「寐」是指睡醒。

　　第三段的開始是用「求之」，第二段最後的詞也是「求之」，作者使用了類疊的技巧，而淑女對他不理會的「求之不得」，使君子回家睡覺時，卻一直思念著那位淑女。他「悠哉」的在床上翻來覆去。

　　第四段的第一句又以「參差荇菜」來做開頭，跟第二段的第一句一樣，會產生節奏感，長長短短荇菜左右手一起採，君子決定要以美妙的琴聲吸引她，長長短短的荇菜左右一起摘，君子又想要以鐘鼓讓她開心快樂。

　　作者為什麼要用水鳥而不用麻雀？因為麻雀的叫聲沒有水鳥好聽而且麻雀不會跑到水邊。為什麼君子最後要以樂器來讓淑女開心？因為音樂聽起來很優美可以讓人放鬆心情。作者的「轉」段落放在哪裡？我覺得是在第三段輾轉反側那裡。

　　我覺得這是一首很棒的詩，因為作者放了非常多的感情進去，而且這是一個很美的戀愛經驗，所以我以後也要用這種方式。而且作者也使用了非常多種，增加節奏的句子修辭學在文章中。

　　兩天前，黃老師指著窗外，要我們摹寫正下著的斜雨。接近中秋的天氣，時陽、時陰、時雨、時晴。

　　這天，中央山脈的陰森和籠罩的烏雲，已被洗刷的乾淨清朗。

　　忽強忽弱的南風涼爽，黃老師站在講臺，為我們灑下「關雎」的詩經教學種子。

　　我期待著樹上的葉子輕盈飛舞。

　　同學認真的抄寫著筆記，散發出沸騰的活力。

　　林育諺說：「我吃著便當」。

　　黃老師回他：「阿喀配！」一下子教室充滿了歡笑聲。

　　黃老師又走到陳可涓和姚丞中中間，對我們比著花朵綻放的姿勢。

　　陳可涓在抄筆記時，又看到陳傅貴擺著好笑的臉，便罵他：「老鼠」。

　　陳傅貴有一點不開心，於是便用新學的功夫和董國偉對決。首先陳傅貴用他的一指神功猛戳董國偉，董國偉也不甘示弱地用如來神掌回擊，兩個人就這樣一直打鬧。

　　隔天依是個微風徐來的早晨，我帶著期待的心情連忙趕到學校，但沒想到黃老師在早上做了一個很重要的活動。因為教師節，我正在禮堂練習星期五要表演的曲子——「感恩的心。」

　　我問了坐在我旁邊的同學：「今天早上，你們做了些什麼？」

　　他跟我說：「我的今天早上去一樓的草皮，黃老師一開始叫我們男生先密集的走在一起，然後請女生看著我們的腳，接著再換女生密集的走在一起，然後請我們觀察她們的腳。」

　　然後全班都跟黃老師說：「這樣還是會看到上半身。」

　　黃老師就開始想辦法，後來黃老師說把手，比成一個像滑雪的護目鏡形狀，再請我們觀察一次。

　　之後我們就回到教室了。當我們回到教室時，黃老師站在講臺上，問我們：「剛才看到的感覺是什麼感覺？」

　　我並沒有說，因為我沒有看到。但是當沒有人說出時，黃老師就會說出一句話：「再不說，我就剪片喔！」

　　這時就會激起大家的腎上腺素，變成了踴躍的發表。

　　黃老師在黑板上記錄著同學們說出的句子。

　　林育諺：「長短不同。」

　　陳傅貴的句子：「一層一層的黑色，一層一層的白色。」

　　陳可涓的句子：「雜亂不一。」

　　莊育舜的句子：「有人跨左腳，有人跨右腳。有人跨大步，有人跨小步。有節奏的感覺。」

　　姚丞中的句子：「像許多匹馬。」

　　張冠峰的句子：「有快、有慢的不整齊。」

巫敬恩的句子：「腳的粗細不同。像很多顆蘿蔔。」

陳皓明的句子：「像忙碌的上班族。感覺很零亂。」

接著黃老師走到後面的白板，告訴我們埋伏在「左右」裡的伏筆。

黃老師說：「第一個左右，作者到了晚上回家時還想著她，不管睡著還是醒著都還想著她，輾轉反側。」黃老師跑到他的辦公桌旁，一隻手平放比著，然後另一隻手模仿君子在床上的情形，他模仿君子的那一隻手越轉越快。

他再度回到白板前，說：「第二個是左右采之，又更加的強烈，再來是左右芼之，又更加更加的強烈。一開始是一點點，再來到中間，最後忍不住，去跟她告白。」

黃老師又說：「來，還有沒有一樣的句子？」

我們回答黃老師，還有「參差荇菜」。

「對。」黃老師回答我們。我們很開心。

「參差荇菜」也重複了三次，黃老師問我們說：「為什麼？」

我在心裡猜想：「參差是長短不整齊，所以我覺得參差荇菜是指君子的心跳圖，然後我靠近了坐在我旁邊的姚丞中，由他舉手跟黃老師講，沒想到真的答對了。」

黃老師向前走到黑板前，問我們：「如果當時在樓下的情形，只能用一個字形容，那會是哪一個字？」

全班的答案很一致，那就是「亂。」

黃老師在黑板上寫，現象——「亂。」延伸出「心亂。」、「思亂。」

黃老師又走回白板，說：「還有那些？」

我們說：「窈窕淑女。」

黃老師問我們：「為什麼要一直重複這句子？作者心裡在想什麼？」

　　姚丞中說：「因為那位窈窕淑女太漂亮了，所以君子要一而再，再而三的強調，也是一再的思念她。」

　　接著黃老師要我們猜：「這位君子，追了這位淑女幾個月？」

　　姚丞中猜一年。錯誤。

　　陳傅貴猜五個月。錯。

　　陳佑台猜六個月。錯。

　　莊育舜猜三個月。錯。

　　最後答案是由陳皓明所猜的四個月。答對。

　　老師問：「為什麼？」

　　他說，因為窈窕淑女出現過四次。

　　老師說：「跟我想出來的不太一樣。」老師說，「我是由荇菜看出來的，因為荇菜只有在三月到五月才會返青，六月可以採摘。」

　　陳皓明高興得跳起來。吃飽飯後，一群男生通通衝下去打棒球，我從三樓俯瞰下去，他們在一樓靠近藝術教室後面的草地打球。我看到陳皓明、姚丞中一組，而對手是陳佑台、徐奕泓、陳傅貴。因為陳皓明、姚丞中比較強，所以他們以二抵三。這時突然有人從我背後偷戳了我一下，原來是我新的好朋友，但我還是忘不了我以前最好的朋友，我以笑容掩蓋我的心思。繼續跑去追董國偉，我也用我的戳戳功回擊，把他弄得笑嘻嘻的，臉整個都紅掉了呢！

　　隔天來到學校，我非常的緊張。因為今天就是教師節，我和其他班的同學要上台表演「感恩的心」。當我們在準備時，我偷看了外面一下，我看到許多人，穿著五顏六色的衣服。輪到我們表演時，我非常的小心，拉好每一個音，架運好每一個弓法。因為我有上過閱讀品嘗，仔細品嘗過每一個音符，每一個旋律，就像「踏雪尋梅」的閱讀分析過程一樣。

　　表演完後，我回到班上去問同學，我的弓法有跟其他人一樣嗎？

　　姚丞中跟我說：「一樣啊！你們好厲害喔！連弓都拉得一樣。」

黃老師請陳傅貴幫我拿小提琴，然後我們兩個先走回教室。

黃老師繼續上著昨天還沒上完的「關雎。」

黃老師說：「情感的發展並不是只有君子在發展，所以這個參差荇菜是指這位君子和這位淑女的情感心律不整齊。講的是兩個人，而不是只有一個人。所以才用關關雎鳩，是兩隻河鳥。

「那為什麼要寫這一句呢？跟後面的追求，沒有關係啊。」

「沒有關係？那為什麼要用第一塊意象圖片？」黃老師的臉上有著微微的笑容。

黃老師問：「喂！這是什麼修辭學？」

「我們班學過了很久，都沒有人回答我？你們沒有上過修辭學喔！」黃老師應用第二課神奇的藍絲帶說：「你們想用藍絲帶勒死我喔！」

「象徵，象徵。作者背後是要暗示我們什麼？而要選用這塊意象圖片，來暗示這首詩的意義。還有，它也是譬喻。」

老師又說：「君子好逑的『逑』和求之不得的『求』，一不一樣？」

「君子好逑的『逑』是在內心的想要和她做朋友。另一個『求』是在她面前的告白，是真實的動作，不是想念。」

老師又再度分析了「左右」，讓我們更深入的了解作者在這首詩裡，放下「左右」的意義。

「依照順序是『左右流之、左右采之、左右芼之。』以這三個字的讀音來說，是由二聲到三聲再到四聲，這也顯示著君子想要追求她的經過，越來越強烈。」

黃老師一下躲到教師休息室，一下又跑出來。每一次跑出來就會跑得比上一次還要遠一點。他再以物品來看，先是以優美旋律的「琴和瑟」，再來是以旋律較大聲的「鍾和鼓」，來打動淑女的心。

老師又問：「為什麼『關關雎鳩，在河之洲。窈窕淑女，君子好逑。』作者為什麼要把它放在第一段？而不放在最後一段？」黃老師請我們小組討論。

　　我們這組討論出：「因為如果放在最後一段，讀者無法快速進入當時的意象圖。」

　　我們這組決定讓陳可洧來發表，因為她講話比較大聲。

　　第三組的代表莊育舜說：「因為，如果放在最後一段，就沒有留白的效果。」

　　老師問他：「那為什麼要放在第一段？」

　　莊育舜一臉尷尬的表情，回答說：「我們只有討論到這裡。」

　　第四組，說：「要讓讀者去思考、去聯想。」

　　老師說：「聽到沒有？聽到沒有？這會產生留白的效果。」

　　換第五組時，情況和第一組一樣，沒有人站起來發表，所以淘汰。

　　姚承中比著跟棒球裁判一樣「選手出局」的樣子，喊：「Out」。我們這組充滿了歡笑的聲音。

　　這時，我看到第三組的劉凱揚，一副心不在焉的樣子，在玩手指。我想快點認真的聽，所以馬上把目光轉回黃老師身上。

　　「這首詩重複的句子有很多，這有什麼意義？」老師說完，他便走回黑板，再次的請我們進行小組討論。

　　第一組說：「有重複心中人選和思念君子。」

　　我們這組說：「會有想追，追不到。想要，要不到的心情。」

　　老師說，這就叫做「左右」，還有「反側」，還有「思念」。

　　老師說：「關雎分成七個教學階段。」我們已經進行了四個，剩下就是畫意象圖，和在班上排演著個關雎的戲劇演出。

　　我覺得關雎是一首非常好的詩，你不認真的去讀，會讀不出個所以然來。用心讀，才會知道作者在這首詩裡，埋下多重的伏筆。

第二十二章　六六教學回憶錄

六上／萬奎汝

　　老師就像我們的爸爸一樣，細心的照料，散播知識的種子，讓我們平安茁壯，也試著放我們單飛，找尋各自的目標……。

　　四年級剛要放暑假，準備升上五年級還搞不清楚狀況的我，站在中走廊，呆呆的看著公佈欄五年六班的名單，導師是——黃連從，看了有點傻眼，因為之前我有打聽過這位老師會出很多作文，而且他的教學方法和其他老師大大不同。

　　而暑假，我正準備黑暗的到來。

　　開學的第一天，我躲在門口，默默的看著一位高高瘦瘦，表情嚴肅的中年男子，我心想：「他應該就是老師了吧？」

　　他看到我，立刻向前走過來，客氣的說：「這位同學請進。」他十分開心的說，一點都不像剛剛看到的「撲克臉、怪叔叔」我進到教室，也就隨便找個位子坐下來了。

　　上課鐘聲響起，那位老師又帶著兇神惡煞的表情，大家的神經不時抽了一下。

　　老師坐在後面的椅子上，看了一下手錶說：「升上高年級，事情就要自己去處理，這樣才是長大的孩子，還有我很不喜歡座位每一學期都要換，所以就按照這樣吧，如果看不到還是要說喔！ok？」老師的話字字關心著我們。

　　之後，我發現老師上課時，都會開開玩笑，逗我們開心，不要一直沉浸在上課的壓力中。上課的方式也和別的老師與眾不同，他總是喜歡把他自己瘋狂研發的秘密武器整理得簡潔有力，也喜歡買

一些外國著名的書，每天晚上熬夜研究，隔天我們就能享受到最好的文學作品。

我們的黑板上都有老師辛苦研究的筆跡，筆記本上也記載老師獨一無二的教學過程。老師教的人物刻劃，需要把別人的表情、動作具體的描寫出來。每一課課文都需要有基本的架構：引言、人物中心描寫、結論，依照不同的文章形式架構來區分。五官的感覺〈八感〉、修辭、描寫句，都是句子中不可或缺的。老師會表演課文中的場景，讓我們深刻體會作者的現場摹寫。每次考試時，老師一再提醒我們哪些地方要注意，但我們總是不聽，考出來之後就被罵的狗血淋頭。老師也會提起他那風光的陳年往事——籃球教練生涯，他可以開心半天，陶醉不已呢！對籃球，魂牽夢縈呢！

第一次上數學課時，老師問：「從一到六年級有一個數學列式，是什麼？小組討論。」老師靜靜的坐在後面，聽著我們討論的內容。

老師最後公佈了答案說：「其實很簡單就是（　　）加減乘除（　　）＝（　　）」

「低年級通常（　　）都在最後；中年級會在第一個或第二個；高年級可能就只會給你一個數字，有兩個答案要自己去破解。」老師流暢的說著，舌頭一點都沒打結。

老師對於數學的破解讓我大開眼界。原來，理解數學可以這麼簡單。

在五下的課文中，有一篇叫「繞道而行」，但很奇怪的是，老師並沒有按照課文安排順序接著上，而是拿下他的眼鏡說：「我們先上十一課，最後再來上第十課。」老師悠哉的說著。

當國語課程全上完時，老師問了一個問題：「為什麼老師當初要跳過第十課，先上別課呢？回答出來的老師就送他一本書。」老師突然問了一個問題。

大家爭先恐後的提問著，深怕得不到老師收藏已久的好書。

老師走到第五組旁邊，他們那組討論的十分激烈，不知從哪冒出來的聲音說：「老師要教我們學會繞道而行。」石慧靖激動的說著。

老師點點頭，似乎很開心，有位同學答對了。

老師說：「我就是要教你們繞道而行，這樣才有更多的學習方法。」老師高興的說著。似乎對我們有很大的期望。

班上發生爭執時，老師通常希望學生能有效的處理，偏偏我們班的五大天王，常常惹事生非，不是打架，就是在走廊上奔跑，被學校的生活組長抓到。郭群銘只要遇到黃連從老師，表情就十分無辜，臉上就寫著「我不是故意的」大字。

老師每次都希望學生能把委屈的心情講出來，但郭群銘總是悶不吭聲，低著頭，看著地板。

老師只要一提到他最愛的武俠小說，就開始述說情節內容，講得彷彿自己身在其中呢！每當賴裕達進入夢鄉時，老師就會使出他的魔爪說：「賴裕達起來了，看我的魔爪！」老師天真的逗著賴裕達，玩得不亦樂乎。

賴裕達也只好聳著沉重的眼皮看著老師。

老師使出了最後一招，大家看的捧腹大笑呢！

上課時，老師都非常把握教學的一分一秒，只要稍微不注意黑板或老師的動作，立刻會有炸彈飛來你這，這也要及時閃躲，要不然頭會多腫一個包呢！老師嚴格的時候千萬不能鬆懈，要不然知識拼圖會連接不上，損失慘重喔！

六年級時，老師教了我們一首愛情的詩「關雎」，讓我能默默的感受到愛情的力量。

我們也寫了一篇老師的教學記錄，我是這樣寫的：

「情人節那天，雪白的玫瑰生氣蓬勃，而配上愛的巧克力，真是讓每對情侶在這天表白出對彼此的愛意，真是好羅曼蒂克！

你們有看過小動物在追逐玩耍嗎？河床邊時常有小蜻蜓在那互相追逐、戲弄，你拍我打，你跑我追。

「關關」是什麼意思，而為什麼又要用這個字？

而在這河的對面有一位端莊嫻靜、清新脫俗，令人不得不看一眼的女生。

對面大樹的後面，有一位君子，偷偷的看著她。

她那優美、氣質的雙手，左右手一起採著長長短短的荇菜。

當我睡醒、睡著時，我都會想著那清秀的臉龐，翻來覆去日夜不停的想著她。

我要彈琴和姑娘親近，摘下荇菜的瞬間，好優雅啊！

我要敲鐘打鼓，讓她快樂，露出她那美麗燦爛般的笑容。

見到姑娘的第一面，我的心就飛到那了，拿也拿不回來了。

就在一對水鳥在談情說愛時，一位君子，也愛上了一位姑娘。

作者把順序安排得很穩固，修辭學也用了一卡車那麼多，雖然在這首詩遇上很多瓶頸，但我們還是解決了，就像鏡頭，到底是用什麼？是廣角鏡頭、鳥瞰鏡頭……等？作者是否也有用隱藏的方式寫詩，留白？

看完這首詩，讓我想起：「牛郎與織女」的淒美故事，兩人彼此相愛，卻不能在一起，因為凡人和仙女在一起是會觸犯天條的。這件事情讓王母娘娘知道後，把他們拆散，變成一顆顆星星，只能遠遠思念對方。玉皇大帝看了也有點心疼，決定讓他們在七夕那天才能在一起。有座橋叫做「鵲橋」，是為了讓牛郎、織女在七月七日那天在橋上相會。

每一對恩愛的情侶，都會經歷風風雨雨才在一起呢。當心裡喜歡一個人，心裡都會有一種燃燒、臉紅的感覺，我想君子也是這麼想吧！動物和人一樣都會相愛、生子。作者寫這首詩也是要給他自己心目中最重要的人嗎？

喜歡一個人的時候，都會把最好的表現出來，吸引她人注意，這就是君子的風範，甜蜜相愛的那個畫面，應該誰也忘不了吧？追求女孩的心，是一件要鼓起勇氣，不容易的事。在高雄的愛河之船，

每一對搭上船的情侶，都覺得好幸福、好快樂，而君子也都希望姑娘每天都能快樂，連眼睛閉上都還是想著她。君子已經對她念念不忘了，而在黃河中的水鳥，唱著，似祝福著他們說：「希望他們像我們一樣變成一對小情侶，恩愛直到老。」

　　用這兩隻雎鳩當作開頭，又把君子喜歡姑娘的情景寫出來，有一種呼應的效果，配的恰到好處呢！字數控制的很好，有對偶的修辭，又有節奏的感覺喲！

　　台北淡水藍色公路，是浪漫約會的最佳地點，君子和姑娘應該也是需要一些氣氛才有愛的吧？君子非常希望能娶姑娘為妻，她既賢慧又美麗呢！

　　每一對情人都有他們的浪漫約會，他們一起共渡悲、歡、離、合，他們有一顆堅強的心，不被搖動，又在一起了，這一定是最幸福的事了！

　　前幾天，外面颱風，雨水被吹得都變成斜的了，像一根根針從天上掉下來，把手伸出去接那些雨水，打到還有些刺痛呢！我寫了一首雨詩：「雨，拿著指揮棒，在各地方表演，滴答滴答——在耳邊不時迴盪，大地充滿了音樂氣息。」

　　中秋的天氣時陰、時雨、時晴。

　　中央山脈的陰森和籠罩的烏雲，已被雨洗刷得乾淨清澈。

　　忽強忽弱的南風，正對著我們迎面而來。黃老師站在講台上，為我們灑下「關雎」的詩經教學種子。教室外的馬齒莧也不被強風打擾，像堅定的心。

　　這天太陽出奇的熱，我們就像熱鍋上的沙丁魚，簡直就快熱昏頭了！天上只有幾片小雲。

　　我坐在窗前看著校門口的大馬路，導護老師熱心十足，叫著：「後面的小朋友趕快過！」這位滿頭大汗的老師心急如焚地叫道。

　　而過了一下子，又有下一批小朋友要過馬路，老師也來不及揮汗，就催促著小朋友。看了這些老師們的辛苦，我想過幾天教師節時，他們一定是卡片收到手軟、堆積如山吧！同學們各個戰戰兢兢，散發出沸騰的氣息，偏偏只有賴裕達被老師的「關睢」光波給沖昏頭了，體力不支、呼呼大睡，全班也哄起一陣笑聲。

　　正當我們笑得正開心時，老師跳上講桌，把在場的同學都嚇壞了，老師示範鳥瞰法，可以俯瞰到同學在做什麼？把他的表情、動作寫下來，這時我發現廖嘉敏，正對著石慧靖比 YA！露出她那甜美的笑容，令人十分窩心。而有些人聽到要寫教室小說，趴在桌上，都無精打采的，但大部分的同學都感到有信心再奮鬥，而且平常我們的能力，老師一一在強調，所以這次的教室小說一定要好好的寫出感情。

　　我們現在就像是馬齒莧開花的時候，只要把這篇小說寫完，通過之後，我們的能力又往上進階了！到時候就可以看到熱情奔放的馬齒莧，綻放奪目。

　　班上充滿了歡樂，老師對著陳可涓綻放了一朵小花，陳可涓看了大笑不停，說：「老師你比那什麼動作啊？嘻～嘻～」陳可涓笑著說。

　　老師最後講了一句話：「賴裕達這學期進步很多！」老師面無表情的說。

　　不知什麼時候，賴育達已經精神振奮，坐好在那兒了。老師繼續說著：「郭群銘其實也有這個能力，只是都活在籃球的世界中。很可惜，我很看好你！」老師用著那憔悴的眼神看著他，好像昨天半夜才睡似的。

　　郭群銘雙眼炯炯有神的看著老師，彷彿和老師有著心電感應，似說：「老師我知道了，我一定會朝著這個目標前進。」郭群銘不斷的盯著老師。

　　老師也對他眨了眨眼。

　　這天，老師帶我們到樓下操場的草皮上，叫男生們在大太陽底下整隊，而我們女生則在樹蔭乘涼，老師大聲喊：「起步——走！」老師賣力的喊著。

　　老師回頭看看我們女生，叫我們把手放在眉毛前，「看男生們的大腿以下，有什麼感覺？體會？這是實際操作意象。」

　　「我覺得他們的腳步就像成群的公雞，有抬頭挺胸，神氣威風，有些則低頭吃著飼料，害羞的不敢抬頭。」

　　回到教室，老師問我們，「你們看完有什麼體會？有什麼想法？」

　　第一個人舉手是莊育舜，他說：「有人跨右腳，有人跨左腳。有人跨大步，有人跨小步。有節奏的感覺。」莊育舜冷靜的說著，不受任何人干擾。

　　陳皓明又說：「像忙碌的上班族。感覺很零亂。」他緊張的說著，不停的抓著桌子。

　　老師又問，「這些的雜亂的動作，只能用哪一個字形容？」

　　全班齊聲說：「亂！」大家各個精神飽滿的回答著。

　　老師快速的通過狹窄的椅子，走向後面的「關雎」詩經，說：「這位君子喜歡姑娘的時候，心思也是「亂」的。詩中的左右流之，左右採之，左右芼之，的左、右都是在說君子的心情，就是上下左右、左右為難，心思無法克制。回家睡覺時，心裡還是想著她，思念啊！思念啊！彷彿永遠忘不了她，她那清純美麗的笑容，有如大地之美，可以包容下全世界啊！影像不時徘徊在我腦海中。不管怎麼睡，怎麼反側，都被她的眼神給吸引住了，我的心也在她那兒了！「這是君子強烈追求的心情」老師搥著胸膛上、下、上、下，表情十分鎮定。」

　　過一會兒，接著老師一邊唱歌，一邊配合動作說：「咚~咚~咚~~」老師模仿著君子的心情變化，真像電視上的豬哥亮被雷打到！

　　老師又問我們：「修辭學又有用到什麼？」老師看著我們。

　　我們全班不發一語。

　　老師又說：「你們送我藍絲帶是要把我勒死啊！」老師帶的語氣似乎有一點警告的意味。

　　「經過這一次，君子更加深刻，一次又一次的慢慢接近她，利用空間安排，從近→遠，回家又出來，回家又出來，又跟姑娘走的更近了，形成了內外、內外的空間安排；心情的變化也從弱到強，從柔美的琴聲到令人震撼的鐘鼓聲，表示對姑娘的愛意也越來越炙烈燃燒。」老師配合著動作和聲音，令我們大笑不已！

　　「詩中也不斷重複思念、愛意，而且對姑娘的思念一次比一次的強烈。君子看到姑娘的第一眼，心全部都關起來了，心裡只想著她！」老師誇張的配合詩中的情感，表演得自己彷彿身歷其中。

　　為什麼這首詩要定題為「關雎」？而不要定題「關關」？

　　定題「關關」不是反而會有疊字的效果嗎？不是更好嗎？題目和首、尾的呼應，非常的扣緊牢固。首尾，最後都是兩人在一起相愛，好比雎鳩和君子、姑娘。君子的勇氣也讓她追求到了姑娘，而在追求中也遇到了種種難關，為了不讓別人搶走他心愛的姑娘，所以每天都固定到河邊去看他。我想淑女的心情也是好害羞，「怎麼會有一個男生一直看我！好害羞──討厭！」老師用著女生的口氣說著。令人毛骨悚然。

　　「剛開始左右流之，流是二聲，左右採之，是第三聲，左右芼之，是四聲，從弱到強，就好像是姑娘害羞的心情起伏。」老師模仿著姑娘的心情變化。我覺得口音也學得有些相似，只是詩中的姑娘比較漂亮而已。

　　「君子同樣的心情，參差荇菜的「荇菜」，同樣的也是在說君子和姑娘的心情都不整齊。關關雎鳩放在前面，是用了象徵修辭學，「關關」是雎鳩的叫聲，成為最美的情感。後面的那幾幕，在追求姑娘就好像：「關關雎鳩在河之州，窈窕淑女君子好逑。也可以把第一段調到最後一段不是嗎？但是這樣就不能呈現更隱藏的

情感了！放在前面就有種象徵的效果呈現，所以你認為作者是放在首段好？還是尾段好？為什麼？小組討論！」老師正坐在後面的木椅上專注的看著我們，似乎期待著我們會講出更具有不一樣思想的答案。

　　我們這組的莊育舜說：「放在前段有留白的感覺，可以讓讀者自己思考想像，而且把雎鳩放在首段，已經是情侶了，把他們這兩對情侶比較，凸顯了君子和姑娘的想要。」莊育舜一副感覺要讓我們通過的臉！不知道是跟誰學的？

　　詩中用了一卡車的修辭學，經過老師大致的分析，有：類疊、俳句、摹寫、層遞、象徵，和隱藏式的伏筆，情節一層層的往上進階。從段落、句子、字詞都有類疊、俳句，也都有重複的效果，重複自己心目中的人選、思念、左右，反側，和對姑娘的愛意。

　　在最後一句：「窈窕淑女鐘鼓樂之。」老師激動的講出，好似講了說不出的感動。

　　這天下午我們六年六班教室充滿了快樂的氣氛。

　　老師也宣布要演「關雎」這首千百年流傳的情詩，大家熱鬧紛紛的討論著：誰要當君子？誰要當姑娘？荇菜呢？

　　老師看著我們露出一絲絲的微笑，又進去喝茶了！

　　教學前老師總是用「剪片」來威脅我們這些小孩，說：「再不說，我就要去別班上課了！」老師的話，讓大家有了警覺性。但最後還是上了！可能是因為有些人的作文寫的令老師感動吧！』

　　老師的教學用心，令人十分敬佩，充分表現了對學生們的態度。時間，總是流逝的特別快。老師您也別忘了，台東有這群孩子們。希望我們有緣能再當您的學生。

第二十三章　回憶，這個大家庭時光

六上／洪筱閔

回憶，這個大家庭時光。

時間過得好快。馬路上臨時停車燈的聲音；路上騎機車、開車的聲音；鄰近婆婆媽媽聊天的聲音；和客人殺價的聲音；以及飛機聲、鳥叫聲、樹葉聲……等。讓我慢慢的回想起……

這天，是開學日，而我們已經成為高年級生了，所以，每個人都自己來上學。

剛到教室，就看到之前 1、2、3、4 年級的同學，所以大家並不陌生。而老師早就把座位排成 5 組，每組六人，我坐第一組。

接著，老師問我們有沒有去打聽看看，他是一個怎樣的老師？有很多人都有打聽，結果是：會寫很多作文，運動會最後一名，很愛搞笑。

老師告訴我們抬便當照星期順序輪流，第三組就不用抬了。第一天的回家功課竟然是：收集廣告詞，大家都很訝異。

回家後，我先整理了一下，吃完晚餐後，就坐在電視機前，以往都是希望不要有廣告，結果現在反而顛倒了。連我自己都覺得好笑。

五上校外教學時，有幾個人沒去，都是桌球隊的。五上我們去了烏山頭水庫（八田與一）、嘉南平原、七股潟湖、高雄港、美濃客家文物館……等。我們那次的隨隊老師是邱耀平老師，那時候，我們每天都會上到他的課，夏天的時候都可以在電腦教室吹冷氣呢！我寫的校外教學記：

今天早晨，我五點半就起來了，因為今天就要去兩天一夜的校外教學了，我好興奮，覺得這次的校外教學會很有趣。

媽媽載我到火車站時，已經有一些人來了，過沒多久後，老師開始點人數，老師跟我們說有幾個人會在知本火車站上車。老師又告訴我們要進月台了，我們就依順序上月台，火車的兩旁有很多的花草樹木，下了林邊火車站後，我們就由領隊企鵝姊姊帶到我們的遊覽車，沿途經過佛光山、屏東科技園區……等。

領隊還特地準備了八田與一的影片讓我們欣賞，影片是在說他是日本的一位土木技師，來到台灣從事興建水庫、水壩……等工程的偉大事蹟。

接下來，我們到了台南的七股潟湖，穿上救生衣、坐「龍海號」出海，沿途看到養蚵人的網子，看到別班坐的船，他們那邊的海是綠色的，我們的海是藍色的，跟天空一樣的藍，船後面跟著白白的浪花。船到了紅樹林，裡面有彈塗魚、招潮蟹等，領隊說紅樹林的第一批復育成功，因為第一批復育她有參與，現在復育第二批。我們坐的船上有蚵殼裝飾，解說員還抓蚵起來給我們看，蚵還會吐水。

搭遊覽車去烏山頭水庫後，發現這邊的水跟七股潟湖的水顏色不一樣。進去八田與一的紀念館，裡面有他們全家人的合照，八田與一穿的衣服，有投影片，旁邊還有文字解說，嘉南大圳灌溉區域平面圖。以前的量穀器，是用木頭做的。另一區是他們全家住的日式房屋，八田與一的畫像，解說員讓我們偷偷的進去看他的書房。走一小段路，到了八田與一的銅像跟墓碑的地方，大家爭先恐後的搶著要拍照跟摸八田與一的銅像，他的銅像手裡有一束花。

解說員說，每天都有人送花給他的銅像。

再往後走，就看到八田與一和他的妻子外代樹的墳墓，底下還有擺供品。後來，來了一群日本人，我發現日本人很尊敬他，摸他時，都小心翼翼的，好像怕一不小心就會壞掉一樣。

　　這次的校外教學讓我學到了豐富的歷史、文化、豐富的自然生態，以及純樸的客家風味，讓我覺得真是收穫滿行囊啊！

　　期待下一次還有機會來到這麼多元文化的地方，讓我們大家擁有更豐富的知識。

　　五上包括寒假功課我們一共寫了五篇作文。讓我驚訝的是：老師比之前教過我的老師還老，沒想到作文居然是用打字的，而不是手寫的。

　　打這種作文常常讓我覺得很困擾，因為我的姑姑和阿嬤都會誤會，就算解釋完了，他們還是會一直碎碎念，例如姑姑都會說：「我們以前讀書都沒這樣，還要用電腦。你騙我沒讀過書喔！」（台語）讓我一點都不想理他們。

　　五上最長的作文可能是琵琶湖那一篇吧！

我寫：琵琶湖自然寫作 3000 字

　　在一個寧靜的下午，騎著腳踏車，從海濱公園穿過綠水橋，進入琵琶湖時，停下腳踏車看到琵琶湖的標誌，下了車，開始觀察這個恬靜又優美的湖泊。

　　琵琶湖的兩旁，種植著木麻黃，為什麼要種木麻黃呢？那是因為早期每年 9、10 月時，都會吹起東北季風，很多沙子都會吹進台東市，所以台東縣政府就種木麻黃來防風，後來變成森林。

　　我靜靜的坐在橋邊，看著這清澈的湖水有什麼動靜，準備要跟這美麗的湖畔來個親密的約會。記得之前來時，爸爸和弟弟曾經在這裡看到巴西烏龜的蹤影，爸爸說：「巴西烏龜會破壞我們這裡的生態。」

　　坐在琵琶湖旁，微微的風吹過我身旁，感覺很舒服，這裡有很多的花草樹木，這裡空氣很流通、新鮮。為什麼它叫琵琶湖呢？因為它是一個從地下湧泉冒出來的湖泊，又因為是自然形成的，而且形狀很像琵琶，所以它叫琵琶湖。

　　湖畔的水裡還有青苔、石頭。湖水好似有魔法似的，把這些美麗的景物，映照在這個清冽的大鏡子裡面。看完這面大鏡子後，我忍不住找個有草地的地方，躺下來欣賞，我左、右側躺，發現每個角度看湖面都不一樣。看看蔚藍的天空，發現天空萬里無雲，黃色的太陽照亮了整個天空，變成一種美麗的組合，實在是美不勝收啊！

　　湖邊有小石頭、小土堆，兩旁都設有自行車道，有些人會刻意把腳踏車停下來欣賞，有些人會走到河旁傾聽湖的聲音，有些人會走到河旁丟石頭、打水漂。從上面往下看覺得湖水很淺，事實上很深。琵琶湖是去許多森林公園裡景點的重要地方，可以去森林公園、賞鳥小屋……等。再走過一座老舊的橋，繼續走，會看到一個小涼亭，把腳踏車停在外面，進去休息一下，看看外面的大樹，用力呼吸新鮮的空氣，吸收芬多精，對身體有益無害。

　　再繼續慢慢的騎，可以感覺到兩旁全部都是樹，非常涼，是很棒的森林浴步道。夏天的時候，天空整個被一棵棵在跳舞的樹包住了，就好像一個綠色的大泡泡，把整個天空都包了起來，只剩下一點點細細小小的縫隙而已。夏天時，來這裡就對了，因為有天然的森林浴，非常涼爽，讓進去的人能把不快樂的事通通忘掉。帶著愉快的心情，繼續騎，騎，騎，就可以看到一座有兩層的樹屋，可以在裡面野餐、聊天、看風景，經過一個小路口後，穿過一個長長的隧道，隧道裡面又黑又暗，裡面有很多的電燈泡，所以外面也會有告示牌，寫著要小心。

　　接下來，我們準備要騎去森林公園，沿途我悠閒地騎著腳踏車，穿過一個長長的隧道。騎出這長長的隧道時，可以看到人很多、很多，左邊、右邊都各有很大的大草皮，草皮上有許多人在玩踢足球、放風箏，也有許多小朋友會在草地上追逐、玩耍。再往前騎一點點，可以看到給小朋友玩的遊樂器材，要進去遊樂器材時，要走過一個斜坡，一進去就可以看到小朋友的家長一個個地坐在椅

子上，看著自己的小孩快樂的玩著這些遊樂器材。遊樂器材有鞦韆、溜滑梯、木馬，這裡是屬於小朋友的遊樂園。後來，我提議大家再去一次美麗又漂亮的海濱公園，因為上次只是經過，沒有仔細的觀察，所以大家都說好。

　　來到了海濱公園，已經是傍晚了，美麗的晚霞清楚的映照在我們的眼前，讓傍晚的天空添加了幾分亮麗的色彩。從遠的地方看下去，幾乎都是綠色的，有深色和淺色，還有許多用木頭雕刻的藝術品。後來爬上一個高塔，在上面看到了一片汪洋的海，接著走到沙灘那邊，欣賞美麗又漂亮的海景，小海浪捲兩、三個後就變成一個大浪，天氣晴朗時，可以看到對岸的綠島呢！旁邊有一個紅橘色的超大相框，我記得以前我們全家人，在這裡合照過呢！後來，我們又去一個藍色放大版的樓梯，小時侯來過，爸爸和媽媽都會把我們抱上去坐著，可是現在我們家只剩兩個弟弟可以上去了。如果是過年來的話，這裡人會很多，一定會有賣鞭炮的，還有小吃的店，賣咖啡的，玩遊戲的。走近海的那一邊一看，可以看到許多的消波塊，八八水災時，因為山上有嚴重的土石流，所以海邊這裡和富岡漁港都堆積了許多的漂流木。海邊旁的商家有食、衣、行都有，附近有許多的廟宇，每當有節慶時，這些廟宇都會有許多神轎出來遊行，場面很大。今天告一段落，明天再來。

　　隔天，我們在一個樹屋休息，好想問它，你會孤單嗎？你會寂寞嗎？

　　因為你的四面八方都被樹包圍了。我們去了活水湖和鷺鷥湖，活水湖是人工湖，鐵人三項的游泳都在這裡舉辦，端午節的划龍舟也在這裡舉辦，辦這些活動時，四面八方都人山人海的，非常非常的誇張。要去鷺鷥湖要往新站的方向一直走，會看到一座白色的橋，很美麗、很漂亮。站在下面往上看就是鷺鷥湖，它的對面有許許多多的大花咸豐草，耀眼的陽光照映在整個湖面上，非常的美麗及漂亮。那邊有道路，看到有許多人騎腳踏車，有人要進

去，也有人要出來，更有情侶、夫妻，利用空檔出來散步，好甜蜜啊！我們大家沿著路旁的小徑，進入這個濃濃的田園風味，經過以前老舊的小巷子，回想著以前那個年代的人，這一些點點滴滴的回憶。

看完後，回到家，慢慢的回想這兩天半看過的回憶，去了森林公園〈黑森林〉、琵琶湖、活水湖、鷺鷥湖、海濱公園。這些地方讓我深刻地體會到大自然的生態是很重要的，因為有了這些豐富的生態資源，讓我們的生活更充實、快樂。

到了五下，記得老師利用一次禮拜六補課的時間幫我們全班上米勒這一位畫家的「拾穗」，那次的經歷令我永生難忘。

因為那是我生平第一次知道怎麼看一幅畫，以前我們都只是走馬看花而已。直到這一次，才真的知道怎麼看一幅畫，我們還實地到操場上去體驗畫中正在拾穗婦人的動作，我們才站了兩節課就受不了了，讓我覺得那三位婦人真的很辛苦。這一幅畫我們寫了三篇作文，把它綜合起來，我寫了：米勒名畫「拾穗」教學。

在一個天氣晴朗的日子，吹著微微的風，看著旁邊的樹葉在搖擺，小朋友的笑聲，伴隨著時間一分一秒的過去。

剛開始，看著這張圖，這張圖裡是在描寫法國的一個地方，那個地方的天空是藍色的，又帶有一些土黃色，感覺上像是黃昏，而我們這邊的天空是蔚藍、湛藍的，讓人⋯⋯

早上，剛剛從五樓合唱團回來的我，一回到教室，老師就說：「我們等一下要去操場的草地那邊，實際的讓你們體驗一下『拾穗』。」說完，老師就拿著一包不知道什麼米，然後叫我們出去排隊，一同帶我們全班到了操場的跑道上，跟我們說明一些相關的規則。老師在橢圓形的左半邊，撒下一顆又一顆地的米，當老師灑下時，就好像很多細細的金粉一樣，撒在草上。老師撒完了，便叫我們我們開始撿，由於老師在撒時，大部分的同學都有在專心的看老師撒那裡，所以撿起來會比較輕鬆。撿一會兒時，老師叫我們暫時

停下來,說要像米勒的那一幅畫一樣,婦女要彎著腰一粒一粒的撿,而不是蹲著撿。後來,我們撿到腰酸背痛,還一直猛流汗,有的同學唉呀、唉呀的叫。

米勒的那一幅畫裡,有許許多多大大小小的房子,還有幾間倉庫,看起來就像是村莊或村落。有一些綠色的樹,有一個騎馬的工頭在指揮這些工人,要工人把馬牽到不知道什麼地方?旁邊的麥草堆得比人還高上兩倍,麥草堆旁有一輛車正準備把割好的麥草疊到上面去,旁邊有一些人正在幫忙,最後面正是太平洋。

從圖片中放眼望去,可以看到一望無際的遼闊大草原。

我們大家從第一節課開始,一直撿,撿到第二節上課,大家早就已經汗流浹背了,臉也紅得像蘋果一樣。我們在草地上撿了好久好久,找到大家的眼睛都酸痛不已,還是繼續找下去,況且背又不能彎,我們這才體會到這些老年農婦真正的辛苦,必須把人家收割過後剩下的一些麥草撿起來,也體會到什麼叫做粒粒皆辛苦了,真是非常非常的辛苦呢!

這次的辛苦體驗,讓我知道原來法國也有這種鄉下地方,也覺得這些農婦非常堅韌,我們站一下就受不了了,他們三位婦人居然可以從早上站到晚上,都沒有怨恨過誰,也沒有說不要做這種辛苦的工作,真實的生命態度,令我非常的敬佩這幾位婦人。

回到教室,老師三、四節課都先上別的課。午睡完,第一節上課,不知道為什麼?六個班級的老師全部都來了,後面還有一台攝影機在拍攝老師和我們的教學互動、以及怎麼跟我們討論。

老師把三張圖貼到黑板上,並且標記第一張圖、第二張圖、第三張圖。第一張圖是梵谷畫的;第二張是圖是米勒畫的;第三張圖是秀拉畫的。老師叫我們討論這三幅畫作的相異點?我們討論出來的畫作技巧:有光線、色彩、物件、場景、筆觸、價值觀、鏡頭這些類別,這都是我們在看畫作的時候可以判斷、欣賞的部分。

　　其中物件類裡面有分成人物、動物；鏡頭裏面有分成特寫鏡頭、鳥瞰鏡頭〈高鏡頭〉、低鏡頭、移動鏡頭。老師還要我們踴躍發表，回答看到米勒「拾穗」這幅畫有什麼感覺、感想？我們全班討論出來的結果有：不浪費、仔細、不自私、大家都在做工作、很忙、非常窮、可憐、婦女很努力、「一分耕耘，一分收穫」、「粒粒皆辛苦」。老師還要我們問問題，我們全班一起問問題，問出來的有：

　　米勒的圖左側帶著藍色頭巾的婦女，為什麼特別的顯眼呢？

　　為什麼米勒把這三位彎著腰撿麥子的婦女畫的很像主角一樣？

　　米勒的心裡面要表現什麼？

　　米勒的內心要強調什麼意義？

　　這些問題都是我們全班一起共同討論出來的。

　　討論完後，老師說他對我們全班只有兩個字，就是「佩服」。老師還說，他以為我們班會討論不出來，結果讓他很驚訝。我們全班聽了都很認同，也很高興。

　　後面參與的老師看到我們搞笑時，有的老師也會笑，這些東西都是我們和老師費了非常大的心思、很多節課才討論出來的。

　　老師又說一次「佩服」時，大家都笑了，同時也覺得很得意，高興的不得了呢！

　　我覺得在這一天裡，學到了很多的知識，雖然跟平常一樣在學校按照課表上課，但是這一課真的很重要，也很寶貴。我想這可能是我第一次「拾穗」，也是最後一次，我要謝謝老師替我們上了這麼寶貴的一課，一定會讓我畢生難忘，我想這一輩子都不會忘記「拾穗」的過程！

　　好好的記在腦海裡，以後長大了，都可以隨時回憶這個寶貴、美好的一天。

　　老師還有幫我們上過很多課程，其中有一首詩，叫「關雎」。記得內容前一句是「關關雎鳩，在河之州，窈窕淑女，君子好逑」，

這一首詩老師沒有要我們背，結果我們一直唸，唸到後來朗朗上口，都背起來了。

　　這次校外教學去了安平古堡、科工館、夢時代、安平老街、赤崁樓、英國領事館這些地方。我們午餐吃了台南風味小吃餐盒，真的好好吃喔！如果再去一次，我還想再吃一次。

　　這次去安平老街時，讓我深深覺得安平老街已不像以往那樣的繁華，我們去的時候是平日，整條街上就只有我們五年級而已。集合時，每個人手上都拿著一瓶大奶瓶，喝完還可以續杯。男生個個手上有好幾條像橡皮筋但又比橡皮筋粗的東西。我們這組還跑去買冰來吃。科工館也很好玩，導遊幫我們開卡完之後，發給我們一人一張，就可以進去玩了。去夢時代時，我們這組去逛了無印良品、39 元店（日本大創百貨）⋯⋯等。本來我們想要去買吃的東西，但時間已經來不及。

　　這次的暑假功課：梵谷名畫鑑賞——「學步」。

　　一個和樂的家庭，一個母親正在協助自己的小孩，邁出人生的第一步，走向小孩的父親，這是一個非常溫馨的畫面。

　　這個小孩看起來好像是女生，她是幸福的，我肯定，因為她的爸爸、媽媽都看著她邁出人生的第一步，而且很關心她、呵護她、照護她，讓她衣食無缺。

　　這幅畫叫做「學步」，我猜梵谷在畫這幅畫時，主要是在描寫、訴說「學步」。這個小孩的父親帶著一頂帽子，身穿淺色衣服，深藍色褲子，咖啡色鞋子。母親看起來好像是頭戴著咖啡色帽子，身穿藍色的裙子，腳穿著咖啡色的拖鞋。小女孩則是全身穿著白色的連身裙，腳穿著藍色的鞋子，從他們這一家三口的穿著看得出來應該是務農的家庭。

　　他們一家三口住在簡陋的房子裡，整張圖看起來，像純樸的鄉村裡，住著一對夫妻，正看著他們的寶貝女兒在學習走路。他們房

子的外觀帶有點樸實的感覺，有一種說不出來的感動，相信再惡劣的人也會被這樣的氣息所感動的！

　　這幅畫的線條主要都是彎曲的，只有少數部分是直的，這幅畫彎的線條有分很多種，例如：有彎成一個個小半圓的，也有看起來像是直的，但實際上梵谷有意把線條點彎，就連長在樹上的、在地上的花花草草也都是，放在草堆上挖土的、裝東西的車子，看起來也都是彎的。

　　他們家幾乎全部都是綠色的，為什麼我會這麼說呢？因為除了人的穿著、裝東西的車子，挖土的東西之外，其他應該也在宣導環保吧。這裡天空的顏色帶有點藍色、黃色和灰色的組合，看起來天氣應該沒有很好，但也沒有下雨、打雷或者是閃電，因為裡面還帶有些黃色。所以小女孩的爸爸、媽媽才帶她出來練習走路的，因為這天氣看起來很陰涼，不冷也不熱的，這樣的天氣再適合不過了！

　　不過，我覺得梵谷畫這幅畫，又好像在告訴看過這幅畫的讀者「天下父母心」，沒有一個父母親不疼孩子、不愛他的，就算那個孩子再壞、再不懂事，或者是殺人的，都一樣，只是每個父母疼愛孩子的方法都不一樣。

　　他們這一家三口住的房子像茅草屋，可是又不知道是不是，因為有可能它只是被上面的花草樹木蓋住了。地上的草皮看起來有柚子皮、果實、還有看起來像是雜草又是竹籬笆，地上的果實看起來還蠻像芭樂的，有的像檳榔一樣紅紅的，有的看起來則是玉蘭花掉下來。它們看起來好像是在花園裡，因為他們後面隔著一個木頭的小門，上面還披著棉被和衣服之類的東西，也有一些花草蔓延到這裡。

　　我猜，那些黃色的應該不是花，應該是光線的關係，使得看起來比較亮，綠色的看起來有一點暗暗的，小門旁邊的一堆黃色的，應該是小土堆。在一個咖啡色的拖車上，上面裝的應該是農作物，

旁邊還有一把鏟子，應該是小女孩的父親剛從田裡面回來，剛好看到小女孩在學習走路，於是敞開大手，等著小女孩走過來。

他們家的後面感覺上，好像還有一間房子，那間房子應該是在放雜物的吧！像是放腳踏車之類的東西。我可以感覺得到，他們家裡面應該很陰暗，因為就算有窗戶，也會被這些花草樹木、花花草草全部都被擋住了。家的門是咖啡色的，讓人覺得很陰森、陰暗，帶有一點恐怖的氣息。但是，夏天的時候，就會很涼爽。

他們家以我的方向房子牆壁左邊：有深紫色、淡紫色、淡黃色、淡綠色、綠色。右邊則是：淡黃色、黃色、淡藍色、淡紫色、咖啡色、淡灰色。兩邊比較起來，左邊有五種顏色，右邊有六種，所以右邊的顏色比較多。它們兩邊雖然都是同一面牆壁，但是有很多地方都不一樣呢！只要我們仔細觀察，就會發現有很多不同、不一樣的樂趣喔！也有不一樣的體會、感受、感觸，意義非凡呢！

這一整幅畫讓我覺得有一些些復古的味道，從這一家三口的穿著看起來就知道，也可以從載運東西的推車、房子的外觀、一家三口的舉動、幾乎全部都是花草樹木、花花草草，還有小門、鏟子、竹籬笆，就是這種感覺，不知道如何解釋？

我覺得這幅畫不只是在畫「學步」，同時，也是在宣導「父母親很偉大」。學步的確很重要，如果沒有學好的話，後果不知道會怎樣呢？

任何人只要「精讀」梵谷這幅畫，你會發現很多東西！

六上，老師依舊和之前的上課方式一模一樣，只是我們開始改變了，開始有了男女關係；男女都戴隱形眼鏡；有人染頭髮；拿智慧型手機的人變多了。而且我發現男生雖然會吵架、打架，但他們很快就和好了。可是女生就不一樣了，反而會冷戰、搞小圈圈、暗地裡說她壞話……等。

先不說這些了。其實很早之前就有聽老師要退休的事，那時候大家都覺得不可能，沒想到我們也會有換口味的一天。老師沒把我

們教完，家長一定都很納悶。但家人問起時，我沒說什麼，我想我
們班應該都能體諒，只能說：「各人有各人的人生方向」。

　　雖然不捨老師要退休了，但有句話說：「天下無不散的筵席」，
把它想成老師只是早一學期退休而已，我們應該祝福他才對。

　　但我們可能做不到，而且也有可能沒辦法和新老師相處得很
好，臉上也看不到笑容了吧！況且新老師來一定會管東管西的，這
個也不行那個也不行，到時候師生關係就會斷裂了。

　　這些只是我們班的猜測，但大多數的老師的確都是這樣，很少
有像黃老師這樣的教法，我只有遇過一個，那就是黃老師！

　　以前上學是我最討厭的事了，但在給黃老師教之後，我喜歡上
學了，而且總是笑嘻嘻的，這樣的生活是最美好的！

　　我們的畢業照裡有老師，正如我所願。不管怎麼樣，我都要謝
謝老師這一年半來的教導。

第二十四章　最驚人的教學旅程

六上／陳俊翔

　　在升上五年級的那一天，一看到我的導師是黃連從老師，我差一點昏迷不醒，因為我最不會的就是作文，何況我聽哥哥說黃老師會把我們操到掛，因為要寫一萬字的作文。聽到這句話時，我心裡已經知道這學期有可能日子不太好過了。

　　上課時，老師用搞笑的方式自我介紹，讓大家笑破肚子，接著老師派了一項不可思議的作業，就是找「廣告詞三個」。

　　我心裡想：老師為什麼要叫我們寫這樣的功課呢？

　　當我正在思考時，老師說：「寫這項作業是要讓好笑的廣告詞融入生活裡，讓生活變得更加有趣了。」於是老師馬上舉了一個例子：「一隻貓在鋼琴上——暈倒了。」使得這節課的笑聲從未間斷過。

　　漸漸的我們要開始適應黃老師「特殊」的教學法，我發現老師教數學和國語這兩種科目和別的老師有與眾不同的講法，例如：數學上新的單元時，要先抓出綱要，接著開始做內容分析；上國語課時，要先做出文章結構表，再來分清楚自然段落和意義段落等……特殊教法，讓我驚嘆連連。

　　剛開始從我完全聽不懂老師在說什麼，直到後來我漸漸的喜歡上老師的教學方法。老師一直是我心目中的偶像，所以我和班長更利用放學的時間，就為了在教室裡幫老師打掃，一方面是要讓老師有個舒適的空間可以上課，另一方面則是要建立我們在老師心目中的社會地位。

在這種「特殊」的教學下，幾個月後，我沒想到竟然對作文開始感到興趣了，我甚至會主動地拿起筆，坐在陰涼的樹下寫出具有我個人風格的作品，連媽媽都說我和三、四級時簡直是判若兩人。因為我在中年級犯下許多令人難以接受又不可原諒的錯誤，但自從我遇上了黃老師之後惹出的麻煩愈來愈少了，使得我可以盡情的寫作，舒緩壓力。

黃老師經常用搞笑的方式來教學，例如：「爬到講桌上表演跳舞。」

這時全班都會捧腹大笑。

但有時候他會用很可怕的語氣和嚴肅的臉說：「某某某，你的作業寫了嗎？」

當時班上鴉雀無聲，就連一根針掉在地上大家都聽得一清二楚。

黃老師經常會對一首詩或一篇文章非常投入，例如：「我們在上關雎時，老師至少用了差不多兩個多月的時間，全心全意的投入在這首古詩中的意象場景裡。」但不只這樣，我記得黃老師跟我說過：「當他寫一個物品時通常都必須專注的看好幾個小時，還有在描述各種不同顏色的草皮時，會試著用躺著看、趴著看和站著看這幾種技巧，開始寫出他的外表、顏色，再慢慢地寫出內在，這樣你的作文就會提升到國一、二的程度了。」

有時候黃老師會帶我們出去散散心，好讓我們能寫出更好的作品。例如：「帶我們去打籃球，或者是到茄苳樹下上有趣的作文課。」有時班上也會發生一些非常有趣的事，像郭群銘每天都不寫作業，所以老師使用狠招戳破他的謊言，老師說：「你要陪我玩嗎？那你現在跟我騎摩托車回家拿功課。」全班開始哄堂大笑，但只有郭群銘沒有笑容，因為他知道自己完蛋了。這時他就嘟著嘴吧用小小聲的聲音說：「我沒寫。」

老師笑笑地跟全班說：「要戳破他的謊言，未免也太簡單了吧！」這時班上又沈浸在一片歡樂的氣氛中。

　　有一次，放學時，我和班長依照慣例的幫老師打掃他的辦公桌。忽然黃老師拿著一壺茶從他的小房間走出來，問我們兩個要不要喝杯茶並休息一下。我們兩個考慮了一下，不辜負老師的好意，決定喝下這杯冰冰涼涼的好茶。當我倆喝下這一口茶時，在嘴裡有著淡淡的茶香味兒，瞬間在口中回甘。我們非常感謝老師，請我們喝一杯解渴的茶。時候不早了，我們放下手中的掃具，開心地回安親班去了。

　　黃老師教我們寫的第一首童詩，一開始我覺得寫得不怎麼樣，直到後來老師將我的稿子影印給全班看，我才驚覺原來我寫得還不錯，增加了我的自信心。這是我的詩：

> 雨是一位音樂家，拿起指揮棒，
> 天下萬物就為他演奏，
> 全宇宙最動人、悅耳的自然交響曲。
> 數千萬滴的雨，
> 彷彿細細的墜落滴滴答答的。
> 使大地呈現銀色世界，
> 五花八門、奇形怪狀的圖案，
> 在一片歡笑中。
>
> 萬物有雨水的滋潤，
> 顯得生氣蓬勃。
> 遠方的山顯得特別的青翠，
> 天空顯得特別的藍。
>
> 大地一片欣欣向榮。

　　這是我寫的作文，我將題目訂為「看──馬齒莧」：

在涼爽的午後，陶醉在這灰白世界的我，不時想著小時後的田園時光。望著女兒牆上的馬齒莧，正仰望遼闊的天空，是否在盼望著春天的消息呢？

微微的風輕輕吹拂，馬齒莧綻放出白白的花朵散發出誘人的氣息，使大地萬物通通有了活力。可惜，馬齒莧的壽命只有短短半天而已，可是他們還是掌握著「時間就是金錢」的信念，努力利用僅有的半天來足以表現出他們的「美」。

馬齒莧露出了微笑，也流下了眼淚，他們心中都有一個最大的心願，就是：「我們一定要把屬於自己的美，散播給每一個喜歡我的人。」

這是第一篇在茄苳樹下，親自體驗而寫的文章：

秋天降臨了，樹上枯萎的樹葉，全都被強大的秋風給吹了下來，在太陽的照耀之下，落地的葉子顯得特別優美。有一隻可愛的小鳥在我面前東張西望的，好像肚子餓了正在找小蟲子吃，可是牠卻怎麼找也找不到小蟲，就飛到樹枝上吃好吃的茄冬樹果實，最後牠又飛到地上演奏一首好聽的歌給我們聽，不久之後拍拍翅膀就飛走了。

四棵茄冬樹近在我眼前，它們的樹枝紛紛朝向太陽伸展出粗壯的手臂，好像在和太陽招手，樹枝上咖啡色的果實非常漂亮，就像是許多圓圓亮亮的小眼睛；樹幹上的蝴蝶蘭綻放出嬌豔的花朵，它們的根緊緊的抓住樹幹不放，展現出強烈的生命力；在地面上爬行的小蟲子，各個向大樹爬去，這幾棵茄冬樹有如這些動植物的家。

這時候，我聽見了許多導師們在上課的聲音，還有風吹來一陣一陣的「呼、呼」聲，以及樹葉「沙、沙」作響聲，有如沉浸在大自然裡聽著優美的三重奏，坐在花圃旁，聞著撲鼻而來的花香，讓我陶醉在這個地方。

　　很少人會坐在這裡觀賞校園的景色，自己和自己的對話，我深深的感受到秋天的腳步近了，這真是一堂前所未有、奇妙的課程。

　　我也將黃老師上數學課程寫成的一篇文章，題目為：「藏匿笑聲中的數學」

　　踏上五年級的第一天，和新的同學相處、新的老師合作，我都能希望做到最好。至今我都還記憶猶新的事，就是第一堂數學課，因為剛開始我就注意到，這個新老師似乎很特別，他好像比較接受我們的「自由」，上課時也會增加許多趣味性，所以我慢慢觀察並留意他的習慣、教書的方法，和以前的老師完完全全不相同。

　　其中讓我印象深刻的單元是，五上的第九單元「線對稱圖形」雖然老師用的方法稀奇古怪，但神奇的是，這方法好像讓我釐清了較難的單元，例如：「9-1 認識線對稱圖形」。黃老師馬上就大展神威，用了不同方法教導我們，他對我們說：「任何圖形，只要沿著你心中想的虛線，就是所謂的對稱軸，折成一半，圖形的兩半會重疊那就是線對稱圖形。」老師又說：「當時聰明的數學家，煩惱不已的是，每一種圖形都只有一條對稱軸嗎？於是數學家又把每一種圖形極為細分。」例如：正三角形有三條對稱軸、正方形有四條對稱軸，而長方形有兩條對稱軸。

　　老師常常用生活上的例子，來說明數學的難題，像「折線圖」的原理就運用在醫學的心電圖，和台灣股票的股票趨勢，就是數學藏匿在生活的例子。

　　還有五上第六單元「體積、容積與容量」也是我想破頭也想不出來的單元。如今遇到黃老師，這一道魔王關的謎題，他只上了一堂課，我就找到了解破解的密碼。黃老師曾講過一句話：「你有沒有想過，為什麼一個立體圖形的體積要用長 × 寬 × 高來解題，為什麼？」

　　光老師的這句話我就想了一天，到後來我才發現原來「長×寬等於面積」，然後再將高找出來，用「面積×高」就等於體積，算出體積。

　　五下的第一單元「三角形」，有很多的公式要背，例如：「決定是否為三角形的重要條件是三角形任一兩邊和大於第三邊、三角形的三角和為 180 度。」老師對我們說：「這句話你們背起來，這個單元結束了。就是三角形的面積＝長方形面積除以 2＝長乘寬除 2＝底乘高除 2。」這句話到現在我都還記得清清楚楚。

　　老師喜歡在教學前先把這一單元的綱要找出來，才開始進行筆記或教學。老師說：「每一個科目都有大意和綱要，而數學科的大意就是這一單元的主題，綱要則是大意再細分的次主題，所以只要先了解一個單元的綱要，就可以懂這一單元大概在說什麼？」

　　第二、四單元主要是在說分數，很奇怪的是，老師既然教我們用不熟悉的未知數來解答，這到底是怎麼回事呢？

　　原來老師的意義是：這樣會比較好算。

　　一開始我覺得老師是不是瘋了，為什麼要把簡單的東西複雜化，萬一不小心算錯了要怎麼辦？我的心中盤旋著這幾個問題。

　　有一天我忍不住問老師這些問題，結果老師回答我一句話：「你想，我要你們這樣算一定是有原因的嘛！等你想好再來跟我討論。」後來我才想到，老師的意義是只要先把未知的數，想成一種代表符號，然後再將原本的式子加上跨號加減乘除跨號等於跨號、未知數，就可以算出答案了。

　　原來老師雖然用了比較困難的方法，但是這樣的方法不僅讓減少我錯誤的機率，也連接我們第六單元的未知數，連上都不用上全班都會了，你說是不是一舉兩得呢？

　　後來老師發給我們一張數學知識結構表，它裡面都是在說用「數、量、形」來分類出五年級裡的單元，再用小夾鏈袋的方法，來把相同觀念的綱要、大意放在一塊，就行成了結構表。我要期中考前總是喜歡在家裡翻閱這張圖表，希望老師花了好幾個月的時間，做出來的成果能為我在考場上爭取到一點分數。

　　我從一年級就開始想：「如果笑聲藏在教學中，會不會讓學生更喜歡上課、讓學生們更期待上課呢？」如今就只有黃老師做到了，他把教學過程當作是一場遊戲，他喜歡在課堂上搞笑、也喜歡和同學們開玩笑，更喜歡跳上講台表演！

　　他，他是一個作家，同學也是一個百年難得一見的奇蹟，我希望能將他所教的一切傳承下去，一直到永遠──永遠。

　　我非常喜歡聽黃老師說故事，而且老師說的故事都是真實的，例如：「有一個小孩他沒有爸爸和媽媽，所以他們家只有他和兩個弟弟。他們的經濟來源就是他放學時，去打工摘檳榔的一百塊錢。摘完檳榔，他還要買菜和飯煮給兩個弟弟吃。」

　　老師講到這裡時大家都覺得他很可憐，因為他才四年級就要承受這麼大的壓力真的是不簡單呀！當大家都在想像時，黃老師說還有後半段。

　　接著老師說：「有一次他感冒了，但他卻一直沒有去看醫生，黃老師知道他的家境不好，所以中午午休時，用零碎的時間帶他去看醫生。要付費時，他的臉色蒼白，腳也不停地抖動，就怕他付不起這些錢。黃老師看到這一幕，便自掏腰包幫他付錢，但醫生說等他的父母來再付錢就可以了。他聽到這一句話時腳抖得更厲害了，因為他爸爸、媽媽沒錢。當他正在煩惱時，老師已經付完錢了。到了醫院外面，他馬上向老師說聲謝謝。準備要走時，黃老師說要載他回家。聽到這句話時他又更興奮了，到了他家時天色已經很晚了，黃老師正要幫他蓋棉被時，發現棉被上都是大大小小的霉菌味，黃老師就看著他瞇著眼睛後就離開了。」聽完這個故事我心裡覺得好難過，因為他這麼可憐，但我們有時候卻「身在福中不知福」的浪費東西，這個故事令我非常印象深刻。

　　有幾次，黃老師主動帶我到沒有人的地方，偷偷的告訴我超厲害的寫作技巧，和我的作文有那些地方寫得很好，那些地方需要改進，老師默默地鼓勵著我，讓我對作文產生極大的興趣。

　　我以為老師的強項只有作文，結果並非如此。老師的強項還包括：兩性教育、社會領域、籃球的技巧、游泳速度超快，而且在一場游泳比賽中還破了大會紀錄，到現在都沒有人可以打破他的紀錄呢！

　　某一次，老師為我們上了一堂出乎意料的課，就是講解髒話的課，老師先簡單的說明一些髒話的意思，並請我們提出其他髒話，由他來說明其中的意思。

　　這時我心裡想著：老師是不是因為要讓我們明白每一個髒話中都有它的含意，並引用暗喻法請我們不要隨便把髒話脫口而出呢？是不是也在教導某些人呢？

　　自從有一次安親班的謝老師告訴我一件事，讓我和班長非常難過，因為黃老師教我們到六年級上學期就要退休了，聽到這句話使我們兩人的心情頓時墜入谷底，我們正企盼老師可以教我們更多的作文技巧，而老師卻要退休了。一開始我和班長很生氣，因為我們以為老師是不想要教我們才選擇這麼快退休，沒想到老師退休的原因竟然是考量身體健康因素，老師說他幾年前就要去醫院開刀了，但因為他仍然想繼續教書、繼續和小朋友玩，以致於延誤了就醫的時機，但卻因為老師的胃越來越不好，再加上年紀漸長，所以無法帶領我們到畢業。

　　所以在六上學期末時，我要把握上老師的課程機會，也要把握和黃老師相處的時間。黃老師也知道和我們相處的時間不多了，當別的班級在開同樂會時，我們班總是在寫作文、教作文，搞得全班忙得不可開交。

　　黃老師啊！黃老師啊！你將知識傳授給我們，我們該如何回報你呢？

　　總之，用盡千言萬語也表達不出我心中對你的感謝，最後，我想告訴您：謝謝您改變了我！

第二十五章　什麼都教的教室小說

六上／張家誠

太陽高照，活潑開朗，天真無邪又超級可愛的六年六班，跟著黃連從老師的親密互動，即將呼喚起我們班的快樂記憶。

我覺得黃老師是一位正牌的級任老師，因為他是一個什麼都會，也什麼都教的老師，所以，他也是一位全方位的老師。

他曾經用沙子做一個台灣，讓全班知道台灣的河川位置。有時還會讓我們的班在上課時，出去打籃球，並且教我們投籃的技巧。還有，他會教我們要怎麼體會歌詞。有時還會找一些課本裡沒有的作家當題材，和畫家的畫拿來上課，當課本使用。甚至，就連要怎麼樣寫情書，還有「性」的教育，都會在上課中出現。他常常以搞笑的方式來上課，讓原本乏味的課程，變成又快樂又有趣的課程。

黃老師上數學課時，會先將所有的小單元全部融合起來，再寫出數學例子，列出一些數學較常出現的題目。所以有些陷阱題或比較沒有看過的題目，我們就比較不會寫。而他總是要我們在解題前，先畫圖，因為這樣可以比較好解題。老師教我們做數學應用問題時，要以一條數學式子列完式子，才可以在檢查的時候，比較能快速的檢查，一方面是可以讓中文題目轉換成的數學式子一目瞭然，不會搞亂。

在國語方面，老師會先將作者的綱要列出來。然後再提出問題，讓我們小組討論，最後再把作者的寫作技巧一一找出來，這種方式比較可以找出作者的人生思想和象徵意義。老師教我們寫句子的時候，要使用「主角+怎麼樣+怎麼樣+結果。」寫段落的時候是

用「主題句+推展句 1+推展句 2+結論句。」注意文章基架「起、承、轉、合」的方法來思考。

有一次，老師心血來潮，跟我們講說：「我們要找個時間，教大家怎麼閱讀詩經，所以用『關雎』來當範例」。

到了那天，我們開始上古代的詩經——「關雎」。老師上課的內容就是以下的作文：「關雎」教室小說 5000 字教學記錄寫作

九月二十九日（星期六）我準備要寫老師的作業，第三幕。下面是老師還沒有教我們「關雎」的時候，自己讀，自己寫的作文：

第一幕

我如何閱讀詩經「關雎」這一首詩的？

在假日的時候，我準備要寫老師的作業——「關雎」。

一開始的時候，我就照老師的方法，先找出修辭學。找出後，有：「頂真、疊字」等……。我還發現，每一段都有「窈窕淑女」，或「參差荇菜」這句話，而且「參差荇菜」的後面都是「左右（流）之（都是動詞）」。而「窈窕淑女」的後面也都是「寤寐（求）之（也都是動詞）」。

我上網查了一下，發現「雎鳩」的叫聲是「關關－關關」這樣子。

我現在要倒帶回去，就像收音機倒帶一樣，要用「關雎」的字詞，來真實模擬情境，第一段：

關關雎鳩，在河之洲。

窈窕淑女，君子好逑。

我想像出有一條河，一旁有兩隻雎鳩在快樂的玩著，另一旁有一位美麗善良的好姑娘，在採荇菜的模樣，被一位君子看到了，她採荇菜的模樣，讓他深深的愛上她。第二段：

參差荇菜，左右流之。

窈窕淑女，寤寐求之。

　　我想像出長長短短的荇菜在水中搖晃，左手、右手一起採，就連好姑娘在夢裡也想把它煮來吃。第三段：

　　求之不得，寤寐思服。

　　悠哉悠哉，輾轉反側。

　　我想像出姑娘沒有辦法追到荇菜，但她腦中還是一直想著荇菜，一直想啊想，想啊想，一直翻來翻去，翻來翻去睡不著覺。第四段：

　　參差荇菜，左右采之。

　　窈窕淑女，琴瑟友之。

　　我想像出長長短短的荇菜，左手、右手一起摘。美麗善良的好姑娘，我想要彈琴奏瑟和她在一起。最後一段：

　　參差荇菜，左右芼之。

　　窈窕淑女，鐘鼓樂之。

　　我想像出有長長短短的荇菜，左手、右手一起摘。美麗善良的好姑娘，我想要敲鐘擊鼓讓她高興。

　　後來，我看了看資料上的翻譯後，恍然大悟。我發現其實「主詞」只有兩個，而且有一個主詞已經被略過了，那就是君子。也就是說，這首詩是在說那位君子想要追那位姑娘，想要為她做任何的事情，就連夢裡也在追求她。

　　追求她呀，追不上，夢裡也在把她想。想念啊，想念啊，翻來覆去睡不安。

　　但是卻不知道為什麼作者要略過君子？

　　「荇菜」是配角，因為它沒有很具體地說出追求行動。一開始的「雎鳩」，也不是主角，因為牠們只是要「對比」或「比喻」成他們男女的戀情而已。

　　作者使用了短短的八十個字，就寫出了這首好詩，所以我猜測這首詩的原稿應該是這樣子：

　　關關叫的雎鳩，在河的一洲。

有位窈窕的淑女,君子好喜歡她。
長長短短的荇菜,左右手一起採。
窈窕的淑女,君子的夢裡也求著要。
沒有辦法得到,君子連夢裡也在想。
想念啊!想念啊!睡也睡不著。
長長短短的荇菜,左右手一起採。
窈窕的淑女,我彈琴奏瑟和她交友。
長長短短的荇菜,左右手一起摘。
窈窕的淑女,我敲鐘擊鼓讓妳快樂。

九月二十六日(星期三)今天早上的最後兩節課,老師準備好教六年六班的學生們「關雎的教學紀錄」,有些同學拿出藏了老師秘密武器的——「筆記本」。

第一幕,老師先寫下今天的聯絡簿,功課是這週的課題——「關雎的閱讀紀錄」。

在一開始,老師先教我們要怎麼寫這篇文章,他在黑板上寫下了:「情景、人物和生活事件。」

老師說:「人物可以寫老師、同學、小組和你自己等……。」

「我們要先寫景物,來請給我一個句子。」

全班有些人鴉雀無聲,有些人心裡默默地想,有些人竊竊私語,卻沒有人敢大聲的念出來。

黃老師指著窗外,說:「你們可以把之前寫在聯絡簿的摹寫外面下著的大雨。」我以為要寫得像詩一樣的句子,結果不是。是要寫一般性的句子,所以我寫下的是:「一層又一層的雲,下起了一陣又一陣的雨,一陣又一陣的風,把雨吹散到各地。」

接近中秋的天氣,真是顆不定時炸彈,因為有時是「男雨」的雨天,有時是「女雨」的雨天,有時是烏雲密布的陰天,有時是天

氣舒爽的陰天，有時則是天氣晴朗的晴天，有時則是像炎炎夏日的大熱天。

在這裡中央山脈裡的陰森，和烏雲的籠罩，已被雨水洗刷的乾淨晴朗，忽強忽弱的南風，像在輕輕的撫摸著我的臉龐，讓我的身旁有著涼快的感覺。

黃老師正站在講台上，為我們撒下「關雎」的詩經教學種子。

我期待著每顆種子的發芽，更期待是老師的教學內容。

黃老師說：「在寫作的時候，要有一些樂趣，才會吸引讀者繼續看下去。」

這時，聽了老師的話，林育諺忽然想到了一個東西，便口無遮攔的說：「我要吃便當！」

當他說完的時候，老師剛好轉過頭來，說：「哇卡配〈台語〉！就是我們之前看的布袋戲裡〈大庄事件〉，不是裡面有人在說這個詞嗎？」教室突然像辦派對一樣，充滿了一片歡笑。

「哇卡配，要怎麼寫啊！」林品堯說道。

聽了這個問題後，六六的笑聲迴盪在校園當中。黃老師看到了副班長後，就走到她的座位旁邊去，跟她說說笑笑的。

我看了一下時間，原來快要放學了，所以有人早就開始有所行動，當鐘聲一響，就拍拍屁股走人了。

九月二十七號〈星期四〉第二幕只是在說笑而已，第三幕就要切入主題了，黃老師走到後面的白板旁〈詩詞不是黏在黑板上〉，準備要撒下「關雎」的種子。

在一開始，黃老師說：「我們這節課要先出去一下，要安靜，外面排隊。」

我們走出去後，老師要男生去草皮排隊，用 4×4 的方式，而女生就坐在停腳踏車的遮雨棚下方坐著。

接著我就看到老師不知道在比手畫腳些什麼？就開始請我們要一直往前走，轉個身，又往前走，這樣大概走了六、七趟左右，

女生從特寫鏡頭的姿勢，到後來叫她們把眼睛上面蓋掉之後觀察，最後做男女交換觀察。我們也是使用同一種方式，等到看完的時候，回到教室。

黃老師開口了：「你們剛剛看到的有什麼？請說出來。」

林育諺舉手說：「長短不同。」

陳傅貴說：「一層一層的黑色，一層一層的白色。」

陳可涓說：「雜亂不一。」

莊玉舜說：「有人先跨左腳，有人先跨右腳。有人跨大步，有人跨小步。有節奏的感覺。」

姚丞中說：「像許多匹馬。」

張冠峰說：「有的快、有的慢，很不整齊。」

巫敬恩說：「腳的粗細不一樣。像很多顆蘿蔔。」

最後陳浩明說：「很像忙碌的上班族。感覺很零亂。」

黃老師說：「所以，這些現象和心思都可以用那一個字來形容呢？」

我們全班的答案都是：「亂！」

「對！就是亂！」黃老師很嚴肅的說。

看著有些人手上拿著她最寶貝的相機，還有人拿出手機，還有包含我在內，也有人和我一樣，拿出了筆記本，有些人甚至什麼也沒拿出來，想要比平常認真。

老師又說：「你看，為什麼作者要一直寫左右、左右、左右呢？」

姚丞中說：「可能是因為作者在說君子的心跳一直左右，左右跳！」

老師說：「對，君子的心情就是左右、左右跳，也就是亂。左右的成語或四字詞有什麼？」

1.上下左右

2.左右為難

3.左思右想

4.左右兩難

5.左右開弓

為什麼作者定題要用「關雎」而不要使用「雎鳩」呢？

這時候，黃老師說：「下課！」。

在我們這個班裡，我有時會聽到陳浩民對我說：「我覺得，我有些地方聽不太懂，因為老師講太快了。」

我就說：「你不懂的地方可以問老師啊。」

他大聲的說：「我就不太敢問老師啊！」

「那你就下課後問老師就好了。」

結果問了以後，陳浩民才恍然大悟。

有時候，我們就會出一些很奇怪的問題來問我們自己。

當自己回答不出來時，在放學的時候就可以問老師這個問題。

可是，每次我們問老師的時候，老師都能輕鬆愉快的回答出來，讓我覺得我們的問題好像很簡單似的，一下子就被別人找出答案了。不過，我們還是不厭其煩地問老師，老師也不厭其煩的回答著我們。

我想，這就是師生之間的情感吧！

老師教過我們：你的工作態度與學習態度是好的，會感動一位老師，給老師的印象就是你是個按時交作業的好學生，那你自己的班級社會地位是非常高的。

相反的，如果你是個工作態度與學習態度是不好的，就不會感動一位老師，給老師的印象就是你是個只會和老師玩心理遊戲的學生，那你自己的班級社會地位是非常低的。

但是，社會地位並不是只有用功課才可以去爭取的，也可以用關心別人、幫忙老師做事等等……。有時候，老師會說出幾本書的書名，然後我就會記錄下來，等到有時間的時候，就會去誠

品書局購買，因為，老師介紹的書全部都是頂級的作家寫出來的作品。

　　在學期末的時候，把老師送給我們班的幾句話，全部合起來，就是在說：「以後，工作態度就是會影響你們的社會地位。在感情上來講，只要你有能力，就可以去等待別人的感情，讓自己可以讓別人想跟你交往。所以，工作態度與能力，就是影響你們將來的生活。你們班在整潔活動上要繼續努力，然後，同學的互相幫忙也要繼續維持下去。就算我回到了六年六班，你們也不能說黃老師來了，就一窩蜂而上，這樣對新老師很不禮貌。就這樣，這就是我要送給你們班的。」

　　黃老師在我們班上的最後一節課，雖然是一節讓全班都開懷大笑，就有如全班開著充滿歡笑的同樂會般似的。但我與陳浩民就算表面是在笑，可是心裡卻笑不出來，反而充滿了傷心、痛苦、欲絕、哀號的淚水。

　　等全班走了以後，我們都還留著，因為，我們兩個心裡想的都是同一件事：「因為這次最後一次留下來，所以不要留下任何的遺憾，要把這整間教室全部打掃乾淨，讓我覺得不要讓我們留下遺憾，更不能讓老師留下更多的遺憾，讓這些溫馨的回憶，繼續徘徊在這間教室裡。」

　　這些事情就像朱自清寫的「背影」一般：「我說道，『爸爸，你走吧。』──等他的背影混入來來往往的人裡，再也找不著了，我便進來坐下，我的眼淚又來了。」

第二十六章　作者段落書寫分析口頭評量

當你看到烏雲遮住了太陽，

我的心，你為什麼像蜜蜂

不知疲倦地碰撞迷人的蜂箱。

摘自「你就這樣幾小時地聽著雨聲」莫里斯・卡雷姆詩選。
胡小躍譯。2013.遠流出版社 p.61

1.　「八月」第一段書寫分析

離開六年級上學期的課程，還有三個星期。

班上孩子開始著手準備「作者段落書寫分析，口頭報告評量」。

我從聯合文學出版社，選擇從 2012.11.新出版的波蘭作家布魯諾・舒茲的小說「鱷魚街」中選材。由書中節錄林蔚昀翻譯「八月」這一短篇小說 P.41-60 的第一小節 P.41-47，共有九個自然段落。

在教學中教師先示範第一、二段的「作者段落書寫分析」，再由孩子自行決定口頭報告評量的段落，花一個星期的時間，讓孩子獨自在我的跟前逐一口頭報告，事後再完成文字紀錄稿，老師也陪著孩子看文字稿，商請孩子修稿後加分。

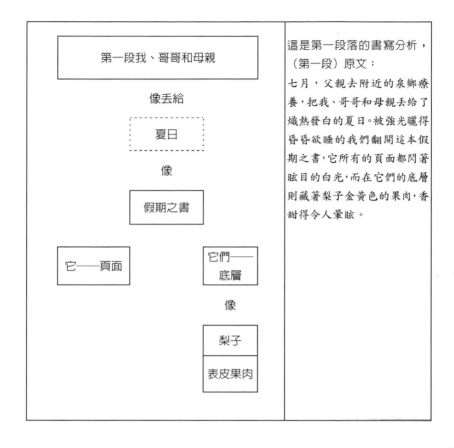

我喜歡將一個段落一句一句拆解，用以分析閱讀作者的書寫技巧。

這對孩子亦能從慢讀中，去品嘗作者的「文字行動」。

作者在生活現場中，究竟是如何進行想像、進行觀察，才能以修辭學的「摹寫技巧」，將文本的虛擬現場或生活現場，以文字意象展現在讀者心中。身為讀者的我們，也從閱讀中試著「還原作者的文本現場」，讓閱讀意象圖更加具象化。

而修辭學的「譬喻技巧」是為著讓「喻體──甲」更加具象、具體、鮮明，因此選擇「喻依──乙」的相同點，做出譬喻句。

　　中小學的孩子們都知道使用譬喻句:「甲──好像──乙」。但其譬喻句的書寫又不夠生動、不夠豐富、不夠細膩,流於表面上的觀察書寫。

　　例如,試著還原第一段文本,成了三個句子的組合:

　　1.熾熱發白的夏日,像一本假期之書。

　　2.這本假期之書所有的頁面,都像閃著眩目的白光。

　　3.這本假期之書的底層,則像藏著梨子金黃色的果肉。

　　作者是如何透過寫作技巧,將這一些譬喻句的形象、內涵,逐一組合成一個意象繁複、互為滲透、互為渲染、譬喻轉化的層次段落?

　　使這樣的一個段落,成為文學中的伏筆?成為文學中的象徵?成為文學中的寓意?

　　第一段的描寫只用了二個句子。由第 1 句的「熾熱發白的夏日。」到第2句的「翻開這本假期之書」之後,作者開始摹寫「書籍的外在形象、內在形象」:所有書本的「頁面」形象;「底層」形象為「梨子」,內容為「金黃色的果肉」。

　　作者把讀者帶到日常生活中,所有人群面對書本的形象,像我們閱讀許多本教科書的「行動」、「感覺」一樣。一大堆教科書放在我們眼前的不都是「熾熱發白的」嗎?教科書的知識「強光」不都是將我們「曬得昏昏欲睡的」嗎?書中「藏著」的知識,也只有等到學習之後才顯現「香甜」,過多的香甜如暴飲暴食一般,亦是「令人暈眩」。

　　作者的書寫行動由簡易的「夏日」→「這本假期之書」→「頁面」、→「底層」而已。這書寫何以令讀者的心情,轉化了幾層思維?

　　七月,父親去附近的泉鄉療養,把我、哥哥和母親丟給了(熾熱發白的夏日)。被強光曬得昏昏欲睡的我們(翻開這本假期之

書）、（它）所有的（頁面都閃著眩目的白光），而在（它們）的底層（則藏著梨子金黃色的果肉），（香甜）得令人暈眩。

　　讀者若將原文的（）之處加以修改，回到「人」的摹寫，閱讀上則回到一般性的閱讀現實場景，不會在閱讀經驗上呈現斷裂的現象，當然文學價值亦隨之降低了它的品質。例如：

　　七月，父親去附近的泉鄉療養，把我、哥哥和母親丟給了（家財萬貫的叔叔）。被強光曬得昏昏欲睡的我們（搬到叔叔之家捱過了這個假期），（叔叔家中）所有的（牆面都閃著眩目的眼光），而在（他們每個裝潢）的底層（則藏著設計師們各式各樣的巧奪天工），（設計）得令人暈眩。

　　作者有意把對「父親形象」的感受，連結到「夏日」，是一種被命運置之不理的「丟給了夏日」，像流浪狗的命運一樣，他還是要面對生活的所有問題。

　　這是一個生活課程，可以選用多樣的負面情感語詞書寫命運乖舛，但作者選材生活就是不同領域的教科書，反叛生命是一回事，挑戰生命又是另外一回事，生命態度開始轉入了正向思維以迎對人生。

　　雖是苦楚的一段旅程，卻面見自己的光明面。有如歌德的文學作品「浮士德」，把生命思維帶入另一種面向。有如宋國誠先生在閱讀後現代一書筆下的二十世紀美國後現代凸鏡詩人 John Ashbery（約翰‧艾許伯瑞）把書寫帶入另一種思維的實踐，質問詩人為何（詩人主體）？質問作品為何（詩性主體）？解構慣性的語詞情感，並置出新的創作物，在這種曲折與轉進之中，詩人在「半個自我」中尋求最大的自我。將所有的「人生求索」、「人生質問」交回給讀者本身。

　　究竟，作者的文學書寫，是以怎樣的修辭學技巧，成功的過渡這層層轉化的？

　　對「父親形象責任」做為一種後現代「主題隱退」的思想，表達了對人（父親）的存在的思考。對「父親形象責任」感受的「物化」，是修辭學中轉化法的其中一種「擬物法」。把「人」擬寫成沒有生命的「物品」而摹寫「人」→「夏日」→「假期之書」。

　　生活原貌是：「被強光曬得昏昏欲睡的我們翻開這本（父親形象責任），」擬物成作品：「被強光曬得昏昏欲睡的我們翻開這本（假期之書），」。

　　後面對「假期之書」的摹寫也成為修辭學譬喻法上的其中一種「借喻法」，借「假期之書」的「喻依」形象、內涵，以描寫「父親形象責任」感受的這個「喻體」。

　　這亦為文學中潛藏性的「伏筆」，把「父親形象責任」的感受，埋伏在「假期之書」的摹寫之中。

　　這亦為文學中潛藏性的「象徵」，把「假期之書」象徵著「父親形象責任」的整體感受。父親丟給的這多本無法盡責的弱式操縱之書，不好讀。（弱式操縱：隱隱約約的父親聲音，呻吟著。我生病了，我還能做什麼事呢？你們應該幫我做的，去履行你們的道義責任吧。在這樣的時刻，一定有一個社會支援者，會浮現在生活中打理一切的歹命人角色出現。像阿吉仔演歌者唱出的歌詞：我比別人卡認真，我比別人卡打拼，為咱樣？為咱樣比別人卡歹命？淒涼的吉他聲，愈彈是愈心疼……。像電視上的新聞劈腿爆料：男人惹問題，裝無辜、流眼淚、低下頭千萬不要抬起頭來、要表現一副惹人愛憐的心靈受創者一樣傷痕纍纍，堅持表演。收場的總是女人的形象，女人還要表現出一副沒關係，有媽媽的胸懷在，吸吮幾口母乳，該下場的終歸會落幕，教育無他，愛與榜樣。真是汗顏的一幕人生景象。）

　　這樣的人生觀察，再次閱讀第一段時，「父親形象責任」留下來的生活日子，開始連結以下的語詞，語詞也顯得另有一層「無依無靠、悶熱、汗水、強光刺眼、無力感、領悟人生」的感受浮現開

來→「丟給了」→「熾熱」→「被強光曬得昏昏欲睡」→「閃著眩
目的」→「藏著」→「令人暈眩」。

我想：我們不得不臣服在創作物面前，沉思閱讀（第一段）：

> 七月，父親去附近的泉鄉療養，把我、哥哥和母親丟給了熾
> 熱發白的夏日。被強光曬得昏昏欲睡的我們翻開這本假期之
> 書，它所有的頁面都閃著眩目的白光，而在它們的底層則藏
> 著梨子金黃色的果肉，香甜得令人暈眩。

2.　「八月」第二段書寫分析

從作者在「八月」第二段落的書寫心智圖，可簡易的讀出主詞
是「阿德拉」。她提著裝滿食材的籃子回來。如此一個簡單的行動，
在作者的筆下卻要花一些功夫來「摹寫籃子裡的食材」——「野櫻
桃」→「杏子」→「肉類」→「蔬菜」→結論句的「這些生鮮的午
餐食材」、「那是一種——。」

「那是一種植物、土地的味道，狂放，帶有原野的氣息。」是
文學修辭上的「象徵」？象徵著人求生存的狂野意志？是文學修辭
上的「伏筆」？伏筆著人（阿德拉）的生活景況，借「物象」說「人
象」，以修辭轉化法的「擬物法」說出自求多福、自力更生的人生
基調。

而讓兩組語詞對比，「命運乖舛的現實人生」：「烈焰中」→「野
櫻桃」→「神秘黑櫻桃」→「純粹詩篇」→「像死去的章魚、烏賊
或水母」→「尚未成形的、無色無味的」→「狂放」→「原野」。

對比「極度樂觀看待人生，生活總是該這樣活下來，才顯得還
有一點意思的自我暗示，通向一種生活意志」：「明亮的清晨」→「果
園女神」→「陽光絢麗多彩的」→「晶瑩剔透、閃閃發光的」→「香
甜可口的」→「精華的金黃色」→「豐沛飽滿的」→「荃鍵」→「鮮
嫩多汁的」。

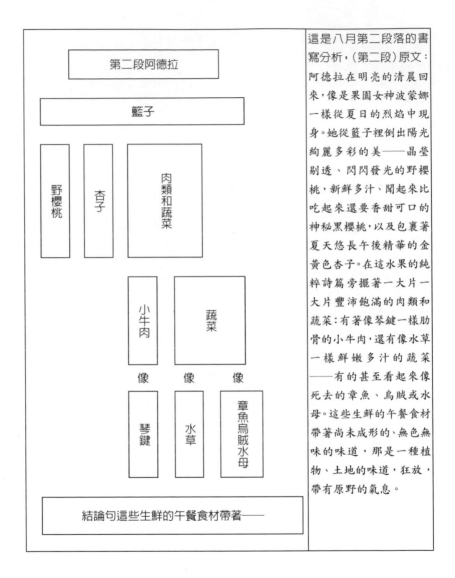

這是八月第二段落的書寫分析，（第二段）原文：阿德拉在明亮的清晨回來，像是果園女神波蒙娜一樣從夏日的烈焰中現身。她從籃子裡倒出陽光絢麗多彩的美——晶瑩剔透、閃閃發光的野櫻桃，新鮮多汁、聞起來比吃起來還要香甜可口的神秘黑櫻桃，以及包裹著夏天悠長午後精華的金黃色杏子。在這水果的純粹詩篇旁擺著一大片一大片豐沛飽滿的肉類和蔬菜：有著像琴鍵一樣肋骨的小牛肉，還有像水草一樣鮮嫩多汁的蔬菜——有的甚至看起來像死去的章魚、烏賊或水母。這些生鮮的午餐食材帶著尚未成形的、無色無味的味道，那是一種植物、土地的味道，狂放，帶有原野的氣息。

　　如果不是如此自我解嘲般的生命意向，如何讓讀者動容在主角人物下的人生刻劃。

　　文本中的結論句：「這些生鮮的午餐食材帶著尚未成形的、無色無味的味道」，生命的開始都是「生鮮的食材」，生命向前的努力不懈都是「尚未成形的、無色無味的味道」，充滿無限的可能性。

　　許多人生的多元創作，就好比做出一道有著自己藝術的人生菜餚，讓這「生鮮食材」在自己的手藝上成形，色、香、味俱全。所以生命的結局往往無法讓人一下定論好壞。

　　唱著歌、往前走，遠方就是一個希望，作者和讀者會在生命的交會處碰頭。

　　作者是如此鮮明地，把人的生命做為一種「昇華」；或是如此鮮活地，把人的價值做為一種「在生命哀歌中再現光芒」的廢墟美學，重新取回人性視鏡下的自我尊嚴。

　　讀者再次閱讀（第二段）原文時，我們會再度品讀出文學的任務──「文學即人生」、「替代性的人生經驗」、「生命的求索與反思」：

> 阿德拉在明亮的清晨回來，像是果園女神波蒙娜一樣從夏日的烈焰中現身。她從籃子裡倒出陽光絢麗多彩的美──晶瑩剔透、閃閃發光的野櫻桃，新鮮多汁、聞起來比吃起來還要香甜可口的神秘黑櫻桃，以及包裹著夏天悠長午後精華的金黃色杏子。在這水果的純粹詩篇旁擺著一大片一大片豐沛飽滿的肉類和蔬菜：有著像琴鍵一樣肋骨的小牛肉，還有像水草一樣鮮嫩多汁的蔬菜──有的甚至看起來像死去的章魚、烏賊或水母。這些生鮮的午餐食材帶著尚未成形的、無色無味的味道，那是一種植物、土地的味道，狂放，帶有原野的氣息。

3. 「八月」第三段書寫分析，口頭報告評量文字稿

（第三段）原文：

> 我們那棟樓位於集市廣場上，而我們家則在二樓。每天，巨
> 大的夏季從我們陰暗的公寓穿過——它是顫抖空氣的寂
> 靜，是一塊塊在地板上作著燃燒白日夢的陽光；它是手搖風
> 琴的旋律，從夏日金黃色靜脈的深處流出。不知道從什麼地
> 方傳來鋼琴的旋律。不斷重複彈奏著兩三個副歌的節拍；它
> 們在陽光中暈倒在白色的人行道上，迷失於深沉白晝的火光
> 裡。打掃完房間後，阿德拉放下布窗簾，讓陰影進入屋內。
> 這時所有的顏色都降了八度，房裡充滿了陰影，彷彿浸淫在
> 深海的光線中。一切的事物都在這綠色的鏡子中顯得更加混
> 濁，而夏日的燥熱則在窗簾上呼吸，在午後的夢境中輕柔地
> 搖晃。

六上許詠歆的八月第三段分析稿：

　　手風琴在彈奏時會搖晃，所以用顫抖空氣的寂靜。副歌都是一
首歌當中最主要的，讓人記得住的，通常都在一首歌的中間。作者
把「兩三個副歌的節拍」安排在這段的中間來書寫，什麼事是作者
認為最重要的呢？我覺得是他的父親。

　　作者寫完「迷失於深沉白晝的火光裡」後直接寫「打掃完房間後」，作者可能要把所有的熱掃出去，最後又接著把「窗簾」拉下來，讓陽光打在窗簾上，打不進屋內。作者只寫了「放下布窗簾」，卻沒有寫拉上窗簾，像有某一件事讓作者突然心情低落一樣。

　　作者為什麼會使用「綠色的鏡子」？不用其它顏色的鏡子，對照「金黃色靜脈」的那裡加上「深海」，深海是藍色的，黃加藍等於綠，可能是作者的調色安排，也代表「亮、暗」、「亮、暗」。

　　為什麼會「混濁」，因為陽光照到海平面，海流動時，光線會隨著海水流動且變「混濁」。「混濁」也有可能是作者心中，有很多事情混濁在腦海裡，不知怎麼去解決。

　　房裡充滿了「陰影」，這一句可能是作者要表達他的寂寞，心情陰沉沉的。

　　「在午後的夢境中輕柔的搖晃」，作者可能再次放空，在想他的父親，因為前面有寫到「白日夢」，放空可能是在午休時，想安靜地睡完午覺，在午休時做了一個夢，可能夢到他的父親回家了，但其實是不可能的事，作者才用了「白日夢」。

　　整段在表達作者的心情起伏，作者的寂寞、空虛。

陳雲苓的八月第三段分析稿：

主題句：

推展句：

結論句：在午後的夢境中輕柔地搖晃。

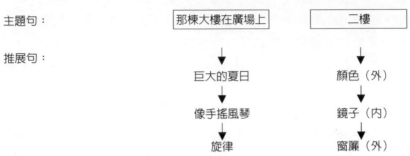

巨大的夏日它顫抖空氣的寂靜、它是手搖風琴的旋律、像迷失於深沉白晝的火光。二樓的空間安排從顏色（外）到鏡子（內）到窗簾（外）像「迷失於深沉白晝的光火」、「它顫抖空氣的寂靜」、「它是手搖風琴的旋律」、都在描寫夏季的動作。

二樓的空間安排從顏色（外）、到鏡子（內）、到窗簾（外）、到鏡子裡更內的渾濁（更內）。

「把顏色當成溫度」這句中他把顏色當成的溫度。

作者把「它是手搖風琴的旋律」跟「不斷重複彈奏著兩三個副歌的節拍」跟歌曲有著強調的節奏感。而作者說「不斷重複彈奏著兩三個副歌的節拍」可能是「它是手搖風的旋律」一樣。

「不斷重複彈奏著兩三個副歌的節拍」把景物摹寫得一樣重要。

萬珊蕾的八月第三段分析稿：

八月第三段分析：我們那棟位於〈感覺像是從空中俯瞰〉集市廣場上，我們家則在二樓。〈鳥瞰鏡頭〉

巨大的夏季從我們的公寓穿過〈譬喻〉〈用巨大的夏季〉

它是顫抖空氣的寂靜，是一塊塊在地板上做著燃燒白日夢的陽光；它是手搖風琴的旋律，從夏日金黃色靜脈的深處流出。不知道從什麼地方傳來鋼琴的旋律，不斷重複彈奏著兩三個副歌的節拍；它們在陽光中暈倒在白色的人行道上，迷失於深沉白晝的火光裡。〈排比〉

其中：白日夢的陽光是〈形容詞加名詞，是一種動態的表達，讓主角〈夏季〉、配角〈陰影〉裝扮的更優美。它們〈只的是旋律〉在陽光中暈倒在白色的人行道上〈誇飾法〉。

打掃完房間後，阿德拉放下布窗簾，讓陰影進入屋內。這時所有的顏色都降了八度，房裡充滿了陰影，彷彿浸淫在深海的光線中。和第一段父親把我、哥哥和母親丟給了熾熱發白的夏日的心情

一樣，後面又有一句「一切的事物都在這綠色的鏡子中顯的更加混濁」更顯得他它五味雜陳的心情。

而夏日的燥熱則在窗簾上呼吸〈這裡就是第一段夏日接受了他，給他了溫暖，而這時他想把夏日的溫暖先擋在外面，讓自己先沉浸在這五味雜陳的滋味裡〉也同時應用到擬人法〈呼吸〉。

在午後的夢境中輕柔地搖晃。〈作者內心的場景摹寫〉夏日接受了作者內心一切的創傷。

林怡柔的八月第三段分析稿：

第三段分析：我們指的是作者、哥哥、母親。他們住在廣場上，住在二樓，就代表它一開始的空間安排起伏是上，「每天，巨大的夏季從我們陰暗的公寓穿過」，巨大的夏季指的是太陽，光線是很暗的，從暗→亮（弱→強），然後「它是顫抖空氣的寂靜，是一塊塊在地板上作者燃燒白日夢的陽光；它是手搖風琴的旋律，從下日金黃色靜脈的深處流出」，這一段使用了並列複句，空間安排是下（地板）→外（深處流出），然後再跟前面的連接起來，空間安排是上→下→外，「鋼琴的旋律不斷重複著兩三個副歌的節拍」，一直強調重覆上、下、外。

接著陽光中暈倒在白色的人行道（上），迷失於深沉白晝的火光裡（內），阿德拉放（下）窗簾，讓陰影進入屋（內），空間安排是上→內→下→內，注意到光線的部份，前面是提到太陽的強，現在是讓太陽光的陰影照入屋內，從外到內。「這時所有的顏色都降了八度，房裡充滿了陰影，彷彿沉滔在深海的光線中。

這一段是明喻，就代表說從頭到尾都一直在說光線的強弱，一切的事物都在這綠色的鏡子（中）顯得更加混濁，而夏日的燥熱則在窗簾（上）呼吸，在午後的夢境（中）輕柔地搖晃，空間安排是中、上、中，然後窗簾上呼吸使用到誇示法，燥熱能在窗簾上呼吸？

綠色的鏡子？是不是跟廣場有關係？尤其是一塊塊的地板上，使用到類疊法，就會開始有疑問：一塊塊在底板上的陽光，陽光是不規則形狀，為什麼特別強調著一塊塊，不用一塊，都是在說那個部份的方法來下詞呢？

4. 「八月」第四段書寫分析，口頭報告評量文字稿

（第四段）原文：

> 星期六的下午我通常會和母親去散步。我們才剛走出幽暗的玄關，就立刻進入陽光的浴池中。在金色光芒裡游動的人們因為炎熱的天氣眯上了雙眼，好似被蜂蜜黏住了一樣。他們的上唇掀起，露出牙齦和牙齒。這走在陽光中的所有人臉上都帶著受不了酷暑的古怪表情，彷彿太陽給它的信眾們戴上了一模一樣的面具——那是陽光結社的金色面具。不管是老人、年輕人、女人或小孩，所有人都戴著這張面具互相會面、擦身而過、彼此寒暄。他們臉上塗著一層層厚厚的金漆，對彼此咧嘴而笑——那是酒神那野蠻異教之神的笑容。

陳傳貴的八月第四段分析稿：

主題句第 4 段我和母親散步

1.金色面具→金漆
推展句像浴池；像金光
2.蜂蜜
結果句對彼此咧嘴而笑（酒神那野蠻異教之神）

第四段先說是「陽光」，再說是「酒神那野蠻異教之神\金色面具」，像禮拜六討論的一樣，像猜謎語。

而這段不像第一段有那麼多的借喻，有些部份是「彷彿」、「似」等。

陽光不是「液體」，但是作者卻將陽光寫成「浴池」、「蜂蜜」、「金漆」等液體類。為了要配合「液體」作者還寫「在金色光芒裡游動的人們」。而且非「液體」的東西，他會用「破折號」來強調，例：「金色面具」。

「我們才剛走出幽暗的玄關，就立刻進入陽光的浴池中。」這段用了轉。「就立刻進入陽光的浴池中。」這摹寫句的延伸部分，作者把它刪掉，因為作者還可以摹寫散步的情形。

在空間安排方面，作者先用廣角鏡頭摹寫「陽光」，再用近鏡頭寫到「人的行走動作」。最後用特寫鏡頭才開始寫到「瞇上了雙眼」、「上唇掀起」、「露出牙齦和牙齒」和「古怪表情」等細膩處。

傅志藤的八月第四段分析稿：

我要分析這一段時，我第一個想法就是畫金字塔簡圖。

畫完之後，發現第二句「我們才剛走出幽暗的玄關，就立刻進入陽光的浴池中。」裡的「走出」和「進入」有對比，還有「幽暗」和「陽光」也是對比。

「在金色光芒裡游動的人們因為炎熱的天氣瞇上了雙眼，好似被蜂蜜黏住了一樣。」這句話譬喻的地方用了「被蜜蜂黏住了」是

因為人被太陽照到，身體會流汗，但是臉的地方被照到，眼睛會瞇成一條線，汗水被陽光照到反射出來的顏色是金黃色的，所以作者才會用「蜂蜜」這個詞。

　　「他們臉上塗著一成厚厚的金漆，對彼此咧嘴而笑——那是酒神那野蠻異教之神的笑容。」這句話的「厚厚的金漆」應該是在說汗水已覆蓋了整個臉，反射出金黃色，像是金漆。還有裡面的「那是酒神那野蠻異教之神的笑容」，我看到這句時，第一個想到的就是瘋瘋的，因為喝酒會醉，醉了之後臉就會有奇怪的表情，動作會變得很野蠻。

　　到了最後，我發現作者的空間安排是先描寫大樓裡面，再描寫外面的廣場。對於人的描寫是先描寫人的眼睛，再描寫人的嘴巴，之後才描寫整個人。

石慧靖的八月第四段分析稿：

〈1〉

　　主題句：「星期六的下午我通常會和母親去散步。」
　　推展句：「我們才剛走出幽暗的玄關，就立刻進入陽光的浴池中。——」
　　結論句；「他們臉上塗著一成厚厚的金漆，對彼此咧嘴而笑——那是酒神那野蠻異教之神的笑容。」

〈2〉作者有使用到對比：

　　幽暗——陽光。瞇上——露出。
　　作者說：「我們剛走出幽暗的玄關，就立刻進入陽光的浴池中。」我覺得作者說「陽光的浴池」指的是陽光照到大地，地板及空氣中都瀰漫著強烈陽光的氣息。

「在金色光芒裡游動的人因為炎熱的天氣瞇上了雙眼，好似被蜂蜜黏住了一樣。」我覺得這句跟上一句有做到連接。因為他說：「就立刻進入到陽光的浴池中」跟這一段的在金色光芒裡「游動」的人們，在浴池裡應該是用游的。然後這一句裡面也有做到連接「瞇上了雙眼」、「好似被蜂蜜黏住了」我覺得這兩句有連接是因為：「他說瞇上了雙眼，就像是我們在吃蜂蜜或是地瓜酥的時候，牙齒上下黏住了一樣。」

「他們的上嘴唇掀起，露出牙齦和牙齒。」這句和上一句有用到對比，「露出」、「瞇上」。

「這走在陽光中的所有人臉上都帶著受不了酷暑的古怪表情，彷彿太陽給他們的信眾戴上了一模一樣的面具那是陽光結社的金色面具。」酷暑表情裡可能有：「瞇上雙眼、露出牙齦以及牙齒。」太陽給我們戴了一模一樣的面具，那是太陽太刺眼，而讓我們受不了露出的古怪表情。

「不管是老人、年輕人、女人、小孩，所有人都帶著這張面具互相會面，擦肩而過、彼此寒暄。他們的臉上塗著一層層厚厚的金漆。」這句我覺得很奇怪的地方是他有寫到年輕人卻沒有寫到中年人？

還有一個就是：他也有寫到女人，為什麼不寫男人呢？

他既然有漏掉這些東西，為什麼不乾脆直接寫所有人呢？

我覺得這句是在說：「每個人都瞇上雙眼、露出牙齦和牙齒」互相見面，像陌生人一樣的經過，還會有時候遇到自己的朋友，互相打招呼。而金漆可能指的是陽光。

「那是酒神那野蠻異教之神的笑容。」酒神那野蠻異教之神可能是一位神，每個人臉上所戴的面具可能是他最喜歡的表情吧，也有可能是他幫每個人創作的表情。他看到每個人都戴著他喜歡的表情或他創作的表情，所以露出了笑容。

洪亞婷的第四段書寫分析：

「星期六的下午我通常會和母親去散步。」這句是主題句。

「我們才剛走出幽暗的玄關，就立刻進入陽光的浴池中。」這句是推展句1。

「在金色光芒裡游動的人們因為炎熱的天氣瞇上了雙眼，好似被蜂蜜黏住了一樣。」這句是推展句2。

「他們的上唇掀起，露出牙齦和牙齒。」這句是推展句3。

「這走在陽光中的所有人臉上都帶著受不了酷暑的古怪表情，彷彿太陽給它的信眾們戴上了一模一樣的面具——那是陽光結社的金色面具。」這句是推展句4。

「不管是老人、年輕人、女人或小孩，所有人都帶著這張面具互相會面、擦身而過、彼此寒暄。」這句是推展句5。

「他們臉上塗著一層厚厚的金漆，對彼此咧嘴而笑——那是酒神那也蠻異教之神的笑容。」這句是結論句。

作者寫：「我們才剛走出幽暗的玄關，就立刻進入陽光的浴池中。」表示作者寫的時候是夏天。

「立刻進入陽光的浴池中。在金色光芒裡游動的人們。」這句把人比擬成像在游泳一樣的感覺。

「不管是老人、年輕人、女人或小孩，所有人都帶著這張面具互相會面、擦身而過、彼此寒暄。」這是條件句。

問題：

1. 老師問我條件它是用甚麼條件？

2. 為什麼對彼此咧嘴而笑——那是酒神那也蠻異教之神的笑容？

3. 這段作者好像一直強調金色，他有什麼意義呢？

4. 為什麼要說所有人「所有人臉上都帶著受不了酷暑的古怪表情」是用誇飾嗎？還是真受不了呢？

5.　「八月」第五段書寫分析，口頭報告評量文字稿

（第五段）原文：

廣場上一片空曠，因為燥熱而泛黃。上面的灰塵都被炎熱的
風吹跑了，看起來像是《聖經》裡的沙漠。多刺的金合歡
從廣場黃色的空洞中長出來，活力十足地搖晃明亮的葉片。
它一叢一叢的綠葉就像是高貴、雕刻精細的細絲工藝品，
讓人覺得這些樹木好像是從古老的歌布林掛毯上割下來的
一樣。看著它們，你會有一種錯覺：不是風吹動樹林，而是
樹引起了風。它們戲劇性地晃動自己的樹冠，於是能浮誇又
豪華的彎曲，同時展現它們巧奪天工、有著銀色裡層的葉
片，就像是銀狐高雅的皮毛。被風磨得光可鑑人的老房子染
上了偉大的氣氛，充滿了四散在彩色晴天深處的回音，以及
顏色的回憶。彷彿，這一整個世代的夏日正把這些房子虛偽
的釉彩敲落——就像極富耐心的灰泥師傅把發霉的灰泥從
房屋的立面刮落——並且一天一天地挖掘出房子更清楚的
真正面貌，以及那些從內部塑造它的、命運及生活的容顏。
現在那些被空洞廣場上的白光弄瞎的窗戶正在沉睡，陽台
向天空告解它們的空洞，敞開的玄關聞起來有陰涼和酒的
味道。

林育諺的八月第五段分析稿：

結構表：

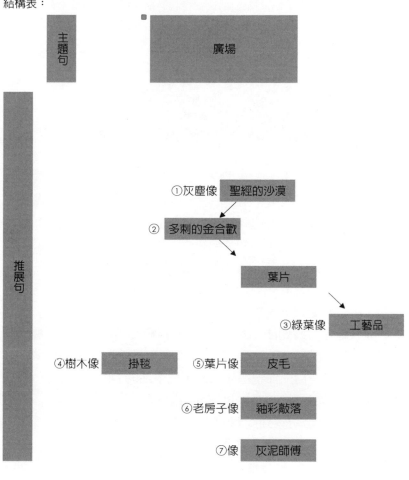

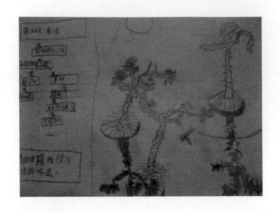

　　等我的意象圖和知識結構表做完之後，我開始分析字詞和修辭。他的譬喻在這段用了至少六次，他有幾句是：主角＋怎麼樣＋譬喻＋結果。跟一般我們寫作的方法差很多。他的八感有：感〈因為燥熱、炎熱的風〉、看、想〈你會有一種錯覺：不是風吹動樹林，而是樹引起了風。〉、嗅〈敞開的玄關有陰涼和酒的味道。〉我覺得有順序安排，是在「更清楚的真正面貌到內部」，我覺得是從外到內，所以我覺得他有順序安排。

　　而且他也有層遞法，是在「就像極富耐心的灰泥師傅把發霉的灰泥從房屋的立面刮落——並且一天一天得挖掘出房子更清楚的真正面貌，以及從內部塑造他的命運及生活的容顏。」我覺得他是用就像——並且——以及，這樣的句型。

　　我開始對字句感到問題的一個是：為什麼要用明亮的葉片，樹都快枯死了，還明亮？我後來覺得他用明亮，是因為有刺的動植物，大部分它的刺會幫它本身蒐集水分，就像沙漠荊棘一樣。然後水分太多了，跑到葉子上，又因為太陽太大，把它照得很明亮。

　　第二個問題是：為什麼要用「看著他們，你會有一種錯覺：不是風吹動樹林，而是樹引起了風」這句話？我思索了五分鐘，我覺得他是用內容字連貫，因為如果不加連貫，會讓讀者讀到一半卡在

那裏；相對的，如果有加內容字連貫，會讓讀者很自然的進入作者的意象世界裡。

第三個是：為什麼要用「『戲劇性』的晃動自己的樹冠」？他用戲劇性，有可能是因為他看到的樹像是玩戲劇一樣，搖曳生姿的晃動樹冠，而晃動又是輕微的，所以我覺得他才要用戲劇性。

第四個是：為什麼要用「虛偽」的釉彩敲落……？我覺得他應該是因為這個房子裡面還有一層不為人知的面貌，而那被敲落的釉彩只是保護色，所以才把外面敲掉，留下不虛偽的實心。

張冠峰的八月第五段分析稿：

主題句	第五段廣場像沙

推展句	葉片　哥布林掛華　樹林　葉片　老房子　夏日　窗戶　陽台
	像　　　像　　　像
	皮毛　回憶　灰泥師傅

結論句	結果句：敞開的玄關聞起來有陰涼和酒味。

作者有使用到對比技巧，像是一開始前面有寫「金合歡活力十足地搖晃明亮的葉片」，後面卻寫它們「有著銀色裡層的葉片」，它們可能是銀合歡。

還有，第一句有寫「廣場燥熱」，表示太陽很大，可是最後一段有寫「聞起來很陰涼」，表示沒有陽光。作者的人生思想可能是那個老房子，被風打擊一次，又被夏日打擊第二次。因為文章裡有寫：「被風磨得光可鑑人的老房子染上了偉大的氣氛，充滿了四散在彩色晴天深處的回音，以及顏色的回憶。彷彿，這一整個世代的夏日正把這些房子虛偽的釉彩敲落。」

6.　「八月」第六段書寫分析，口頭報告評量文字稿

（第六段）原文：

> 一群衣衫襤褸的人躲在廣場的角落，躲避炎夏的火錘。他們包圍了城牆的一角，不斷把鈕扣和錢幣往牆上扔著玩，彷彿從這些圓形金屬構成的星象圖中可以解讀出城牆真正的祕密——那以刻痕和裂隙寫成的埃及象形文字。除了他們，廣場上空無一人。人們預期，在這酒桶堆成的玄關之前，會有一頭撒瑪利亞人的爐子被人牽著，穿過金合歡搖曳的陰影走過來。兩個僕人細心地把一個重病的男人從熱燙的馬鞍上拖下來，小心翼翼地把他抬上陰涼的樓梯，抬進散發著安息日氣味的二樓。

7.　「八月」第七段書寫分析，口頭報告評量文字稿

（第七段）原文：

我就這麼和母親走過了溢滿陽光的廣場兩側，把我們曲折的影子投射到所有的房子上，像是用手指拂過鋼琴的琴鍵。方形的人行道石板緩緩地在我們柔軟、平緩的腳步下流過，其中一塊像人的皮膚一樣是淡紅色的，其他的則是黃色和藍灰色。所有的石板都光滑無比，被陽光曬得很溫暖，有如天鵝絨般柔軟，像是溢滿陽光的臉蛋，被踩得讓人幾乎認不出來，愉快地遁入虛無。

陳可涓的第七段書寫分析：

在第七段的地方，作者摹寫「人的行動——我和母親」、「影子」、「人行道石板」、「所有的石板」。

一開始作者使用廣角鏡頭，將「廣場」都大概描述，接著把鏡頭轉成特寫鏡頭來「特寫影子」，接著用移動鏡頭照「石板」，再慢慢縮小成移動特寫鏡頭，照「石板中間的縫」。所以空間的安排大致上是：由「大」到「左、右」到「下」。這個過程中，鏡頭也逐漸縮小敘述細節的摹寫。

我發現第一句用了「溢滿」這個動詞，我覺得很奇怪，因為陽光不是液態的。我認為作者他這樣是把陽光譬喻成水，是因為水會鋪平地面，也象徵著即使地上的小細縫、小坑洞，都會被溫暖的陽光所填滿。

再來後面有講到「投射」，我覺得怪怪的，因為影子是貼在地上最多只是一點點在牆上，他用「投射」感覺怪怪的。結果我發現他是為了跟後面的「虛無」做呼應，因為「投射」原本的一人就變得像兩個人一樣，就不孤單，跟後面的「虛無」是扣緊的。

後面有講到「拂過」，鋼琴應該用彈的，而不是「拂過」。後來觀察了物體的影子，發現雖然是黑的，但是可以看見物體的灰黑色，所以就像是彈琴也是輕輕滑過去而已，那種微微的感覺，再連到前面房子的地方，作者摹寫「曲折的影子」滑過房子，跟「手

指拂過鋼琴的琴鍵」是很相像的，所以剛剛好是扣緊修辭學的譬喻法的。

接著他寫「柔軟、平緩的腳步下流過」，後面又寫「踩得讓人幾乎認不出來」，感覺很怪，尤其中間又有寫「天鵝絨般柔軟」，而且這些都是在講石板，感覺超怪。我發現其實是在說石板縫，縫中的陽光在流，是陽光的熱情柔軟，而不是石板。

這裡又可以連接到第一章第一段，被「丟給夏日」的感覺，原本一家人的情感「像天鵝絨般柔軟」，因為父親，就有如把心丟在地上，「踩得認不出」來這份情感，所以只要套入第一段就能解開了，作者為何放入「有如天鵝絨般柔軟」和「踩得讓人幾乎認不出來」這個對比的象徵意義了！

莊育舜的第七段書寫分析：

作者的空間安排是從「大→小→特寫」，大是「廣場」，小是「影子投射到所有的房子上」，特寫是「人行道石板」。

「把我們曲折的影子投射到所有的房子上，像是用手指拂過鋼琴的琴鍵」這一段的譬喻是在說房子就像是琴鍵，而影子就像是手指。

「所有的石板都光滑無比，被陽光曬得很溫暖，有如天鵝絨般柔軟」石板不可能有如天鵝絨般柔軟，而且作者還說石板有顏色。我後來才發現，作者把有顏色的石板在太陽光下，譬喻成軟墊。

詹晴軒的第七段書寫分析：

「我們就這們和母親走過溢滿陽光的廣場兩側」，看到第四段的第二句的「就立刻進入陽光的浴池中」，表示浴池裡面只要裝滿了水，不管多大的浴池，依然還是會溢出來，太陽照在作者，作者的影子投射在許多房子上，就樣鋼琴鍵一樣。

　　如圖：太陽從作者的側面照過來，而作者在中間，作者的腳下是瓷磚，作者的右側面是影子。以上是空間安排。

　　「方形的人行道石板緩緩地在我們柔軟、平緩的腳步下流過，其中一塊人的皮膚一樣是淡紅色的。」作者用緩緩地來形容作者的腳步，而且特別強調。

　　「其中一塊人的皮膚一樣是淡紅色的。」這句告訴我們，人類總是被愛護、保護著。

　　「所有的石板都光滑無比。」這句說著：我們人的皮膚都光滑很柔軟，有如天鵝般柔軟。像是作者的臉都被陽光照的溢出來了。

8.　「八月」第八段書寫分析，口頭報告評量文字稿

（第八段）原文：

> 終於，在史崔斯卡街的轉角，我們進入了藥局的陰影中。在藥局寬敞櫥窗裡那一大桶覆盆子果汁讓人想起陰涼的室內，以及藥局裡各式各樣、能撫慰所有痛苦的膏藥。再往前多走幾步，這條街已經無法繼續維持城市的高級品味和教養。就像是一個從大城市回到自己故鄉的鄉下人，在沿途上一件一件拋棄自己優雅的服飾，在接近鄉村時慢慢變回一個穿粗布衣裳的鄉巴佬。

陳皓明的第八段書寫分析：

第八段意象圖：

第八段結構圖：

主題句		史崔斯卡街

推展句	街道	藥局	膏藥	果汁

結論句	對比（一）大城市到鄉下 對比（二）優雅的服飾到粗布衣裳呈現了 （連續對比）

　　他的空間安排是從內到外。因為他先寫藥局裡面再到街道上，所以他的空間安排是從內到外。

　　他的順序安排是從好到不好，因為他寫優雅的服飾到粗布衣裳還有大城市到鄉下，所以他的順序安排是從好到不好。

　　結論句中作者也呈現了連續對比的技巧。如：

　　對比（一）大城市到鄉下。

　　對比（二）優雅的服飾到粗布衣裳。

　　我覺得作者寫覆盆子果汁是為了象徵陰涼的室內，因為我上網查覆盆子的圖片，發現覆盆子的顏色有點偏深紫色，我推論出陰影的顏色和覆盆子的顏色似乎有點相近，所以我覺得作者在象徵他家裡的親情就像暗色系一樣冷漠。

　　結論句中作者也呈現了連續對比的技巧。如：對比（一）大城市到鄉下；對比（二）優雅的服飾到粗布衣裳。所以我覺得作者是在述說他的人生就像他寫的文章一樣起起伏伏的，有成功的作品也有失敗的作品。

9.　「八月」第九段書寫分析，口頭報告評量文字稿

八月（第九段）原文：

> 郊外的房子和它上頭的窗戶一起淹沒在小花園茂盛、雜亂的花草堆中。它們被偉大的日子遺忘，寧靜又蓬勃的繁殖出各色各樣的香草、花朵和雜草。它們享受著這段空白，可以在時間的邊緣、在無限之日的邊界作夢。在那兒有一朵生了象皮病的向日葵，高高地長在粗壯的莖上，穿著黃色的喪服，等待自己沮喪的生命走到盡頭。它擁腫、可怕、大而無當的軀殼看起來彎折、扭曲，而天真的風鈴草和小野花則穿著它們新漿好的、白色和粉紅色的襯衫，無助地站在一旁，無法理解向日葵的巨大悲劇。

10.　孩子獨立寫作一個段落評量

　　經過文本段落教學的分析示範、孩子閱讀文本段落分析口頭報告、文字書寫評量。

　　我更期盼孩子的寫作課,能有不同以往的文稿,因此要求班上孩子:獨立寫作一個段落,做為一次期末寫作評量成績。

　　此次被稱為「譬喻摹寫句」的寫作技能,不知孩子們的稿件中,會不會表現出「時間安排、空間安排、邏輯順序安排?」

　　會不會表現出「廣角鏡頭、特寫鏡頭、移動鏡頭來摹寫人、景、物」?

　　會不會表現出「連續譬喻句的細膩摹寫」?

　　會不會表現出「意象圖」?

　　教學成果本身就是一場難熬的等待,因為師、生活在教學熱情的誘拐中,為著一次可能性而集訓,以波蘭作家「布魯諾‧舒茲」做為我們的寫作典範,而分析閱讀、而模仿寫作。

班級的第一次初稿:

01 莊育舜（1）

　　時間,像在虛空世界的神秘齒輪,隨時帶動著人們的唯心指數,也帶動世界走向未來。人生中的挫折,像在雪地中的這些看似不起眼的枯草,但他卻有著如同鋼鐵的堅硬般的生命力。是因為,這些存活下來的枯草,都是有著樂觀的想法。

02 陳傳貴（1）

　　星期日,一家人在蒼冷灰白中度過,它不是貌似強烈的奔放氣息,嚐起來略有冷淡,但也不是冰冷無情、空虛。它的表面都閃著陣陣的蒼光,像是落葉般的飄浮不定,也不導致雜亂。交雜的吵雜

聲，重複著乏味的層次感，好似在咖啡中加糖般的簡單，卻變的更豐富。而在他的後層則藏著淡黃色的串珠，反射著一個熟悉面孔，滴落得令人著迷、捉摸不定。

03 傅志藤（1）

冷風直撲而來，發抖的行道樹被吹得搖來晃去，像一群調皮的小朋友一起跳舞。他那細小的手表演得很特別，但是演的得一點都不熱情，感覺冷僵僵的，似乎是想要告訴我一些事情。無情的冷風呼呼吹過了窗戶，窗簾敲擊的聲音把我從「幻想世界」給拉了出來，昏昏沉沉的我慢慢的穿上外套，慢慢的走了出去。慢慢的走到附近的公園散步。發現到了魚池裡的魚成群在一起，有一隻魚跟在最後面，我心裡的 OS 想：「這是否是在告訴我什麼思想？或許是人生中會遇到的一件事情，也有可能是身邊的人會遇到的事情？」這問題圍繞在我的腦海裡，但是也慢慢的被冷風吹走了。

04 陳冠元（1）

和姐姐走過了那鋪滿昏暗的石階上，像一輩子的埋怨走過心頭，把我們沮喪的心情慢慢走上那頂點，就像擁有美麗天空的山，看似單調卻耀眼無比。長方形的階梯柔和、優雅的把我們委屈的心情送到了一個極樂世界，而在那天上翩然起舞的氣球其中有一顆是黃的，相迎著新的挑戰飛向天際，其他都是藍的、綠的、橘的。所有的氣球都很溫柔，被微風吹得很舒服，有如母親般呵護，像是溢滿喜悅的臉蛋，被微風吹入一個無人知道的神秘國度……

09 林育諺（1）

讓我期待已久的晚餐時光，聞到那香味的我，已經餓的像是肚子正在進行大規模的抗議活動，令人十分難受又期待。我期待、期待、在期待……，我覺得等不是辦法，所以我假藉走到廚房幫

忙端菜，端菜的途中，我像個小偷似的偷吃食物，反正沒人發現，也沒人會罵。我們今天吃的是會讓身體暖的像暖爐一樣的火鍋，我已經好久沒吃到容易發胖的火鍋了，我的食欲打得更開，鼻子也通了，全部都剩下火鍋進場了，我的肚子舉行了隆重的婚禮似的，等待今晚的主角。我吃牛肉時，鼻子吐氣，讓香味保留，期它的牛肉的味道像是正在射箭一樣，準準的撲鼻而來。它只能用「讚不絕口」代替，和原本是生食的味道差的有一個天地之隔。當它是熟的時候，顏色是淡咖啡，像是一個黑心的咖啡，加了好幾杯水似的；當他是生食的時候，是一個粉紅加白色脂肪的肉色，像是一個跑道，但是牛肉的白色紋路是不規則的，像是一個不會指揮的指揮家，產生縱錯的節奏。晚餐後的甜點是一個高熱量的湯圓，湯圓對別人來說，也許只是圓滿，對我來說？對我來說吃湯圓不只是好吃加上再讓你變胖，「它」也是一個我必須保守的秘密。

11 林品堯（1）

馬達，有如螺絲的旋轉著，我人在那有如暴風雨中吵雜的機械室，在暴風雨中不停的風聲，那是打開水時，發出的聲音。從機械室往外看，一片一片的地板，有如起司蛋糕上方的螞蟻是巧克力，而高大的椅子就好似變成了蠟燭。杯子是水果，住在這棟房子有如住在蛋糕裡。

14 張冠峰（1）

太陽高照，陽光普照，，像是在沙漠受苦，感到乏味，連花兒也被晒昏了頭，個個都枯萎了。花圃的香氣跟皇宮的大花園一樣芬芳，香到讓人感到頭昏眼花，就來到了人間仙境般，感到舒適。這些花，個個活潑好動，有風就像是在玩耍，津津樂道。其中，有一朵向日葵，像是眾多學生，在為學生上課，令人興奮。在太陽的照

射下，像梵谷的向日葵，正發出金色的光芒。太陽西下，花兒把花藏進了小房子裡，慢慢地沉睡著……。

16 姚丞中

（1）由此處的山峰上，望向另一座高山的稜線。一棵棵的遠古大樹，屹立在群山之上，威嚴、直挺挺的警官出現了，頓時凝結了沉重。一團一團的捲髮，有時隨風飄散，有時冒著雲霧，刑場上的受刑人，只是露出上半身而已。上方的雲霧，了無笑容，一副凶神惡煞、銳利的眼神，正等一聲令下的劊子手，屏氣凝神、黯然消魂。偶有的鳥語花香，忽然降臨，下凡的觀音菩薩，在令後，將會返回逍遙的極樂世界，洗滌受刑人。

（2）由此處的山峰上，望向另一座高山的稜線，清楚的好似絲線，有粗有細、有直有曲。一棵棵的遠古大樹，屹立在群山之上，威嚴、直挺挺的警官出現了，頓時凝結了沉重。一團一團的捲髮，有時隨風飄散，有時冒著雲霧，刑場上的受刑人，只是露出上半身而已。上方的雲霧，了無笑容，一副凶神惡煞，銳利的眼神正等一聲令下的劊子手，令人有種毛骨悚然、避之唯恐不及的氛圍。偶有的鳥語花香，忽然降臨，下凡的觀音菩薩，在令後，將會返回逍遙的極樂世界，洗滌罪過。

18 萬珊蕾（1）

下過雨的道路，把我從甜蜜的夢境給抓了出來。溼氣重重的壓在我身上，讓我的睡意一揮而散，只好拖著緩慢的腳步，將樓下的樹葉掃一掃，但樹葉好似被三秒膠黏住著一樣，動彈不得，令人十分無奈。我必須用手一片一片撿，發現葉子上一個一個，忽然心頭洶湧了一股想玩的衝動，把樹葉對著眼睛，從小洞看出去，目光聚集在一點，特寫出它的外觀，又將葉片移動，角度更有立體。那種說

不出來的感覺，緊緊的包圍著我。在早晨的絲絲微光中，瀰漫著
——那新鮮的感覺。

19 石慧靖（1）

每到假日的下午，我都會去家裡附近的運動公園運動。剛走出門就被刺眼的太陽光整個包圍，刺眼的太陽光熱情招呼我，彷彿是在邀請我進入他的大地裡玩耍，刺眼的太陽光讓我的全身充滿了活力，整個人精力充沛。彷彿是個活力充沛的小狗。走到公園，每個人都散發出快樂的心情以及活潑的氣息，不論是人類或是動物，這些讓我更加興奮了。每個人臉上都有許多的汗水，汗水一滴一滴的流下，汗水默默的從頭到肩膀在到身體再到腳再慢慢的往地下流，汗水彷彿像是血在身體裡面走迷宮呢！每個人的身上也發出不同的汗味，從每個人身旁經過都會聞到不一樣的味道！運動的人的汗味會在空氣中散布著，讓每個路過或是經過的人都會聞到。再往前走就會看到打球的人，打球的人每個人把自己當成林書豪一樣，認真的打球，散發出對籃球的熱愛，就連我也忍不住想下場打球了呢！

20 陳雲苓（1）

下雨，雨滴輕輕的滑落窗旁，像眼淚一樣輕輕滑落我們的臉龐，又像一顆顆鑽石，透明且白亮；而風，呼呼的吹來，像小孩大聲呼喊，又像牛一樣大聲喊「哞」的一聲。大雨珠滴落在湖裡時，那雨滴落下時，接觸到與湖的交面處，雨滴小小聲的發出「咚」的一聲；那透過風的漣漪，也順著風的風向，慢慢移動，有如那楓葉經過風的指令，與樹枝分離，悄悄的與風一起去旅行。

23 洪亞婷（1）

　　湛藍的海水就像是藍天的影子。海好似是一鍋大大的海鮮湯，裡面有許多海洋生物，例如：魚、蝦、海龜、珊瑚，多到像天空的星星一樣數不完。如果每天吃一口，永遠都吃不完。如果天空降下太陽雨，就可看見彩虹好似掛在海平面上。海上有船在航行，海裡的魚們把它當成了一隻隻的大魚，追著船跑，心裡想著：為什麼這些大魚都只用屁股對著我們呢？他為什麼不吃我們呢？海裡有一座大公寓，好似是為魚兒們特別蓋的，而住在裡面的都是海底世界裡美麗的房客、貴客。魚，一直游，一直游，永遠無法游到盡頭。因為，海是無止盡的。

24 林怡柔（1）

　　下午，我走在溢滿陽光的鐵道上，而影子跟隨著我的腳步下，像是被我按壓過的鍵盤。一叢叢的小草佈滿了左右側，一顆一顆的小碎石停留在與小草之間中的秘密，行人穿越著鐵道，一個個走來，一個個走去，個個朝向屬於自己的道路，而我與鐵道接觸的瞬間，這是我與步道共同的回憶，紛紛走在每一步，連接著向前與逗號，清晰的空氣，在我的鼻腔徘徊，在我的腦中迴盪，這個就是所謂的大自然？

27 許詠歆（1）

　　濕滑的地板，一步一步引進殘酷的畫面。

　　通常星期日媽媽會帶我出去散步，這次我到了個神秘的地方，是大家不理不睬的地方。想回家的狗、生病被棄養的狗、流浪的狗、瘦古如柴的狗，都在"台東動物收容所"我並不反感這有惡臭味，纏有細菌的地方，因為我覺得狗也是一條生命，何不愛護牠？

11.

陳可涓傳回來的初稿（**1**）：

　　北風呼呼，濕氣溢滿了窗，把我們絲絲的髮鑲上了珍珠。懸抱住紗窗的水滴往下掉，它走過的地方也被那冰冷無情填滿，它讓世界變得安靜無聲，變得模糊。其中，輕輕撥弄那上下交織的鐵線，豎琴聲漸漸響起，但它並不溫和柔情，溢滿珍珠的豎琴？蓋過那歡笑，愉快變成了「過去式」。

　　我列印出資料，在全班學童面前分析，檢驗她的段落書寫，像「八月」的寫作技巧嗎？

(一)「段落結構：主題句。推展句 123。結論句。」

(二)「段落順序安排：時間順序、空間順序、邏輯順序。」

(三)「段落寫作鏡頭安排：廣角鏡頭、特寫鏡頭、移動鏡頭──」

(四)「鏡頭摹寫句：大略摹寫、細膩摹寫、行動摹寫──」

(五)「譬喻摹寫句：對甲物像乙物的乙物摹寫句。或乙物連續摹寫句。」

(六)「其他修辭學技巧：類疊法、轉化法（「八月」中常用的擬物法）──」

　　因此，我在她的文稿上，插入「──」的地方，建議她修稿。

　　北風呼呼，濕氣溢滿了窗，──把我們絲絲的髮鑲上了珍珠。──懸抱住紗窗的水滴往下掉──，它走過的地方也被那冰冷無情填滿──，它讓世界變得安靜無聲，變得模糊──。其中，輕輕撥弄那上下交織的鐵線──，豎琴聲漸漸響起──，但它並不溫和柔情──，溢滿珍珠的豎琴？蓋過那歡笑──，愉快變成了「過去式」。

陳可涓的第二次修稿（2）：

北風呼呼，濕氣溢滿了窗，像是為茶凍添加鮮奶看似平凡，卻十分引人注目，那種黑白配，斑馬彷彿從我面前閃過。把我們絲絲的髮鑲上了珍珠，挑髮仔細的穿過那顆顆價值不斐的珍珠，那種細膩就好比蓋房子層層放上沉重的磚塊，再鋪上水泥。懸抱住紗窗的水滴往下掉，如那湖上的片片落葉飄浮不定，坐上時空的飛車急速回到過去，尖叫聲刺耳。它走過的地方也被那冰冷無情填滿，如個泡泡，隨風但隨時結束，它讓世界變的安靜無聲，變的模糊，這面沼澤色的鏡子，把一切顛倒。其中，輕輕撥弄那上下交織的鐵線，響起媽媽辛苦織毛衣的聲響，豎琴聲漸漸響起人情味在不遠處，卻如蹬羚，速度讓它忘記一切，但它並不溫和柔情，溢滿珍珠的豎琴？蓋過那歡笑，愉快變成了「過去式」。

陳可涓的譬喻法閱讀起來，並不搭嘎。

例如，第一句：「北風呼呼，濕氣溢滿了窗，像是為茶凍添加鮮奶看似平凡，卻十分引人注目，那種黑白配，斑馬彷彿從我面前閃過。」

我請問她選擇的「甲物」譬喻「乙物」的「相同點」是什麼？

(1) 她說甲物（窗的顏色）是乙物（茶凍的顏色）。
(2) 甲物（濕氣佈滿窗玻璃的迷濛視覺）是乙物（茶凍添加鮮奶暈開的顏色）。
(3) 甲物（黑白配濕氣從玻璃流下來的視覺線條）是乙物（斑馬身上的線條視覺）。

因此，她第三次的修稿，第一句變成了：

「北風呼呼，濕氣溢滿了窗，像是為茶凍添加鮮奶看似平凡的色感，十分引人注目，那種黑白搭配，彷彿斑馬線條從我面前閃過。」

　　如此的稿件通順了，她的「甲物」譬喻「乙物」的「相同點」是從「視覺（看）：顏色的相同點，形狀的相同點」著手修稿的。

　　我做出一張簡易的譬喻修稿監控表，讓孩子們更注意：如何在生活中，找到適當的譬喻，讓語文操作有了一些參考的方法。

喻體	喻詞	喻依		
甲物	像	乙物		
	（找到兩物的相同點）	外在摹寫	視覺（看）：形狀、顏色、質料、功用的相同點	
			聽覺（聽）：聲音的相同點	
			動覺（做）：表情動作、行動的相同點	
			觸覺（觸）：觸摸的相同點	
			嗅覺（嗅）：鼻聞的相同點	
			味覺（味）：口腔中味道的相同點	
		內在摹寫	心覺（感）：喜怒哀樂、悲歡離合的相同點	
			延伸覺（想）：精神、人生思想的相同點	

　　我提點著孩子：對於「甲物」，作者也是使用修辭學的八感摹寫技巧，把「甲物」具體化的呈現在讀者眼前，呈現的八感類別是在視覺、聽覺、動覺、味覺、嗅覺、心覺是由作者的藝術直觀決定。

　　把「甲物」進入譬喻「乙物」，也是為了具體化的「意象感受、傳神、精隨、餘韻」做出一種映照「甲物」，凸顯「甲物」的描摹努力。

　　一張簡易的譬喻修稿監控表，身為作者的要去決定，把藝術手法放在那一類別表現，例如：摹寫「甲物」是在「視覺」，搭配的「乙物」可以在「動覺」，這是一種影像處理的遊戲，像一個導演透過影像，表達他要傳達給觀賞者的所有，而文字工作者在文字摹寫修為上下功夫。

　　例如文字：「千江有水千江月（千江無水不成月，何為實？何為虛？）」、「千江映千月（何為實？何為虛？）」、「池成月自來（何

為實？何為虛？）」、「一日照萬江（就如此直截了當？）」**在摹寫修持上，已直下表現不同的人生視鏡、人生意象、人生意境。**

因此，陳可涓的第三次修稿如下（3）：

　　北風呼呼，濕氣溢滿了窗，像是為茶凍添加鮮奶看似平凡的色感，十分引人注目；那種黑白搭配，彷彿斑馬線條從我面前閃過。雨把我們絲絲的髮鑲上了珍珠，如挑髮仔細的穿過那顆顆價值不斐的珍珠，就好比相思的心層層鋪上沉重的回憶。那種細膩懸抱住紗窗的水滴往下掉，小雨珠如那湖上的片片落葉飄浮不定，坐上時空的飛車急速回到過去，尖叫聲刺耳。它走過的地方也被那冰冷無情填滿，如個泡泡，隨風、隨時結束，它讓世界變的安靜無聲，變的模糊，這面沼澤色的鏡子，把一切顛倒。其中，輕輕撥弄那上下交織的鐵線，如豎琴聲漸漸響起，想起媽媽辛苦織毛衣的聲響，人情味在不遠處，卻如蹬羚，影像的速度忘記了一切，但它並不溫和柔情，溢滿珍珠的豎琴？蓋過那歡笑，愉快變成了「過去式」。

12.　期末全班段落現場摹寫評量

　　期末休業式前一天，幾個班級正在同樂會，六年六班延續著段落書寫。

　　黃老師第一節課便發下 A4 空白影印紙，說著：現場段落寫作測驗，請加定題。

　　他走在教室外長廊，看著這一些浮動的影子，影子和物體互為指定物，因為有光。

　　遠處大樓上的窗玻璃也因為光的照射，有陰、有陽，把周遭的景物吸了進去，這一面世界變成並貼、並置，深淺錯落成另一個立體的影印世界。

　　他隨機叫喚孩子，和他蹲在走廊，望向長廊盡頭，停格在自己的摹寫世界發問，名詞的八感摹寫？作者自己的八感摹寫？

　　這互為轉換的視鏡，讓這個許多被指導的孩子，有了近側發展闕的教學指導。**或許寫作的深化是在現場的掌鏡視點停格，像個導演停格在鏡中的一切光影、色彩、物件，以導演的人生觀點表現他要的直觀影像。**

　　在讀者眼前的文字即是現象學，讀者看到的視覺意象、讀者聯想的自我意識影像、讀者和作者實為拼貼、並置，深淺錯落的一面世界，那是一種見面。

〈自身就在幻想中〉（2）01 莊育舜

　　在一個充滿陽光熱情照射之下的小教室，這間看似不起眼，但卻有著夢幻般的思想。這一些的幻想彷彿教室變成了大自然，而這個的大自然不像石頭一樣枯燥乏味，不像那些裝飾品呆若木雞，而是像動物生龍活虎的動作，美得像現實生活中的植物錦上添花。我，也沉浸在幻想中……

〈它——正閃爍著〉（2）02 陳傳貴

　　星期四第一節課，東風正輕撫我們的側臉，東倒西歪、簡單的色感，正前後擺動。遠方的引擎聲仍蓋不了那絢麗，而陽光跟著東風遊蕩在這狹小的空間裡，好似大自然正重複著那簡單、無趣的生活，也像落葉一樣，脆弱得令人擔憂，但不致於有氣無力，左右飄浮不定。歡笑聲被玩弄著，只有靜止，但它——正閃爍著。

〈無限——天空〉（2）04 陳冠元

　　今天陽光耀眼炫麗，灑在臉上清涼透明，像是一盞光彩飛揚的燈，看似柔和，但卻擁有無限的力量，又像男女朋友熱戀時，那種無限力量將會把你送往戀愛國度。徐徐的微風吹來，把教室外的香

椿有條理的枝葉給打亂了，就像兩個心有靈犀一點通的好友，因為第三者的介入而把從前的感情打碎了，令人傷痛。教室外傳來陣陣搬桌椅的聲響令人心煩，像原本孤獨安靜的人，一下子有了許多人想跟她做朋友難免會覺得煩。馬齒莧雜亂不一的搖擺，象徵著許多好友一同玩樂，幾朵小小的馬齒線看似平凡卻有著重大的意義。對面木麻黃少許的枝葉搭配著深暗色的玻璃有一種沉默的風格。這一切都是由天空無邊無際的包容中誕生的。

〈美〉（2）08 陳皓明

在這晴空萬里的早晨，吹著微微的風，這種感覺像是溫柔的母親撫摸著我。

陽光照射在女兒牆上，使馬齒莧那小小圓圓的葉子，變成金黃色的，就像是牆上有數不清的金幣，等著你去花。教室裡的窗簾，各各都破爛不堪，但從那微小的隙縫中看去，就像是陽光為它增加了新的活力，讓它成為一件完美的「藝術品」。往上看去，天空被分成兩大半，像是太極一樣，一邊是光明，一邊是黑暗，也像人的心情一樣，有時好，有時壞，今天的天空到底在訴說什麼呢？從窗戶看去，窗外的景色，彷彿一幅幅逼真的山水畫，在你身旁，等著你去觀賞。這些美，是最純真的美，也是自然之美。

〈日常生活〉（2）09 林育諺

溫暖陽光，卻刺眼得不舒服，讓人不由得瞇上眼睛。風很冷酷、無情，一陣陣的灌進我的大衣裡，像是無防備的軍隊，直接被敵人侵襲。陽光和風是一種對比，陽光很溫，風很冷，因為它們互相抵消，所以我感到無比的溫暖、舒服。考完試後，別人在歡樂，而我們卻像往常一樣，繼續趕工，甚至更用功、更拼命，像是一個大忙人毫無休息。像是螞蟻與蟋蟀中的螞蟻，繼續工作，而且更勤勞的工作，超越別人。我坐在位子上沉思，看到講台上的水桶遠遠一看，

是多清、多明，有如天使穿的白色衣裳那樣的明亮、那樣的柔潔，內部卻是多麼得髒，像是一個幾天沒打掃的公廁顏色。我將視線轉移到水桶旁的光影，好奇心有如三歲小孩一樣，拿著筆對著地板的光，轉動筆，它的外型也在陰影裡轉動，外型也一直與它的影同在。看著對面的風景，老師對著正準備坐下的女同學說：「還沒下課。」說完後他就回導師室工作了。我借起隔壁同學的小玩具，那軟軟的觸感像是海棉一般的柔軟，緊握後又會膨脹。它的精神？外柔內剛，還是外部柔、內部也柔？突來的鐘聲打亂了我的思緒，算了，每天都是這樣過生活的，人生毫無改變。

〈隨著它——跳〉（2）12 董國偉

晴空萬里，溫暖的陽光照在我的臉上，好似冬天品嚐著熱暖暖的奶茶，鼻子忽然聞到濃濃的奶香。

風，難以捉摸，帶著花兒、小草搖擺，它們隨著風一起跳舞，每個植物都有它特別的舞蹈。動物們靜下來，欣賞它們的舞蹈。

樹，為大地伴奏，它那美妙的曲子，聽似平凡，卻能打動世界萬物的心。頓時來到一個舞廳，花兒、小草為你表演，讓你沉浸在狂放的原野氣息。

〈自然……美〉（2）14 張冠峰

晴空萬里，陽光四射，光映照在辣椒的果實上，它表皮的紋路，有如老人額頭的皺紋，使她從小就開始變老。看似小小的辣椒，卻是足以讓人難受的食材，就有如惡魔一般，存心想讓人難受，沿著圍牆往下看，是許多鳥的家——大葉銀合歡。大葉銀合歡真特別，遠遠看的時候，只是一層又一層的樹葉，從上往下看像是一棵巨大的陀螺正在轉動，準備和別人來一場世紀決鬥般，準備贏得這場勝利。

〈離開——歡笑？〉（2）16 姚丞中

曾經，有風、有陽光的日子，暫時存在。

外頭，猛烈的陽光，室內，風陣陣吹過，一片歡笑的師生，忽然快速略過。那，過去了。

長廊在陽光下，有了半圓的陰影，灰暗、遙遠的盡頭，將要到來。緣份，難了。

回首，整齊的桌椅，在起點讓寂寞感嘆、凝望－起點光明，黑暗盡頭，仍然只能走到終點。

乾枯的植物，從前，綠意盎然、濕潤；從前精神飽滿，如今，時候到了，枯了。

或許，歡笑離開了，一去不回。

〈夢——境〉（2）17 陳可涓

天空藍藍，微風徐徐，如睡在那柔軟的白雲上，飛機過境，墜入夢境。這夢的開始陽光微微撒下，那種溫暖的觸感，如乘上熱氣球般的，頭上有著熊熊烈火，頭皮麻麻，但漸漸升起夢想起程。接著涼風仔細的在我的頭上撒下種子，它發芽後，風帶著它們整齊劃一的搖擺，就如合唱團的團員們整齊劃一的搖擺，指揮往右，大家往右；指揮往左，大家往左。窗簾上有著絲絲的小洞，是頑皮的風鑽的呢？還是刺眼的陽光閃閃爍爍刺破的？那種透出的絲絲微光的色感就如同深夜的隻隻螢火蟲，停留在片片葉子上。輕輕的把手從反面把洞堵住，光是橘紅色的，螢火蟲閃著橘紅色的微光。依靠著青山的白雲，把你我丟出了夢境，不能再與微風嬉笑，這是「事實」。

〈冬天裡的溫暖〉（2）18 萬珊蕾

冬天的風，寒風刺骨，深深的扎進我流的血脈中。冬天的陽光，溶化了我心中的寒冷，似乎有十個太陽包圍著我。樹梢的倒影，依

靠在我身上，彷彿我們心連心，彼此給予溫暖。爬上山樹的頂端，俯瞰台東，大地就像被金黃色的顏料揮灑一樣，十分耀眼，讓人回味起，像調色盤的小時候。這些影像，彷彿才剛發生過，這種說不出來的感覺，迴盪在我心中，不時提醒著我。陽光，照射著空氣中的灰塵，濛濛的在我眼前流逝。圍牆外的馬齒莧，眼神就像帶著失望，身體微微的下垂，它那神采飛揚的活力漸漸一點一滴在消失；辣椒鮮紅的光澤，也沒比以前更火辣，反而顯得消瘦，就像曾經失去過那幸福的滋味。這些事，讓我隱約聽到童年的歡笑聲。午後，沉浸在陽光的懷抱中。原來，我這麼「幸福」。

〈世界〉（2）20 陳雲苓

　　陽光，照映在每一個角落，人們曬得像那紅咚咚的蘋果，又那吃起來鮮嫩多汁的水蜜桃；而飛機在天空中與小鳥一邊飛行，一邊玩樂；而那滑翔翼就像那小孩的溜滑梯！風吹著樹，發出細微的「刷刷」聲，令人悅耳；陽光的倒映變得更加美麗。而在那遠處高高的有許多樹木的山脈，有著大自然那美麗結合；外頭的大樹，被風徐徐的吹著，隨著風的風向，輕輕的搖擺，吸足了陽光給的養分，這些大自然就像指揮家，創造出美妙的音樂，使世界有著音樂的光芒。

〈面前的景色〉（2）21 劉妍玫

　　今天是一個晴空萬里的日子，微風輕輕吹撫著我的臉龐，讓我覺得有一陣涼意。我看著地下的影子，一下搖，一下停，彷彿在玩一、二、三木頭人似的，真有趣！我看著外面的大樹，晃來晃去的，大樹微笑著在跳舞，好像很開心。我聽見了許多鳥兒在叫的聲音，但是那鳥兒的聲音好像很悲傷，所以鳥兒的表情也好像很難過。看著那廣大的天空，我看到那一朵朵的白雲，變成了各式各樣的形狀。那天空的陽光，好像充滿熱情似的，發出那溫暖的陽光呢！

〈陽光〉（2）22 邱韻君

　　早晨的風吹進了教室，感覺有點涼涼的，就像是把手放進冷水裡一樣冷，慢慢的陽光越來越強，抬頭往旁邊一看，好刺眼的陽光，就好像有刺刺的針刺進我的眼睛裡，再往另一邊看，陽光不再那麼刺眼，那種陽光有種說不出的感覺，有點溫和又有點陰暗，但——就是有種說不出的感覺。

〈美麗多姿的上午〉（2）23 洪亞婷

　　一個寂靜的上午，教室裡只聽到筆接觸到桌面的聲音，和隔壁兩班吵鬧的聲音。拉開窗簾，刺眼的陽光好似是要打戰的士兵手上的劍一樣，千萬支箭追殺著我，使我睜不開眼睛。從教室裡看去，窗外的景色就像是一幅會動的畫。雲，隨風飄，高低分明。樹也隨風搖擺，像是叫我們和他一起跳舞。女兒牆上的三朵小草，正在努力地抓住泥土，不讓強風把他吹走。那三朵小草的影子倒映在前門的地板上，有種屹立不搖的感覺。轟隆轟隆的飛機聲像雷一般的大聲，不斷地傳到我的耳裡，一次又一次的震撼人心。

〈在轉身之前之後〉（2）24 林怡柔

　　一個陽光強烈的上午，蓋過了雲，像似陽光主演了微電影，借走藍藍的天、白白的雲。往右側窗戶外看，陽光卻淡了些，風悄悄從我耳邊吹過，樹木上的葉子左右擺動，高聳直立的樹木微微動了幾下，天氣好像漸漸的下降，手腳感覺冰冷了，彷彿世界都隨著溫度在改變。走在左側的走廊上，往高空仰望，是一片藍藍的天，是一片充滿希望的天空，是一個讓人感覺溫暖，事實上它並不柔和的天空；風，吹向教室，感覺無情、冰冷、舒服？彷彿境界般平淡。而影子隨著我的腳步，像似我的傀儡、靈魂連在一起，隨著我找尋夢想，隨著我找尋下一步。風雖然冷酷，但是鼻腔內卻蘊含著清晰，就像沒有壓力、放鬆的空盪，風並不是完全無情，它就

跟隨在周圍之中，守護著即將前進的每一個人，就在我轉身之前之後的開始。

〈春訊〉（2）25 吳嵐俞

　　天氣晴朗，涼風徐徐吹來，彷彿帶來春天的訊息。綠樹、花草隨風搖擺，婀娜又多姿，像在舞台上的舞者，十分美麗。天上的雲朵和天空合而為一，像在和太陽公公玩捉迷藏似的，十分有趣！聽！馬路上傳來汽車的聲音、風好像竊竊私語的對正在搖擺的杉樹說：「別睡了！別睡了！我將帶來春的訊息！醒來吧！醒來吧！從夢中醒來吧！」

〈悄悄的吹來〉（2）27 許詠歆

　　熱情的陽光從臉上照來，熱熱的、暖暖的，涼爽的風從背後吹來，頭髮飄了起來。窗戶外女兒牆上種的香椿正曬著極品日光浴。

　　倒數第二間教室，有時安靜無聲，有時像菜市場在賣雞、鴨、豬肉的人一樣吵鬧的喊價聲音，天空上也隱隱約約傳來飛機行駛的巨大聲響，像是打雷一樣，轟隆轟隆！還有那搬動的椅子摩擦地板聽起來不舒服的雜音。我，在不一樣的聲響環境中旋繞著。

　　前窗外的香椿曬著溫暖的日光浴，後窗外的木麻黃卻吹著涼涼的風，就像面具一樣，有人冷酷無情，有人大方開朗，亮色的面具是開朗，暗色的是無情，不同的顏色搭配不同的心情。

　　一陣風悄悄的吹來，大地開始享受不同類型的舞曲，跳著不同的舞步，香椿享受輕快、快板的舞曲，木麻黃享受緩慢、優雅、行板的舞曲，不同的東西享受不同的快樂，有愉悅、有緩慢——

13.　書寫尾聲

　　休業式這天收了孩子們的 E-mail 文字稿，我跟孩子們說：「這一些稿子真美，我都會想多看幾回。好像我們在文章中又見面了一般，真讓人感動的六年六班，老師要謝謝你們。」

　　洪亞婷在一個信封上寫著：「你美麗的歌聲──在我耳邊「想」起──」

　　我打開這封信：

老師：

　　　謝謝您的教誨，還記得課堂上我不只打您一次，沒弄痛您吧！（我只是想搞笑一下而已。）

　　　「風、雅、頌」、「賦、比、興」、「主角＋怎麼樣（，）＋又怎麼樣（，）＋結果（。）」、「人物刻劃（表情、動作）」、「首尾呼應」「怎樣定題」「畫意象圖」「模仿貓」「牧夢」、「關睢」、「鏡頭」、「篇、段落、句子、字詞」、「起、承、轉、合」、「修辭學」、「句型」、「馬齒莧」、「人生跑道」、「發問技巧」、「譬喻摹寫句」、「八月（鱷魚街）」、「少年小樹之歌」、「湖濱散記」、「神奇的藍絲帶」、「表情達意」、「原因、經過情形、結果」「串生字」「人生思想」「心靈小詩（泰戈爾）：若你因錯過太陽而流淚，你也將錯過星辰。向前走，別只為了佔有而駐足摘花，因為，一路上花兒自會為你綻放。小草，你的步履雖小，卻在足下擁有整片大地。將鳥的羽翼鑲上黃金，牠便再也無法翱翔於天際。」、「論點、論據過程、論證」、「背影（朱自清）」、「桂花雨（人情味）」、「夏夜（楊喚）」、「孟母三遷的故事」、「（　）＋－×÷（　）＝（　）」、「數、量、形」、「拾穗（米勒）」、「親自體驗」、「踏雪尋梅」、「麥當勞──都是為你」

　　一聽到您要退休，很傷心。幾乎每天哭一次，沒人知道，心裡有很多感覺，說不出來。在學校是忍的，在寫這張卡片的時候不敢哭，因為一發不可收拾。

　　總而言之，言而總之。希望您

　　身體健康長命百歲福如東海壽比南山

　　一定要來我們的畢業典禮。

　　（再也笑不出來了！）

　　再見囉！永遠敬愛的黃老師，珍重再見！

　　謝謝您讓我們的聯絡簿大爆滿！

愛您的學生洪亞婷敬上 2013.01.18.

　　思想起：我在小學教室課堂，發展一種教學人生。教學是一種表演藝術，教學是一種藝術創作，教學是一種 **Between**，教學是一種 **Being**。

第二十七章　〈無題〉無言──以對。

1.

2012 年 12 月東大附小校刊第 147 期邀稿，希望規劃退休教師能書寫一些感言、對學校的建言、對學校發展的願景等等──這是本期校刊主編對我的邀請之言。

來到這裡十二年餘，該說的話都說了。

這裡是一個可以展現教育理念的場所，因為孩子的家庭互動教育、親子之間的外埠教育活動，早已儲備一個孩子的多面向經驗、素質。

那透過教育設計，我們可以給出什麼？

離開附小的孩子，是具有一輩子可帶著走的學習能力、具有人文素養的領袖氣質人才、具有小知識份子的人生思維能力、從教室課堂的討論互動蘊含關懷友伴的人性情懷，為日後的人生位階──做出一個好的決定。

我交了稿子：

〈無題〉

無言──以對。

思索之餘，該給孩子一些閱讀評量。不知孩子們能讀出些什麼經驗？

這次不宜評量閱讀思考，如果再加入「請寫出你的閱讀思考步驟？」分量會過多。因此，請孩子直接書寫閱讀評量兩節課：「無題」這六個字。

　　我在孩子們的座位行間，來回品賞孩子們的振筆疾書，連口說著：「真是，有意思的讀法。」孩子也因為這讚賞而努力著。事後，我希望孩子們傳回 E-mail 稿件，再次評量：「請你畫出無題詩作的意象圖」？

　　我把孩子們的個人稿件整理好，貼上他們自己畫的意象圖，在學校川堂透明玻璃公佈欄上，呈現我們的簡易班展：無言──以對。

　　我展出一首詩：〈紀錄祢的側臉〉用班上的面具製作為 A4 海報展出。

　　班上莊育舜、陳可涓為我彩色插圖，看著孩子的插畫真令人稱奇。

　　　　一個充滿多重假日的清晨。
　　　　霧氣試圖拍打曲張的靜脈之墨綠，
　　　　浮現墨藍的素描勾勒太平洋，
　　　　祢的名字以藍色的線索紋身成記憶的城市。

　　　　沿著每一條街名尋找祢笑容上的事實。

　　　　一顆冬天的黑皮番茄作為染料，
　　　　創造祢披著剛甦醒的女人音色、紅色的身體，
　　　　以肌膚刺青呼吸，在迷離的偽裝上玩尋寶圖
　　　　遊走指尖上的絲絨遊戲。

　　　　後面的故事永遠都是車站。

　　　　白色的圍牆上有孩子們慎重的塗鴉藝術：
　　　　一隻狗長出翅膀、一個老師長出像蜥蜴伸出的舌頭、
　　　　天空上畫滿小星星、背景飛起一條長長的音符之蛇。

　　　　所有的名稱都在漂白水中來回擦拭，
　　　　祢的名字是這一面刷白的牆，後面是車站。

誰說蘭嶼海上的獨木舟意識不能倒著走。

滑動波浪之鏡：

凸面鏡下紀錄祢的側臉，

凹面鏡下述說祢的側臉，

誰言說祢的形象有何不同？

一個充滿多重側臉的早晨。

開啟旋扭的聲音和螺旋式的紋路，

通向深情的格律。

這和關起流動的宇宙一樣轉動，

看不見的天堂之門。

我也應允孩子們，展覽後為全班上這一首詩，個人閱讀可以如何進行？

上完課後，打電話問了主編，她言及：「××說：只有四個字太少了，不宜登出。」

我表明：「作者的責任是展出作品，該把閱讀交回所有讀者的手上，自然領受。希望能登稿。」

最後，校刊中還是登稿：「無言以對」。

四個字的標楷體「無言以對」，刪除了定題「無題」。

「無題」、「——」、「。」不見了，令人「靜默——以待」。

請同事轉達主編，稿子沒有注意校稿「無題」、「——」、「。」，沒聽見主編主任的任何回覆，我想：行政立場該有不一樣的世界吧。

做人、處事本是難事。權力這一回事在潛意識有時是迷人的。

回想：「閱讀」實在不容易，要讀出人生意境，非得從生活體悟入手不可。

許多人、事、物到底是沒能力上心，還是不用心，或許是一件壞事交給一個好人，會變好事。反之，一件好事交給一個壞人，往往會壞事。一切問題總在心念上的轉化為之。想想：還是回家看大

陸歷史劇「北魏馮太后」，看歷史上的一個決策何等胸襟？何等理念？歷史上的「鬥」是為著什麼？歷史點評下「人往往過不了自己的那一關」？

　　回首看看自己：我不禁為自己打了一身冷顫。

　　「白日依山盡，黃河入海流。」如是王之渙的唐詩，為何不就此打住，留下兩句詩文即可？

　　回到教室現場，和孩子們解讀詩的可解、不可解、多義性、歧異性、複染性，我想：人生學習，有不同的面貌。

2.　孩子們的「無題」評量

01 莊育舜

〈無題〉

無言──以對。

　　「刪節號」的意思是「話沒說完、沒寫完、語氣沒有完結」。

　　「無言」的意思是「尷尬、沒話接」。

　　我想，如果把「無言」和「以對」合起來＝「無言以對」，翻成白話：沒有話可以去對某種東西。

　　主詞是「無言」，而這句話會令人感覺虛無。把這兩個詞連起來，也可以唸得很順暢，所以有首尾呼應。

　　「刪節號」的表示是令人有往「無限、空虛」的地方想。

02 陳傳貴

〈無題〉

無言——以對。

　　「無言」這個題目是用了留白，雖然表面上沒意義，但可能是對親人無言、朋友、女朋友的某種情況所造成的無言。所以作者在無言的情況下，將題目定作「無題」。

　　「無言」的原因有很多種，像尷尬——吵架——發呆——情感——疑惑等情況，都會造成無言。我認為作者碰到了情感問題，是吵架？尷尬？作者以無言的方式對待女朋友，我想是有某種問題存在，如此親密的男女怎會有冷漠的待遇呢？

　　吵架，是男女間常有的狀況，但想想她給了你什麼？她幫了你什麼？彼此和好，就不再無言，兩人都會成為美好的人生伴侶。

03 傅志藤

〈無題〉

無言——以對。

　　我看到這短篇作文時，我就努力去想像，試著讓自己回到作者寫作的現場畫面。

　　我發現自己在閱讀這篇作文的「無言」時，心裡覺得很空虛，變成無話可說。但是我讀到了「以對」的時候，發現可能是去面對的意思。

　　「無言——以對」這句話可能是作者遇到了一件心裡被受到打擊的事情，無法接受這件事情，腦袋空空的，不知道

要說些什麼？心情已經掉落到了比峽谷還要深的「虛空」。

作者因為「不知道要說些什麼」，所以也會「不知道要怎麼面對」這件事情。

我試著去想像作者的內心 OS，但是，我竟然想也想不出來！之後我才發覺，作者那時候是「無言狀態」啊！

04 陳冠元

〈無題〉

無言──以對。

我覺得這首詩用了留白的技巧，跟刪節號，把沒有那麼重要的小細節刪掉，而那刪節號可能是把他生活的點點滴滴遺忘。

「無言」是在說沒有其他言行舉止，來對待她的點滴。也可能作者對人世間沒有什麼好留戀的，可能作者對人世間絕望了，而定「無題」也是一種暗示，表示著作者對世間的厭惡。

「無言」還可能是作者問自己人世的感覺，也可能是作者在生活的時候，別人怎麼對待他的：可能有人跟他分手，也有可能是有人逼迫他，「以對」別人也可能是一種報復，讓他對這世間「無言」。

08 陳皓明

〈無題〉

無言──以對。

無言：意思是指沒有話說。

以對：意思我覺得是「可以相對」。

我覺得作者使用刪節號，是為了讓這首詩產生留白，才可以讓讀者有想像的空間。

我覺得整首詩的意思是「沒有任何的話題可以和……相對」，但我在想這個……（留白）到底是什麼？於是我推論……可能是一首好詩或一篇文章，才能使作者覺得「沒有任何的話題可以和一首詩相對」。

09 林育諺

分析〈無題〉

今天我們老師要給我們閱讀他的詩，題目和內容不到十個字，能分析出什麼呢？內容和題目是這樣的：「 」

〈無題〉

無言——以對。

我腦袋第一個浮現的是，這題目和內容讓我「無題以對」、「無言以對」。我先單獨聯想，再綜合聯想。

我先從題目開始，喔，無題，還真稀奇的題目。老師曾經說：「有時無題，他是因為作者找不到題目，但有時他是故意隱藏題目。」老師暗示性的說：「無題和以對」、「無題和無言」、「無言和以對」，接得上嗎？為什麼？

我覺得接得上，「無題以對」、「無題無言」、「無言以對」，我覺得接得上的原因是因為：

「無題以對」等於無題目可對應，也是找不到題目，等於無題。

「無題無言」等於沒有題目、沒有話說，也就是沒有題目，就沒有內容相對。

「無言以對」等於沒有話可以說，也是無話可以接下去。

我也對刪節號感到問題，後來發現他也許是來對應「無

言」的，因為我有時在漫畫、小說的主、配角不講話時，都用刪節號來代表安靜沉默。也有的時候一個人在講話卻故意不把話講完，會故意用刪節號造成留白技巧。我想他是一次用兩種方式吧！

我覺得它可以首尾呼應，因為「無言」和「以對」它們可以組成一個字的，所以我覺得它有首尾呼應。

11 林品堯

〈無題〉

無言——以對。

我覺得作者用刪節號代表的是許多，而「無言以對」的意思是對某件事物不知道該怎麼辦？

接下來我閉著眼睛想，我的腦中是一片空白，我想作者在寫時，應該也是腦中空白，對許多事「無言」吧！

12 董國偉

〈無題〉

無言——以對。

我覺得「無言——以對」，「無言」使用了留白技巧，在使用刪節號，像是生活中的點點滴滴，作者無話可說的去對待，而讓讀者去思考、停留在那裏。

「無言」又好像是沉默一樣，對一件事沉默不語，冷冷淡淡的去面對，就像是當一個人，問你一件事，而你的腦子是空白的，而帶讀者到「空白世界」和「無言世界」而感到不安和緊張。

「無言——以對」就像是暗示很多事情是空白的，不知道，而要去學習、思考找出答案。

14 張冠峰

〈無題〉

無言——以對。

解釋：沒有意見……才可以正確。
這首詩有用到字數的節奏，兩個字，兩個字。
還有留白技巧，作者故意在中間用刪節號來留白。
時間安排，這首詩的感覺是先聽別人講話，再說出答案。
首尾呼應，「以對」可能是答句，要回答「無言」的問題。
他的意象圖應該是有兩個人在聊天，有一個人問了一個問題，其他人都點頭。
我覺得人生思想就是做學問要不斷向上。

16 姚丞中

〈無題〉

無言——以對。

「無言」→不知道該說什麼？
「以對」→去面對它〈他、她〉
刪節號的使用在此文中，或許將心中的無奈，轉為刪節號不述說，只留下頭尾，更能顯得這詞只能描述當下無奈的心情。
「無言以對」此詞，可以形容一個人相當的無奈、失望，中間的刪節號，充分的將無奈、失望的經過刪除，讓讀者想像經過。

　　我覺得作者經過了強大的打擊，心靈受創，發現自己真的「無言以對」，寫下了「無題」的詩，中間及題目有留白的效果。

17 陳可涓

〈無題〉

無言──以對。

　　我的字詞解釋：
　　「無言」可解釋成：1.無法。2.沒有。
　　「以對」可解釋成：1.已經是正確的。2.跟某人事物對話。3.和……對應。
　　我對這首詩提出的問題：
　　1. 刪節號？
　　2.「以對」的「以」為何不用「已」？
　　3. 句號？
　　4. 刪節號後為何不分段？
　　全文可能的解釋：
　　1. 沒話可和某人或事物相對應。
　　2. 沒有話是對的。
　　3. 無法用言語與人或物對話。
　　根據問題一「刪節號？」：使用刪節號可能是夾雜著溝通上的困難的，那種想說卻說不出來的感覺，也就是全文解釋「1.沒話可和某人或事物相對應。」
　　根據問題二「「以對」的「以」為何不用「已」？」：可能是她把「以」表達成互相的感覺，並不是「已經」。
　　根據問題三「句號？」：可能句號在文章中，表達的意思是說「安靜」，所以當句號出現時，可能是代表狀況二「沒

有話是對的。」。

根據問題四「刪節號後不分段？」：可能是因為分段的意思是說休息，但是如果是狀況二「沒有話是對的。」應該不會停。一旦分段，讀者原有的緊繃感會突然消失。

結論：根據以上推理，作者應該是表達「沒話可和某人或事物相互對應」。

18 萬珊蕾

〈無題〉

無言——以對。

「無言」代表的是沒有話可以說，刪節號同時也是作者的心情，似乎沉浸在五味雜陳的心上。

「以對」就好像是不敢面對，而沉默不語。當你遇到同樣的事，想必可能也是。

我想：「這應該是作者童年深深烙印的記憶，將心裡的話都埋在這首詩裡，因為童年時犯下大錯，而錯在先，沒有資格講，也沒辦法勇於面對，就只用這幾個字，來表達作者童年內心的獨白。

19 石慧靖

〈無題〉

無言——以對。

作者中間使用刪節號，可能因為要讀者發揮想像力，去思考作者用刪節號代表的是什麼意思？

「無言」可能是無話可說，而刪節號可能是作者想刪去中間說的話，因為他前面是寫「無言」，所以在中間使用「刪

節號」是為了要把中間和前面做連接。

「以對」我覺得作者他是寫很難面對的意思。所以我覺得作者在寫「無言——以對」是指不知道該說什麼，然後很難面對的意思。

20 陳雲苓

〈無題〉

無言——以對。

「無言」是指無話可說。

「以對」是指面對。

中間用刪節號的意思是：雖然不是「無言以對」，而是「無言——以對」（用刪節號）。「無言以對」意思是無法面對，用了刪節號「無言」了很久，再去面對，而這兩種是不一樣的說法。

而「無言——以對」就像是媽媽叫弟弟去除草，弟弟卻不想，但他還是要去除草（面對）。

而作者寫了「無言——以對」又加上標題是〈無題〉，作者這樣的寫法，就像顯現出作者的無奈和作者的心思是亂的。

而這時作者的心思也是「寂靜」、「空」、「空虛」。

21 劉妍玫

〈無題〉

無言——以對。

我聽到老師跟我們全班說這首詩時，我就想：「『無言……以對』到底是什麼意思？」

　　我一直看著這首詩，並想著「無言」是什麼意思？「以對」又是什麼意思？所以我查了字典，「無言」的意思是「沒有話語」，所以我覺得這首詩是用圖來完成的。

　　對於這首詩，我想提幾個問題：

　　1. 為什麼要在「無言」和「以對」的中間加上一個刪節號？

　　2. 為什麼這首詩的名稱要定為「無題」？

　　對於這幾個問題，我有了幾個想法：

　　1. 因為要讀者去思想，所以保持著神秘感。

　　2. 因為要我們自己去定題目，或已經沒有題目可以出了。

22 邱韻君

〈無題〉

無言──以對。

　　「無題」代表沒有題目，詩中說「無言」是指說話時啞口無言，沒有話可以說。

　　「以對」是指別人說話時，對那個人說，而且啞口無言也是指沒有話可以說，

　　　所以「無言……以對」就是指：沒有話可以對別人說。

23 洪亞婷

〈無題〉

無言──以對。

　　「無言」的意思：沒話接。

　　「以對」的意思：象形字。象耒耜形，是「耜」的初文。借為介詞後為借義所專，另造從耒，㠯為聲的「耜」字，以還其原。

Q1.為什麼裡面只有「以」用簡字？

Q2.為什麼題目要定作「無題」？內容又只有四個字？

Q3.題目的第一個字「無」和文章第一個字「無」有什麼關聯？

Q4.作者好像要表達什麼，就直接「無言以對」就好了，為什麼還用「無言⋯⋯以對」？

Q5.有什麼事讓作者覺得無言嗎？是對人？對事？對物？

24 林怡柔

〈無題〉

無言──以對。

「無言以對」意思：

Idon't know what else to say.（沒什麼好說的）

沒有任何話題可以對照、回覆，沒有話可以針對。

Q1：為什麼這首「無題」詩內容為「無言以對」？

Q2：「無言以對」在象徵什麼？或是在暗示什麼？

Q3：為什麼題目已經是「無題」了，內容也「沒有話可說呢」？

在我們日常生活中，會用到「無言以對」？通常是人們的對話內容性，產生一種暫時性「無法對話」可針對那個話題的感覺。

「無言以對」，聽了這幾個字後，腦袋會產生空白，沒有話可說了，怎麼可以繼續聯想？

在「無話可說」的情景之下，產生了「空盪」、「寂靜」、「空虛」、「空無」⋯⋯

　　然後，我覺得這個背景是屬於「暗淡的」，或許有人又或許沒有人。

26 詹晴軒

〈無題〉

無言──以對。

　　無言：「腦袋一片空白、不思考」
　　以對：「面對，看著對方」
　　作者的題目也有可能在詩裡的無言──以對。也有可能就是標題，只是作者用埋伏的方法來讓讀者思考。
　　「刪節號」是用來形容很多的意思。當自己跟對方說話到一半時，腦袋空虛，那時的氣氛很尷尬。

27 許詠歆

〈無題〉

無言──以對。

　　「無言」等於沒有話可以說。
　　「以對」等於對他（她）說。
　　1. 因為距離遙遠，無法和她（他）說話、見面，表示作者想念某人，卻無法和她說話。
　　2. 和他（她）見面就像陌生人一樣，沒有互動，雖然和她（他）距離很近，但是感覺就像不認識的一樣，就算心裡有很多的話想和他（她）說，也無法說出口。
　　3. 也可能是作者想念她的朋友和家人，有感而發寫的。
　　什麼事會讓人無言？可能一：看到別人做出很扯，讓人

想像不到的事，這會讓人「無言」。

　　4. 作者也可能是不想面對一些事，而用「以對」。

28 巫敬恩

〈無題〉

無言──以對。

　　我在這個時候，先問我自己：作者為什麼要把題目取成「無題」？他的內容卻是「無言──以對」，中間還用了刪節號？

　　問完我就開始想，我覺得作者把題目取成「無題」，是為了讓我們讀完以後，去想讀到了什麼？感覺到什麼？我覺得作者把內容寫成「無言──以對」，是在生活中，你遇到了什麼讓你「無言」的？是要你怎麼去「以對」、「面對」。

30 陳世耀

〈無題〉

無言──以對。

　　無言不是只有沒話可說，無言是有難過的無言、高興的無言、生氣的無言、寂寞的無言。

　　我覺得無言不是件壞事，無言是一種表達。

3. 教師閱讀示範〈無題〉閱讀

〈無題〉

無言──以對。

題目〈無題〉		
主詞	無言──以對。	受詞
（？）		（？）

　　首先，詩創作物「無言以對」和「無言──以對」是不一樣的感受。

　　我問了班上一男、一女：四字詞「無言以對」和「無言──以對」兩種樣式的閱讀有何不同？

　　男：「無言以對」延伸的部分沒有辦法像「無言──以對」那麼廣，讓人有暈眩的感覺。加上刪節號就讓人有層次感。

　　女：「無言以對」沒有話可以和某人、某物相對應，讓人有尷尬的感覺。

　　我問著全班孩子：「**主詞**」呢？那裏去了？

　　一首詩沒有「主詞」，那麼可推論的「主詞」名稱，便會有無限寬廣的釋義。例如：

　　人的名稱：「你」、「我」、「他」、「八田與一」、「德雷莎修女」──。

　　大自然的名稱：「動物──牠」、「植物──它」、「無生物──岩石、泥土」──。

　　宇宙的名稱：「光」、「行星」、「恆星」、「銀河」、「星辰」──。

　　神的名稱：「祢」、「上帝」、「耶穌基督」、「聖母」、「阿拉」、「菩薩」、「眾神」。

　　我問著全班孩子：「**受詞**」呢？那裏去了？

一首詩沒有「受詞」，那麼可推論的「受詞」名稱，同樣會有無限寬廣的可能。

因此，此詩的解讀成了：（？）無言——以對。（？）

加上「主詞」、「受詞」之後，使詩作有了「可相對應的對象」，「對象」之間成為一種解讀的關係。

這呈現許多排列組合的類目對應關係，如：「人與自我」、「人與人」、「人與他人」、「人與社會」、「人與自然界」、「人與蒼穹」、「人與神祇」。

尤其是「人與自我」的關係，當人在自我獨處時，所面見的諸多形象，如夢境、意識想法、烙印的潛意識文化、或是末那識的一切影像時，那種留下的淚水與慈悲、智慧等同，像弘一大師寫下的書法：「悲欣交集」。

我為了讓孩子感受，一個符號所代表的意義，在黑板上寫下「＋」這個數學符號。得意地列問全班：看到數學科中的「＋」這個符號，你認為它要表達的意義是什麼？

「＋」：**「＋」愈來愈多、不斷增加、一次一次增加、可以多到無限多——**

知道孩子們中計了，是一件有趣的教學趣味，這樣的突兀讓孩子重新看看自己的習慣性思維，我探究似地追問著：

那「8+（-5）=（？）」這個數學式子呢？

「喔，被陷害了。奸詐。很討厭呢。小心。全家就是你家——」孩子們的耍逆，在教室中聯盟串起。

「＋」：**「＋」愈來愈少、不斷減少、一次一次減少、可以少到無限少——**

孩子們從慣性思考中回神過來，有一點兒生氣，又不會太氣。

「（＋）、（－）、（×）、（÷）」的釋義都是如此。你再想一想分數、小數單元，就知道老師說的了。哈哈哈——

　　當一個老師笑出得意的陷阱時，一定有一個可愛的孩子，睜著大大的眼睛瞪你，那表示她記住了。你只要做個鬼臉表情，一切師、生情感照單全收，不漲價，教學概念還在 QQ 地發酵。

　　那繞回頭思考：「**語文科的標點符號，也是一種需要解碼的符號意義嗎？**」

　　例如：「——」這刪節號，代表著什麼意含？

　　「——」這刪節號，成了內心之語，成了多重意義，任人無限延伸、無限想像。也可能是一種「此時無聲勝有聲」、「欲辯已忘言」、「合掌恭敬的靜默」或可能是其他人生現象——。

　　在詩作上，填上（主詞）、（受詞）的閱讀，讓詩作內容的釋義，更複染、更多角度的閱讀思考了。

　　如果「（我）無言——以對。（自我）」也可能是：「人見瞧心中的寂靜、安樂之時，只有無言——以對地在那處棲居。所有的一切如糟粕，所以稱為塵土、塵世間，面對生命有了新的恭敬，因為靜默。」

　　例如：下列（主詞）、（受詞）的閱讀，你怎麼說？

1.（我）無言——以對。（你）

2.（你）無言——以對。（我）

3.（我）無言——以對。（大自然）

4.（上帝）無言——以對。（眾生）

5.（太陽）無言——以對。（月亮）

6.（八田與一）無言——以對。（嘉南平原）

7.（德雷莎修女）無言——以對。（聖母之光）

　　我們簡易地區分出四個大類目的讀法，小類目的細分，交由喜愛玩詩的同學自行玩耍，像玩一個遊戲一樣地樂高玩具意象。

　　第一大類目讀法：「**無對應對象**」的無（主詞）、無（受詞）。

　　第二大類目讀法：「**有對應對象**」的有（主詞）、有（受詞）。

　　第三大類目讀法：「**有（主詞）**」，沒有（受詞）的對象。

第四大類目讀法：「**沒有（主詞）**」，有（受詞）的對象。

這樣的解讀過程，到拿掉（主詞）、（受詞）之後，只剩下「**無題**」：**無言──以對。即有如**「如人飲水，冷暖自知」、「靜默」、「獨處自然」、陶淵明的「人生無根蒂，飄如陌上塵。分散逐風轉，此已非常身。」、禪師偈語的「竹葉掃街塵不動，月穿潭底水無痕。」、蘇東坡的詩句「人生到處知何似，應似飛鴻踏雪泥。」、德雷莎修女的「來到我的光裡」──

文學面對即同人生面對，是談人生意境的。

無人生意境的，且由佛陀的「空觀」行、住、坐、臥了得。

4. 歷史上的唐詩美學

我邀請孩子現場給我幾首唐詩，孩子朗朗上口背出李白的〈**靜夜思**〉：

> 床前明月光，
> 疑似地上霜。
> 舉頭望明月，
> 低頭思故鄉。

我問著孩子：「主詞」呢？那裏去了？

沒有「主詞」，那可能指稱著「李白」、「遊子」、「眾人」──。

從第一、二句，「床前明月光，疑似地上霜。」

從詩句中可推論出時間是子夜之後，到凌晨之間的夜半醒來嗎？（自然領域上過月亮的運行軌道，可推論出月光斜照入屋內、床前的時間為何？）

「床」名詞的意象感受是「安眠之所」，「故鄉」是人的棲居之所，兩個名詞都是人類依賴寄居情感發展的處所，從嬰兒開始、幼年、直至成人，扮演起醞釀人格特質、情感素養、思想啟蒙之處。

當「離鄉」、「換床」之時，這一些潛意識會因景生情，浮現在人的意識眼前，被看著。觀者與被觀者，同時領略文學即生活。

李白靜夜思給出的字詞「**疑似**」、「**霜**」更能凸顯情感上的忐忑不安，上上、下下，對於遙不可及、無法再現的「故鄉」，發出文人的喟嘆之聲。

從詩句中可分辨出「床前明月光，疑似地上霜。」的空間安排是（近）、（遠）或（上）、（下），由隱退的人物主詞視點，向外放射影像。

從詩句中可對照出「光」、「霜」這字詞的圖像感受？可能的季節？又為何詩句是一片淒涼「霜」冷？

從第三、四句「舉頭望明月，低頭思故鄉。」：

從詩句中可推論出「舉頭」、「低頭」這（上）、（下）空間安排的壓縮動態感受嗎？

「舉頭」的行動為「望」，只能「看」月不能「吃」月的隔靴搔癢一般，像鳳飛飛唱的歌詞「相思好比小螞蟻，爬呀爬到我的內心裡」。

從詩句中可推論出「望」、「思」這（上）、（下）空間安排的壓縮動態感受嗎？

「低頭」的行動為「思」，只能「望」月不能「吃」月的看看就好，「故鄉」太貴了，我們買不起，只好回家「想」，百般思想還是回不去。

從詩句中可對照出「明月」、「故鄉」這字詞的圖像感受嗎？

可從空間上、時間上感受「故鄉」的遙不可及，只能「低頭思念」的情懷，該是如何走過這個如「霜」的「月」色？

可從定題上思考**「靜夜思」**和**「靜夜」**之不同？**「靜夜」**的蒼穹之下，介入了人物的「思」字，使蒼穹一景之大，對照人物一景之小，以**「明月」**懸掛者所有人類的依賴情感，賭景思鄉，讓浮現的**「明月」**成為共通的故鄉——這中國人情感的居所。

這一夜是如何過的？道盡了人生分離的情感。

難怪中國人的農曆年除夕夜會全國塞車，這已是一個文化集體潛意識儀式，所為何來？「月是故鄉明」？1985 年老電影「搭錯車」的主題曲尾聲歌詞，拉高音唱出延長音的延長節拍：「一樣的月光，一樣的我和你——」？

這一些感受影像，如同電影導演給出的影像鏡頭，停格在每一個畫面上有感閱讀，我想：作者給出的人生視點，會隱約地浮現「月是故鄉明」的遊子景況。

無法感受、無法感動，是因為人好動，不好靜。人無法慢讀，所以匆匆。

如老子道德經中的「少則得，多則惑。是以聖人抱一為天下式。」

再瀏覽一回〈靜夜思〉，我想感受會不同往昔，人終究該歸根何處？

> 床前明月光，
> 疑似地上霜。
> 舉頭望明月，
> 低頭思故鄉。

孩子又丟出一首王之渙的唐詩〈登鸛鵲樓〉：

> 白日依山盡，
> 黃河入海流。
> 欲窮千里目，
> 更上一層樓。

「白日依山盡」我簡易的在黑板上畫著「白日」、「依山」、「盡」，白天的太陽，按照軌道運行，到黃昏的山巔上，搖搖欲墜。「盡」字的瞬間成為黑夜。

（一）、這時間的安排：「上午」、「下午」。「白晝」、「黑夜」。

（二）、**這空間的安排**：「上」、「中間軌道」、「下」、「無物」。

（三）、**這鏡頭的安排**：「廣角鏡頭──白日」、「移動鏡頭──中間軌道」、「特寫鏡頭──依山」、「無物」。

（四）、**這人生視點的安排**：如電影動畫一般，「大視點」、「小視點」、「視點消失」。

五個字成為一幅人生的「壓縮檔」，解檔後是在人生無情的時間流動下，我們可以做什麼？

（五）、**這意象圖片的安排（名詞意象、行動意象、連續意象群）**：「**白日依山盡，黃河入海流。**」意象圖片上的感受，時間的流動、一路奔行入海之後的人生汪洋，何處尋找得到時過境遷的時間？那還能看得見那水，是黃？是藍？「沒入」黑暗、「消失」在茫茫之中。

「**欲窮千里目，更上一層樓。**」這「欲窮千里」、「更上一層」的行動意象，不就和第一句的太陽行走軌道，第二句的河水奔行，一樣的層層緊扣住時間、空間的「窮」字、「盡」字。

如同「讀萬卷書、行萬里路」，如同爬台東鯉魚山的「階梯」，一階更上一階，一層更上一層，最後看見卑南溪出海口的春、夏、秋、冬景象一同入海，同其塵合其光一般，無二無別。

登高望遠，再看看走過的每一石階，何處不見綠意盎然？

再不，爬爬知本森林遊樂區的「好漢坡」，人生莫不如此汗水淋漓。

（六）、**這「起、承、轉、合」的結構安排**：宋朝王陽明理學的「窮理致性」、「格物致知」、「知行合一」不就是在培育一種參悟人生百態之後，「**轉**」入對待短暫人生的「眼光」之「千里目」嗎？

（七）、**這「首、尾呼應」的設計安排**：首句，「白日依山盡」。尾句，「更上一層樓」。呼應上呈現的太陽上山、下山，依序而行人生軌道，豈不妙哉。

　　（八）、**這定題的思考：**〈登鸛鵲樓〉如果詩題只是〈鸛鵲樓〉這物景，閱讀上顯現了高山上一座樓景，遺世而獨立，自有其孤寂、清雅、高遠——等等揣測意含。而定題呈現「**登**」字這個動詞的介入，使得語言的處境呈現動畫一般，有了動態意象浮現開來。少了人物的表現，是一種主詞隱退技巧，完整語句成了（**人物**）登鸛鵲樓（**結果句**）。**誰**登鸛鵲樓？**結果**如何？成了閱讀者的閱讀提問、閱讀中理答的任務。逼近閱讀者從**自我詰問**中，尋找蛛絲馬跡。

　　再則以詩題〈登鸛鵲樓〉扣緊**首句**，「白日依山盡」。這閱讀產生什麼效應？是一種時間的追逐，美景即將消逝的緊縮感，令人想加快腳步站上樓前觀景。

　　再則以詩題〈登鸛鵲樓〉扣緊**尾句**，「更上一層樓」。這閱讀產生什麼效應？是一種空間上的登高，一層一階腳踏實地提昇自我角色，登高而望遠。

　　再則以詩題〈登鸛鵲樓〉扣緊「**轉**」**句的**「欲窮千里目」。這閱讀產生什麼效應？是以讀書人的「欲」成為知識分子該有的責任思索人生百態。是以讀書人的「**窮**」成為知識分子該有的責任，**窮**理致性以達天下事。

　　每一首唐詩，均是一幅中國山水畫，表現人物的渺小、大自然的浩遠廣大。

　　留白的空間也是畫，傳達來去自在遨遊，旁觀山水、人物的視點。

　　走入每一幅山水，走出中國人思維畫中的世界之後，來回品賞唐詩中的層層意象、層層境界。

　　我邀請許詠歆以四格漫畫「起、承、轉、合」畫出四張小卡片。期盼能以彩色頁放在書的序文之前。讓孩子們共同記憶——我們走過來時路。

〈登鸛鵲樓〉

白日依山盡，
黃河入海流。
欲窮千里目，
更上一層樓。

5.

期末校務會議，黃老師還吱喳不停地和六年級學年導師竊語：剛才我和班上孩子郭群銘、賴裕達、徐奕泓玩「踏雪尋梅」。

郭群銘唱著：「**雪霽天晴朗，臘梅處處香，騎驢壩橋過，鈴兒響叮噹──響叮噹──響叮噹──響叮噹──響叮噹──**」

「你有騎上驢子才唱歌嗎？」我問著。

郭群銘傻眼了。全班同學三條線的看著這一幕，碰到這種老師真是欲罷不能。

「騎上去。」我說。

他們三個拉開腿，跨步動作騎上想像的驢子，雙手像騎摩托車的姿態張開。

我學著一起做動作，猛加油，發出聲音「ㄥˊ──ㄥˊ──ㄥˊ」，對他們三個說：「這是騎摩托車，不是騎驢子，黑白騎。」

「拉繩子。」他們三人跟著老師的示範，輕輕拉著驢繩，唱。

「**鈴兒響叮噹──響叮噹──**」唱到這裡，我喊停。

「這是輕快板，你們的**鈴噹**要用天真活潑又快樂的心情表現出來，O.K.」

「心情。」我再問完他們，「O.K.？」

「O.K.」他們三人答著。

　　「騎上來啊。」全班傻眼了。我彎下身子，像一隻驢子，要徐奕泓騎上我這一隻驢子才開始唱。他不肯，我也沒戲唱，兩人僵持一會兒，笑得極開心，這師生還真驢啊。全班為這一隻老驢子笑翻了教室課堂。

　　校務會議近了尾聲，「臨時動議。」

　　黃老師拿著麥克風，提議：「校務會議之後，要邀請退休教師獻唱一首歌。」

　　校長詢問有沒有老師附議？

　　「附議。」幾位同仁附和著。

　　「那，連從你先唱一首歌。」校長愉快地邀請著。

　　「那，妳要進行舉手表決啊。」

　　「表決票數通過。」

　　黃老師拿著麥克風，起立走出座位，說著：「原本我要獻唱：其實妳不懂我的心。」全校教師有人大笑、有人不知這是怎麼了、有人想期末聚餐。

　　「今天我還是獻唱：燃燒吧——火鳥。」

　　「如果你是一隻火鳥，我一定是那火——苗。把你燃燒——把你燃燒——」輕快熱舞，結束了這一場校務會議。

　　「想一想，還有什麼鳥歌可以唱？」有俏皮的男同事私下發出笑聲說著。

　　「趙傳的：我是一隻小小鳥。」幾年不見的校園歡樂又見曙光，慶祝黃連從老師終於退休了。

　　回到家，同學也退休了，來到茶語工房喝茶。大家分享教學中的孩子趣事。

　　聽到「趙傳的：我是一隻小小鳥。」愛拍照的朱老師說起自己的一段趣聞。

　　「那一次他住院，膀胱漲得尿不出來，疼痛難捱。兩位實習護士在旁邊為他導尿，脫下他的褲子，用一根導尿管為他導尿，兜

──兜──兜──慢慢的進出動作，加上壓擠膀胱，終於尿出一些。」

另外一位護士見狀，說著：「ㄟ……很好玩ㄋㄟ，借我玩一下……」

「我是一隻小小鳥。」我們三個師專同學，異口同聲地笑著，笑聲欲罷不能。

想想：教學生涯還真是有趣、有味。

6.　後記

翻閱我在麥田出版社的「卡謬札記第一卷」黃馨慧譯。畫記著一些句子：

1. **良心不安，就必須告白。作品是一種告白，我需要做出見證。P.15**

2. **「經驗」這個字眼很空乏。經驗不能實驗。P.17**

3. **到處是薄薄一層、用指甲一掐就會裂開的陽光，但它也讓所有的事物蒙上一朵像是永不凋謝的微笑。P.21**

4. **我意識到了哪些可能性只能由自己作主。生命中的每一分鐘裡都蘊藏了奇蹟，都有一個永垂不朽的青春臉孔。p.23**

5. **時間會過得這麼快，是因為我們沒有辦法在裡面做什麼記號。p.33**

寒假期間，還在等六年六班孩子的寒假作業：書寫小說 6000字以內，小說傳回老師的 E-mail 信箱。

我則開始練習書寫生活散文稿。買了一樹柱狀筆筒樹蛇木，在腳踏車商店要了廢棄內胎剪成條形帶子，以小鐵釘釘住兩邊，固定台灣原生種石斛蘭長出的側苗，綠綠透明如果凍的芽頭真是可愛極了。老闆說：把它的長莖折痕，一段時間後植物感受著死亡的訊息，會做的第一件事便是繁衍生出下一代，以保留物種。一年前，我見

過這小小的黃色石斛蘭開出的花瓣是個縮小版，每天看著排列整齊的花朵順序，真是令人讚賞麥田出版社的另一本書，蘇珊·桑塔格在「土星座下」一書寫的文句「走進亞陶」：

> 根據浪漫主義派的感性觀點，藝術家或哲學家所生產的東西，做為一種具有規制性的內部結構，包含了對於主體性勞動的描述。作品的憑證是來自於它在某個獨一無二的存在經驗中所佔有的位置。P.30

書寫，是我退休小學教職生涯想記錄時間的一種生活樣式吧！

〈二月初，新武呂溪〉2013.2.7.

二月初，新武呂溪上源的大岩石附近，林立布農族村民。

散居的幾戶植成一個小部落，像綠野的山林間落下幾株深棗紅透的山櫻花樹，紅紅的點畫視覺從山的驚訝渲開一般，染得綠叢間迷迷綿綿的蠟紅。

部落新屋、老木屋旁的庭院開放得很，白色梨花佔有整棵樹幹，白晰潔淨的無染塵埃留駐了閒人來訪的腳程。枝枒深處掛著幾顆鮮紅熟透的紅肉梨，就五、六顆就足以在這村莊小道上宣言，接近有溫度回升的春天了。

野百合的嫩莖冒出泥面二、三十公分高；四棵百年的老苦楝樹還冬眠著，未醒。枝條清楚地現出枯枝，稀稀落落的枝條空間，讓人不需著力就可以看見成片的天空。樹下一隻拎上繩的白色老山羊轉悠著，在牠的範圍打轉綠草啃食，一隻小山羊咩咩地跟著母親的乳房溜轉，依靠是這樣鑽進習慣性的物理現象。

油菜花在這野地長得挺拔，黃花鵝黃，鮮黃透亮地在山陽之光下晃動。幾個低年級村童玩著暑假午後的球，村窗裡有一些笑聲看出來，這偏遠山村裡面的小學，六個班級，一年級四個學生，教室空間約平地教室的一半，一個推動式的黑板上演教學腳本。

換句話說，這裡好幽靜，走上這兒一回靜悠。看山裡村莊的白菜特別鮮豔著綠葉。一位婦人早上便喝醉了，醉語敘說的對她的白色狐狸狗說話，說了數十回的母親之語，重複性的話丟在那裡：「你在這裡，不要跟著我。我不能放你出來，大狗會咬你，你知道嗎？這樣我會心疼你。」

一個醉了的婦人在籠外，一隻白狗在籠內低垂悲憫般的眼神。

世界，沒有一開始便了解的宿命。

時代遺落了什麼？讓這裡如此單純、簡淨。

一堆堆山上砍下來的柴木，堆放整齊的排在每一村戶屋旁。一團柴燒之火，好似很容易把人叫醒一般，村人漸次地聚集，山上收工下來的會打聲招呼，等一會兒大家就在這裡說話。

這裡，沒有超現實主義該面對的個人內心苦難，這裡生活著空氣，原本就是意識的解放。

人，可以很實在的活著、醉著。然後一個清晨醒來。

幾棵山櫻花鮮紅地落在部落文化。活似向路人招手一般鮮麗。

一種對生命的對比、驚嚇，是有意義的。

〈咖啡虹吸式萃取學習的發生〉2013.2.8.

向一杯咖啡的氧化思想學習。

所有的一切身體現象都裸露在變化之中，所有的一切因子都會帶來新的可能性，而且一切都由視線及非視線排列組合的因子，實實的剎那存在。

像學習使用虹吸式萃取器具煮好一杯咖啡的發生一樣：暴露在空氣中不斷氧化的交互作用過程，單品咖啡豆釋放後的層次感，顯現單純、乾淨而不同的酸性、甜度轉化歷程，這和咖啡汁液溫度逐漸冷卻的化學變化，令人的意識劇場有新的思維。

首先，學習是一套完整的技藝工序。

　　從虹吸式下座煮水，看著它隨著水溫虹吸上升，進入上座玻璃器。蟹眼般的氣泡帶動水的微微流動視覺，這時開始管理水的流動，耐心的調整瓦斯噴燈火的微調或移動直火到下座外緣，直至微細的小蟹眼氣泡或上升或極小變化為止，才算是水的管理適宜。

　　這水溫虹吸進入上座玻璃器約 2 分鐘。等待極小蟹眼氣泡變化的眼睛觀察約 1 分鐘，所花的等待作業時間較久，老經驗的虹吸式高手把水的管理列為第一要件，有時他們寧可重新煮水，也不願在不適宜的知識經驗庫上下咖啡粉。

　　此時研磨三刻度粗細的咖啡豆成粉，先以鼻子聞著咖啡粉末的乾香氣息，這是一個判斷點，聞到的香氣和煮好的一杯咖啡香氣是一致的，表示虹吸表現已能把這咖啡豆產區的特色、風貌表現出來了。

　　咖啡粉輕輕倒入虹吸上座玻璃器具，以木製攪拌器輕輕壓粉做動作，目的是讓咖啡粉完全沾濕浸漬在水中。再把木製攪拌器伸入水中，順時針攪拌半圈、逆時針攪拌半圈，停止攪拌器並做擋水動作，使咖啡粉的釋放像一種悶蒸的效果。

　　表面上的咖啡粉呈現張力作用微微鼓起，觀察粉末下的自然流動是微微的翻滾，這是悶蒸的效度進行著。上座中的咖啡粉隨著水的微微自然流動，如果流動的翻滾速度過大，高手者會隨時調整瓦斯噴燈、移動火源，控制流動的微細變化，以慢火細悶。

　　從下粉、壓粉浸漬開始計時，第一次攪拌後三十秒時刻，再次進行第二次攪拌以破壞氣泡層，使咖啡粉的釋放效率均等，依是如第一次順、逆攪拌過程、擋水，抽出攪拌器等候悶蒸釋放的一杯咖啡汁液。

　　約莫在計時器五十秒至六十秒之間的時間微調變化，關火停止萃取。下攪拌器順時針旋轉三圈，抽出攪拌器，以冷拭巾輕撫下座玻璃器，讓上座咖啡釋放的汁液隨壓力流向下座，結束。

　　這整個虹吸工序扣除煮水的時間，約一分鐘左右。取出上座玻璃器置好，倒出一杯咖啡在溫好的瓷杯中，等待品茗。最後收好濾布型濾器浸在熱水中，冷卻後再換成冷水浸泡，放入冰箱冷藏，免去濾布留著雜味，影響下一杯咖啡風味。

　　這是虹吸式煮法的技藝工序。並不等於虹吸式藝術表現。

　　虹吸式藝術表現，從第一口品嚐開始變化的前、中、後段的不同氧化、變化欣賞，由一些老饕客品頭論足，談論品嚐與工序藝術風格的操作技藝之美。

　　前段注意咖啡汁液活性的本質醇厚度、明亮度、乾淨度、水果香或花香的香氣度、咖啡果子的甜度、口腔中唾液腺的鮮活舒張度、咖啡產區的特殊氣息風味。

　　中段微溫注意氧化中的酸性活性度變化，其餘和前段品嚐略同，惟更不一樣的玩家已注意身體內的腺體、氣脈變化路線，令人嘖嘖稱奇。

　　後段冷卻的一、二口咖啡，是品嚐者注意氧化完全之後的細微變化，咖啡的本質醇厚度、咖啡烘焙製程、咖啡豆原料日曬、水洗的發酵處理過程是否乾淨的前置作業判斷。

　　不一樣的玩家更注意身體排放的尿液中，是否排放出體內的酸性化學變化，一杯咖啡在身體內的分解、融合過程，對身體的最後效度評估。咖啡杯測的重點也是咖啡烘焙師、玩家，決定是否大量下訂單的關鍵所在。

　　因為把一杯好咖啡當是一種藝術追求，所以每一個環節的製作技藝成為被研究的變因。

　　自然領域的控制變因、操作變因，由一些咖啡達人組成社群，共同討論、一起趣玩的話題。

　　以前，我愛喝一杯咖啡。隨著學習我脫離了罐裝咖啡、星巴克咖啡、城市咖啡、隨身包咖啡，因為身體會自然回應一杯好咖啡的神情。

　　我才剛入門學習，和玩咖啡的行家學習操作，和馬偕李永樹醫師、農專蔡志賢博士、咖啡達人林世賢、咖啡廊老闆許文龍、得來香咖啡老闆許鑑請教，由高手指導我面臨的咖啡困境，煮一杯咖啡讓他們為我指指點點。

　　他們對於自家烘焙咖啡豆的個人經驗也是相當豐富的，對於不同產區的咖啡豆原物料，是日曬豆、水洗豆、蜜處理豆的不同風味，經過不同烘焙機器和不同烘焙詮釋的思想，讓這一些人士在杯測上討論著：下一鍋的烘焙曲線圖修正上，要表現出什麼？該如何表現？我想這是所謂的藝術追求美感。

　　對這一些變化的類化思考源自於對教學技藝的追求，一種美學式的個人思考課題，找出自己所愛喝的一杯咖啡，我個人偏愛直火式碳焙機器所表現的醇厚感。像教學一樣，固定的教學工序，找到自己追求的教學風格，讓教學也是個人美學式的思考。

　　像共同的生活經驗：同樣的一首歌，不同的歌手對於曲調、歌詞的詮釋方式，都是有不同的演歌腔法，惟基本要求是不能走調，讓一首歌在聽者的耳裡翻腔走版，聽不下去。

　　記下這一些變化，退休之後還有閒情，可以學習以前所愛的習慣性飲料。

　　說得一口好咖啡、喝下一口好咖啡、煮出一杯好咖啡的實務工作，真是不一樣。難怪有人說：虹吸式咖啡煮法是一種技藝詮釋，是一種藝術表現。

　　這樣的藝術追求過程，直到三月有了新的變化。台東農專蔡志賢博士商請台中歐舍專業咖啡店二位李小姐，來台東農專做了三場咖啡實務教學，每一場主題約四個小時，虹吸式咖啡煮法的技藝表現主題，和我們以前的操作概念、操作方式，大大不同。

　　每一個操作步驟，專業人員都可以說得出：為什麼要這個樣子的操作工序？

　　一杯同樣的單品咖啡豆，由不同的人員表現出來時，依據咖啡評審品賞評鑒標準的八大品項：乾淨度、甜度、酸質度、風味、均衡、醇厚度、餘韻、總體評價的杯測現實，讓我們深信比較閱讀一杯虹吸咖啡的品嚐歷程，比較閱讀上各自凸顯不同的手作技藝特徵概念。

　　其口腔中的咖啡汁液活潑性、層次變化，不得不令人讚嘆一種生活美學的追求，是長時間訓練下來的固定節奏，也因此專家教師被生手教師稱為學習典範。

　　學習者以專家典範建立的學習模組，進行不斷的現場實務操作，讓一杯咖啡成為美學思想。

　　美在實務現場中很實在，一杯入口的虹吸式咖啡自然會發出聲音，像藝術展覽會場呈列的藝術家作品，往往不假造作、立竿見影的讓觀看者心領神會。

　　一杯咖啡也是一個藝術創作物。

　　會被顛覆的舊經驗，是因為新的實務學習，帶來新的美學衝擊，當本體醇厚度表現的空洞、短暫、虛有其表，對比著渾厚、綿延、內在飽滿之時，讓人不得不臣服內在張力所呈現的處之泰然。

　　專業有它的學理基礎和經驗基礎，不是瞎子摸象、以盲導盲的學習過程。

　　看來，我又要重頭來過了。和一些有經驗的達人一起學習是幸福的。

　　聽聞歐舍咖啡專業達人李雅婷小姐，在咖啡競賽前的訓練，三個月中煮了一萬杯咖啡，平均每一天煮了一百多杯咖啡，這樣她才開始有自信地掌握住，虹吸式咖啡煮法的個人節奏與風格。她能在日本虹吸咖啡競賽中，奪得世界冠軍金牌，是一種每天的固定操練、每一次杯測後的修正功夫、每一次思考中構思的咖啡風味和手作的契合感，重要的是她把這當成專業。

這又令我想起台灣早期二、三十年代的師徒制工藝訓練，一個徒弟在師父身旁的學習，要精鍊三年四個月，取得師父的最後認可，方可出師執業。

這樣的工藝傳承文化隨著資本主義時代而隕沒，早期學校技職教育文化也在課程、學分的調整下，而失去足以令人自豪生命地位的工藝傳承表現。以專業口號和數字橫行教育現場。

像當校長的在公開會議場合，以令人難以下嚥的行政語庫說出腐酸、澀濁的霸權思想：表決中不舉手的教師，會列入超編教師優先資遣人員。我們要喝下這樣的教育行政品質？

專業的要求往往是為著美的生活而發聲，每一項技藝的出神入化，無不如此自我管理每一項細節的，因為總體藝術是由部分藝術劇場的。

想起有人曾為著木製攪拌器而討論以木工手作修飾，它必需像划船槳的縮小版，它必需符合人體力學的手感操作，它的接觸面必需符合咖啡上座玻璃器的圓形弧度而以細砂紙細磨，它必需在播散咖啡粉末的撥水節奏動作，實地操作幾回而定型。

那一天，買了許多麻油渣餅，打成碎片加在庭院植物周圍，這是施肥工序。

我對植物學是完全幾近無知的，原來麻油渣餅會在氧化發酵過程釋放熱度，這熱度會傷到植物的根部，讓植物枯萎、死亡，所以愛之適以害之，不得不慎。

基本歸納出來的專業理論知識會讓人少走幾段路，知道為什麼會是如此作為？是該對照著相映文化出版社，謝博戎先生的專書「菁萃咖啡始末」，由學理上更加監控自己煮好一杯咖啡技藝的微調學習了。

這令我反思「教學、學習、發展」的種種專業發跡歷程。

那如何是看出一杯好咖啡？

重點是喝下一口咖啡才算身體意識？

或者說聞到一口咖啡之前就是身體意識的開始？

抑或是聽到一口咖啡之始，就已是身體意識的發端？

這成為一個身體劇場，主體性勞動的描述位置？

書寫的意義有寫作者的多重繁複面相，重點是書寫者在閱讀中看什麼？有什麼是被觀看的？

實實在在的夢境中，我們看見了被稱為幻影的實在感，夢境意識自始以來均等的一種生活的複染現象，這生活中黑暗的有機體不該被傳統思想視為污泥，然後稱說：出污泥而不染，轉喻地現出一朵蓮花。

沒有泥，那有根？沒有污，那有鮮麗？是我們忘了業的習性意識劇場，所以夢。

禪宗修行法門明言：「對己反照，窮究見聞，先取見性，次第入頓，決無凝滯，終到牢關設或。」

禪師偈語：「鑿池不待月，池成月自來。自從泥牛鬥入海，直至如今不見踪。」

是一種時間的演化，透明性地從意識而來，從意識而過。沒有佔有者，沒有被佔有者。

像一棵六十來年的雞蛋花樹，冬季展現在空間中的枯枝，千條萬縷的站在那裡，你的意識只能站在那兒，你的身體只能站在那裡？它一直都是活著的。

像一棵大葉欖仁樹在這季節，滿樹深深紅葉覆蓋整個枝莖，昂首陽光下的紅葉，如千盞透亮的燈掛在樹上穿過毛玻璃一般，迷迷濛濛的暈亮。掛不住的紅色就疊在泥地上紛紛的一片一片，你也只能這樣站在那處，觀看與被觀看。

〈一致的儀式，組成典禮〉2013.2.14.

悵然的嫣紅開向黑夜那神祕的外來意識，
久違算是白日對祢再次碎裂的書寫縫隙處空洞，
如影隨形的以一次連漪主義
對這烏托邦建築的國度獨白。

祢住宿久遠的邊緣景象之中，
讓歷史以離染的色調
氛圍馬賽克一般謎樣的樣態
可接近性，不可膜拜。

因為那是回溯弔詭的意識在作祟，
不管從事的活動有如一片落葉深黃，
那都是過往雲煙。那都是
生長與消逝的對稱。
當具象揭穿虛假之眼之時，
在模糊性的原初之下。

眾多的肖像浮現在意識與虛空終點站，
僅僅以物種多樣的眼睛，
僅僅以純粹的微笑
不以熱吻遷徙在語言之中，
離開一個童年侍衛著童年，飄泊也能
從熱情的投入異地再度找到
所謂故鄉心靈的符號。

故鄉成為眾多神采的創造性轉化，
那已是自我的獨立的國度。
建構的生命原型以不同的地名編碼，
坐在安靜的任何一點自然的角落

從一片落葉的顏色連結葉脈的紋路，
線索輕易地取消飄零如書癡。

像一片葉子最終以漸次的深黃表達禮讚與獻祭而落下，
裸落之下也是以一抹黃泥的顏色一致的儀式，像組成了
典禮。

一群鄉間小路上的孩童，
玩泥巴、堆城堡、玩扮家家酒，
身後有一片籬笆圍起來的綠色村莊、
白雲似的曲調、童年。一聲吆喝：

村童在母親趕集的點名簿上唱名，解散。
戲劇的落幕者往往是一聲母性：

「從啊！還不回來吃晚飯？天還沒暗？」

新‧座標22　PF0140

新銳文創
INDEPENDENT & UNIQUE

白佛言作文教室
——Being教與學

作　　者	白佛言
責任編輯	林千惠
圖文排版	楊家齊
封面設計	陳佩蓉

出版策劃	新銳文創
發 行 人	宋政坤
法律顧問	毛國樑　律師
製作發行	秀威資訊科技股份有限公司
	114 台北市內湖區瑞光路76巷65號1樓
	電話：+886-2-2796-3638　傳真：+886-2-2796-1377
	服務信箱：service@showwe.com.tw
	http://www.showwe.com.tw
郵政劃撥	19563868　戶名：秀威資訊科技股份有限公司
展售門市	國家書店【松江門市】
	104 台北市中山區松江路209號1樓
	電話：+886-2-2518-0207　傳真：+886-2-2518-0778
網路訂購	秀威網路書店：http://www.bodbooks.com.tw
	國家網路書店：http://www.govbooks.com.tw

出版日期	2014年3月　BOD一版
定　　價	490元

國家圖書館出版品預行編目

白佛言作文教室：Being教與學 / 白佛言著. -- 初版. --
臺北市：新銳文創, 2014.03
面； 公分
ISBN 978-986-5716-01-1(平裝)

1. 漢語教學 2. 作文 3. 小學教學

523.313   102028076

讀 者 回 函 卡

感謝您購買本書，為提升服務品質，請填妥以下資料，將讀者回函卡直接寄回或傳真本公司，收到您的寶貴意見後，我們會收藏記錄及檢討，謝謝！如您需要了解本公司最新出版書目、購書優惠或企劃活動，歡迎您上網查詢或下載相關資料：http:// www.showwe.com.tw

您購買的書名：＿＿＿＿＿＿＿＿＿＿＿＿＿＿＿＿＿＿＿＿＿＿＿

出生日期：＿＿＿＿＿年＿＿＿＿＿月＿＿＿＿＿日

學歷：□高中 (含) 以下　　□大專　　□研究所 (含) 以上

職業：□製造業　□金融業　□資訊業　□軍警　□傳播業　□自由業
　　　□服務業　□公務員　□教職　　□學生　□家管　　□其它＿＿＿

購書地點：□網路書店　□實體書店　□書展　□郵購　□贈閱　□其他

您從何得知本書的消息？

　□網路書店　□實體書店　□網路搜尋　□電子報　□書訊　□雜誌
　□傳播媒體　□親友推薦　□網站推薦　□部落格　□其他＿＿＿＿＿

您對本書的評價：(請填代號　1.非常滿意　2.滿意　3.尚可　4.再改進)

　封面設計＿＿＿　版面編排＿＿＿　內容＿＿＿　文／譯筆＿＿＿　價格＿＿＿

讀完書後您覺得：

　□很有收穫　□有收穫　□收穫不多　□沒收穫

對我們的建議：＿＿＿＿＿＿＿＿＿＿＿＿＿＿＿＿＿＿＿＿＿＿＿

＿＿＿＿＿＿＿＿＿＿＿＿＿＿＿＿＿＿＿＿＿＿＿＿＿＿＿＿＿＿＿

＿＿＿＿＿＿＿＿＿＿＿＿＿＿＿＿＿＿＿＿＿＿＿＿＿＿＿＿＿＿＿

＿＿＿＿＿＿＿＿＿＿＿＿＿＿＿＿＿＿＿＿＿＿＿＿＿＿＿＿＿＿＿

11466
台北市內湖區瑞光路 76 巷 65 號 1 樓

秀威資訊科技股份有限公司　　　收

BOD 數位出版事業部

....

（請沿線對折寄回，謝謝！）

姓　　名：_____　年齡：_____　性別：□女　□男

郵遞區號：□□□□□

地　　址：_____

聯絡電話：(日) _____ (夜) _____

E-mail：_____